FPA® 性格色彩

乐嘉

著

色眼再识人

湖南文艺出版社
HUNAN LITERATURE AND ART PUBLISHING HOUSE

博集天卷
CS-BOOKY

FPA®性格色彩

《色眼再识人》（第3版）
对老读者的重要说明

2010年，《色眼再识人——性格色彩读心术》第1版面世。2012年，精装本面世时，做了些改动，算是第2版。

而本次修订增补战线陆陆续续拉了两年，是动工最大的一次，投入的时间几乎可以另外写本新书。修订增补的内容涉及原版近50%，具体说明如下：

1. 删除原版中第六章"色书是怎样炼成的"。

2. 删除原版中第七章"性格色彩测试与解读"。

3. 删除的具体案例和小节占全书20%，新增的案例和小节占全书30%，更改的案例和小节占全书20%，总字数比原版多10%。

4. 原版仅有蓝色性格章节的开头有一篇"老爸的故事"抛砖引玉。本次增补中，在红蓝黄绿四个章节每章的开篇，都新增"我的×色老爸"，通过不同性格老爸的人生故事来总结这种性格的轮廓特点。对没读过《色眼识人》的新读者，可通过一篇文章就直接快速地了解这种性格；对已读过《色眼识人》的老读者，可从一个全新的角度来再次认知加深。另外，四个爸爸对比阅读，使性格色彩的了解更立体形象。

5. 红蓝黄绿每章都被重新整合，分成10个小节，每节中总结的一词两字正好代表该性格的核心特点之一。这样，明显区分出两本书的差别：《色眼识人》是针对每种性格的很多特点用短文平均分配予以解读，而《色眼再识人》则是根据特别强调的每个性格中的十个特点，用长文深度挖掘。

6. 每一节开头只用一幅插画，文中不再使用插画。全书共44幅插画配图。

7. 各章中完全是新增的小节是：红色性格中"童心"，蓝色性格中"沉溺"，黄色性格中"冷血""成功"，绿色性格中"安逸""糨糊""拖拉"。

8. 原版中几乎每个小节的内容中都有古今中外大量案例的增补更迭，由于需要强调每种性格的十大特点，所以，原有的案例很多被重新排列组合加以归纳。

性格色彩人物出场

大家好，我是小红！我的脑袋上有四根不羁的卷发，代表着我丰富而多变的情感。当我的情绪发生变化时，头发就会拗出不同的造型！

大家好，我是小蓝！我的脑袋上有四根内敛的直刘海，代表着我含蓄而深沉的思想。不管发生什么事情，直刘海都不会有变化。

大家好，我是小黄！我的脑袋上有四根霸气的直发，像刺一样竖着，代表了我不断进取的人生。我向来王者风范，处变不惊，头发的样子也会保持不变。当我遇到敌人，需要攻击时，四根刺一样的头发会伸长出去。

大家好，我是小绿！我的脑袋上有四根像草一样的柔软头发，代表着我随和顺从的内心。大多数时候，我的头发都很自然地舒展着，当我听你说话的时候，头发也会向你倾倒哦。

目录
c o n t e n t s

自序：愿你痛得再狠一些 // 001

第一章   性格色彩回顾

● 红色性格回顾 // 002
◎ 红色性格遐思 // 002
◎《色眼识人》语录：红色性格优势 // 004
◎《色眼识人》语录：红色性格过当 // 005

● 蓝色性格回顾 // 008
◎ 蓝色性格遐思 // 008
◎《色眼识人》语录：蓝色性格优势 // 010
◎《色眼识人》语录：蓝色性格过当 // 011

● 黄色性格回顾 // 014
◎ 黄色性格遐思 // 014
◎《色眼识人》语录：黄色性格优势 // 016
◎《色眼识人》语录：黄色性格过当 // 018

● 绿色性格回顾 // 020
◎ 绿色性格遐思 // 020
◎《色眼识人》语录：绿色性格优势 // 021
◎《色眼识人》语录：绿色性格过当 // 023

第二章 红色性格

◎ **我的红色老爸** // 029

01. **善变**：凡善变者必随意 // 037

02. **童心**：你越老，天真越重要 // 046

03. **言多**：都是嘴巴惹的祸 // 055

04. **轻诺**：痛打好承诺者 // 062

05. **冲动**：魔鬼的五个层次 // 070

06. **折腾**："作"女的下场 // 082

07. **情绪**：发狂三部曲 // 090

08. **极端**：当街下跪在恋爱中到底有没有用 // 096

09. **信任**：你绝不能误解我 // 101

10. **多情**：为何有些人的情感总是漂浮不定？ // 114

第三章　**蓝色性格**

◎ **我的蓝色老爸** // 121

01. **坚韧**：红蓝大战健身房 // 131

02. **仔细**：中欧商学院的细致楷模 // 135

03. **周密**：天外有天，蓝外有蓝 // 143

04. **默契**：对知己的诉求 // 152

05. **理解**：《廊桥遗梦》遗书剖析 // 156

06. **自虐**：痛苦也是一种美 // 163

07. **沉溺**：往事并不如烟 // 168

08. **猜心**：你到底能读懂吗？ // 174

09. **规则**：区分真假蓝色 // 180

10. **挑剔**："作"功两种 // 185

第四章

黄色性格

◎ **我的黄色老爸** //197

01. **主动**：癌症病房众生相 //207

02. **目的**：如何与敌人做朋友 //214

03. **搞定**：我不关心问题怎么发生，我只关心问题怎么解决 //222

04. **求胜**：我报复，是因为我想赢 //230

05. **控制**：史上最绝的病历卡 //237

06. **霸道**：自割子宫的女汉子和自断前程的哈佛校长 //243

07. **强势**：恋爱中的女强人 //259

08. **尊重**：我对你爱多少，取决于你值得不值得 //265

09. **冷血**：人生哪儿有那么多烦恼 //269

10. **成功**：哈佛墙上的格言 //273

第五章　**绿色性格**

◎　**我的绿色老爸**　//281

01. **纵容**：仁慈是罪过吗？　//290

02. **等待**：进入仪琳博大的内心世界　//296

03. **柔弱**：弱女如何不战而屈人之兵　//302

04. **无欲**：小太监的艳福总是很浅　//306

05. **退让**：情人争夺战　//313

06. **不变**：死猪不怕开水烫，天天给你喝白粥　//317

07. **安逸**：他们到底有人生的动力吗？　//323

08. **糨糊**：不懂拒绝的老好人　//328

09. **被动**：你就是鼠标　//334

10. **拖拉**：温水里的青蛙　//341

跋：给你的建议　//347

领取你的性格色彩——FPA 性格色彩测试

想知道自己是什么颜色，直接扫描下方二维码，进入乐嘉微信后，点击"性格测试"，即可当场完成免费的"性格色彩大众版测试"。

这是性格色彩中心唯一官方认可的大众版测试，并非培训课程中使用的专业版，只是使您开始对自己的性格有个快速了解。测试完毕，取得结果后，请回到本书继续阅读。

请务必切记两个原则：1. 你在阅读中的思考对照比分数本身更重要；2. 判断自己性格最简易的方法就是，看自己的缺点主要集中在哪个颜色。所以，本书读完，如果还没有阅读前一本《色眼识人》的朋友，务必回头仔细阅读，尤其是性格过当的篇章。

请注意，测试只是一个自我了解的入口，并非唯一标准，你可以阅读所有性格色彩相关书籍，观看性格色彩节目和视频，关注乐嘉微信上的沙龙讲座信息，当然，最有效的方式是参加专业课程的学习。（全国咨询电话：400-085-8686）

无法用手机扫描二维码的读者，请用电脑登录性格色彩官网 www.fpaworld.com 进行测试。

扫描进入性格色彩测试

自序：愿你痛得再狠一些

《色眼识人》和《色眼再识人》，两本书合力，可作为对性格色彩有兴趣的朋友的基础入门读物。

这本《色眼再识人》的初版始于 2010 年，在《色眼识人》写完后，我总觉得由于《色眼识人》受写作体裁和篇幅的限制，有些希望深度探讨的问题无法舒展，萌生了继续剖析的念头。

这本书不如《色眼识人》在性格分析上的面面俱到，但显然针对单一问题的阐述更深，在对每种性格局限的批判上也更不留情面，这是一本写给希望通过洞悉性格来寻找真实生命最高境界的人们的书。我确信，只有首先明了自我的内心，才有可能去追求内在的和谐宁静与自由自在。

这本书的读者，一部分已经是性格色彩的老朋友，读过其他性格色彩书籍，看过电视和网络视频上我谈性格色彩的节目，或参加过性格色彩演讲师在各地举办的讲座；还有一些，是刚接触性格色彩的新朋友。

对老朋友，本书因为没有了篇幅限制，可以就一个问题尽情发挥，虽然探讨的广度不如《色眼识人》，但可更深入立体地穿透不同性格的内心世界。譬如，在《色眼识人》中，读者通常会误认为只要是红色性格，就肯定快乐，对红色为何会那么痛苦很难理解；但在《色眼再识人》中，就有机会分析当

容易信任人的红色一旦遭受误会，内心的痛苦和怨恨是如何形成的。

对新朋友，最大的麻烦是，《色眼再识人》不像《色眼识人》，可以一半谈性格优势，一半谈性格局限，看的时候让您哭笑搭配。本书的主要炮弹，会集中在对每种性格缺点的批判上，而并非以对性格的赞颂为主。这样，可能会造成一种后果——如果您是初学者，很容易拿自己对号入座，心生排斥。比如，讲到红色性格，有几篇提到红色的多情，您会想，我也是红色，为何我就很专一呢？关于蓝色性格，我重笔墨描述了蓝色拐弯抹角、不愿直说的特点，这有可能会让直爽性格的您一看到，就对蓝色来气，却忽略了蓝色对朋友的忠诚和很强的责任感；提起黄色性格，侧重在他们缺乏关心他人感受的能力和总是强硬，您会由此联想是否黄色都是冷血动物呢？还有绿色性格，因为特别提到了他们的拖拉和软弱，很容易让您误会绿色毫无可能成就事业。

所以，我恳请那些囫囵吞枣、以偏概全的急性子朋友少安毋躁，如果您有这样的感受，我必须汇报，本书的重点的确不是"赞美"，如果您想了解每种性格的基础，建议先读《色眼识人》，以弥补概念上可能产生的误解。我希望正在读这段文字的您，没有错过这样一条探究自我和他人内心世界的神奇途径。

可仍旧有一部分朋友，了解性格色彩的确是从本书开始的。为了解决这个问题，在本书开篇，我先对每种性格做了摘要总结。同时，在每种性格色彩章节的开头，都有一篇《我的 × 色老爸》，这四个不同性格的爸爸分别是典型的性格色彩的代表，既可以从中发现您自己父亲的身影，也可以用更接地气的方式迅速进入性格色彩的世界。

本书的每个章节，并非像《色眼识人》那样平均分配。内容体量上有多有少，每种性格讨论优点、缺点和特性的部分，篇幅也不同，有的优点多，有的缺点多。其实每种性格本不存在明确的说法和好坏，只是我觉得需要进一步来说明，加深您对性格色彩的理解。

在性格色彩系统而庞大的专业体系里，这本书依旧只能作为帮助您自我"洞见"和"洞察"他人的专业读物，无法囊括"修炼"和"影响"。本书的文章，几乎都集中在分析不同性格的动机，告诉人们"为什么"。

实话实说，有时我自己会觉得这书下药太猛。如果这是您接触性格色彩的第一本书，我担心您载兴而来，负气而归。在读时，心里会困惑："人难道就这么简单？""会不会太绝对？""有这么极端吗？""我怎么觉得我几种性格都有呢？""难道我这种性格就没什么优点吗？"结果，根本招架不了这本书的痛批，书才翻了两页，就没耐心和勇气继续阅读。不过，对那些拒绝只听别人给自己灌迷魂汤的朋友来说，请相信，这书您选对了。

"当人们在快乐的时候学得好，当人们在痛苦的时候才有成长"，这话作为我培训生涯的格言，已经伴随了我 20 年。如果《色眼识人》的阅读充满了娱乐欢欣，这本《色眼再识人》就是先把人置于性格的阴暗面，体验那些您不理解的性格是如何伤害您的，或您也可以瞅瞅，自己是如何无意中伤害他人的。

《色眼识人》的序言我名为"看谁看懂，想谁想通"，事实上，这种境界需要的不只是学，还有不停地思考和运用，真正能达到，谈何容易。这本书，我但愿读者痛得狠一些，这包含了两层含义：第一，我希望您过往的人生，有过很多麻烦，体验过很多痛苦，因为痛苦和经历，会让您在看本书时比一路平顺的人更有触动；第二，我希望在阅读时，您有触痛感，您的成长将和您的痛感成正比。对那些没机会参加性格色彩课程的朋友，就先让这本书带着您，把人扫描一遍。

我必须感谢读者的厚爱，过去这些年，无数读者来信，告诉我这本书对他们人生的影响和帮助，这比单纯说"好喜欢你呀"这种话，力量大一万倍，这会让我觉得自己的生命有价值，让我觉得自己的付出都是有意义的。正是这些共鸣，一直激励我前行。

我修订本书，改换修订增补了近一半的内容，很多词汇重新诠释并且调整过，这是一个自己未想到的美妙的学习过程，对很多性格内心动机的理解，这些年我自己也在不断深化。很多当年写的观点，此刻重看，发现自己依旧会在老问题上摔同样的跟头，唏嘘不已。

卡尔维诺曾经说过，年轻时的阅读，往往价值不大，因为我们没耐心，我们缺乏人生经验。基于这个理由，一个人在成熟的年龄，应该有段时间去重新阅读曾经读过的重要作品，这时，他会欣赏到更多细节的含义，一部经典作品，应该是一本每次重读都像初读那样，带来崭新发现的书。如果您是这本书过去的老读者，今天拿起来再看，看完以后，能有卡尔维诺先生这样的感慨，那将是您赐予我的最大荣耀。

我期待着，你能来信分享阅读后的收获和共鸣，喜悦和痛苦。愿你我并非只是擦肩而过，而是能激荡出拨动心弦的火光。我期待着！

乐嘉

2015 年 5 月 16 日 40 岁生日于伦敦

第一章

性格色彩回顾

红色性格回顾

◎ 红色性格遐思

● 红色做事情的绝大多数动力都源于他们对快乐与自由的向往和追寻。

● 红色天性热情和充满阳光，人到哪里，快乐的种子就散布到哪里。红色不喜欢那种与人交流很少的工作，他们需要和别人相处，对长期的孤独有担忧和排斥。他们的注意力容易专注在新的人或观念上，并对新人或新事物所展现的可能性怀有强烈的幻想。

● 因为红色喜欢幻想，又因为他们自身富有表现力，因此投身演艺圈的不少是红色。他们希望一直受到人们的关注，希望体验具有变化的生活，在一群人鼓掌喝彩的情况下得到心灵深处的认可，这样，他们能够产生高度的亢奋和工作的激情。

● 红色似乎天生就有忽略生活中无趣部分的能力。他们喜欢那些有趣可爱的东西，本性中他们更愿意与人群互动而非独处，并且内心总是希望能得到别人的欣赏。

● 红色铺天盖地的兴趣会让他们时刻发起不同的人生追求，就像他们的朋友一样多。他们会突然沉迷于某种新兴趣，并且无比投入，不过，一段时间后可能就会转移。这样他们的杂物就会越来越多，并且这些杂物日后他们可能永远不会理睬。更有可能的是，他们会重新拾回某个活动偶尔拨弄几下，来炫耀自己会玩这个把戏兼或怀旧。

● 红色总是希望努力创造童话故事般的结局，在红色决定要去成功时，他们会充满壮志豪情，并运用他们的爆发力狂干一阵。然而如果没有快速的成功回馈，没有足够的欣赏和外部鼓励，他们会很容易放弃，并找个借口立即转移到下个目标，来回避众人可能的质问："为什么你在这事上没取得你要的成就啊？"

● 红色太需要别人的关注，他们与黄色一样，希望别人以自己为中心，不同之处在于：他们倒并不希望能控制别人，他们只不过希望周围的人最好都能围绕着他的喜怒哀乐。他们会为了一点儿小小的赞美欣喜若狂，也会因为一点儿小小的挫折和旁人的批判而沮丧到底，即使批判者与他毫无关系，他们也是那么的希望能够得到所有人的认同。

● 红色反应机智，善于表达，说话时脑中容易浮现出形象的画面，善于营造气氛，擅用生动的语言来描述事情。健康的红色容易成为人们欢迎的对象，但不健康的红色，因为他们只喜欢谈论自己，很少倾听别人谈话，加之他们蜻蜓点水的性格，导致他们经常只能接触到事情的表面，没兴趣和耐心做进一步的深入研究，给人一种肤浅而不深入的感觉。

● 典型的红色像个永远长不大的孩子，时刻给人漂浮不定的感觉。他们总把注意力集中在自己优于他人的特质上，让自己活在美丽的梦幻中。因为他们无休止地追求人生丰富的宽度体验，从而忽略了深度体验。与此同时，他们总能很快找到捷径，且并不认同"吃得苦中苦，方为人上人"，既然有捷径可走，何必那么辛苦地去走远路呢？

《色眼识人》语录——红色性格优势

◎红色发明了飞机，蓝色发明了降落伞；红色发明了游艇，蓝色发明了救生圈；红色建造了高楼，蓝色生产了救火栓；红色发射了飞船，蓝色办了保险公司。

◎如果说黄色的积极人生是因为他们天性中的"不服输"；那么红色的积极人生，更多是因为他们"对人生快乐和自由的无限向往"。

◎红色以喜悦拥抱每一件事情。健康的红色能在每件事情中看到美好的一面，即使是他们不理解的事物都能使他们快乐。当他们对生命抱以开放和接受的态度，生命带给他们的意义更加丰富。

◎黄色更注重生命中的成就；蓝色对于自己的梦想会小心合理地设定；绿色因为喜欢稳定故不冒风险而安于现状；红色则更加看重人生的体验，体验！

◎如果蓝色秉持的是"人生得一知己足矣"的人生哲学，红色则更加宁愿是"普天之下，莫非我友"的人生态度。

◎红色的销售人员早期上手更快，因为他们的人际关系富有宽度但深度不够；而蓝色在早期开拓不力，是因为他们在建立人际关系的宽度上有困难，人际关系呈现的特点是窄而深。

◎虽然红色也会被一些事物困扰，但他们对自由的强烈渴求，将本能地分辨出哪些是人生包袱并毫不犹豫地甩开它们。这正应验了《大话西游之月光宝盒》中的台词："不开心，就算长生不老也没用；开心，就算只能活几天也足够。"

◎红色对于快乐的向往，使他们可以用童心来欣赏一切，这种生活态度和哲学，将使他们不会复杂化。他们最懂得享受生命，不管他们从事的是什么职业，即便正在苦干，也显得似乎乐在其中，他们过日子秉持的信心就是——最好的还没有到来。

◎感染力是"让他人心动"的能力，影响力是"让他人行动"的能力。感染力源于红色性格，而影响力源于黄色性格。

◎红色比其他性格更容易去改变，因为他们喜欢新主意、新思想、新事物，还因为他们在变化过程中得到无限的乐趣，由于这个世界的变化是无穷的，所以他们能够一再地经历这种狂喜。

◎不同性格对于马屁态度的定律，简称"马屁定律"：
红色：有屁多多益善，无屁自去寻来。
蓝色：屁不在多贵在精。
黄色：小屁不可养家，滚；大屁方可定国，留！
绿色：不因屁大而喜之，不因屁小而不喜。

《色眼识人》语录——红色性格过当

◎红色希望别人能全盘接受自己的好心，当发现别人不能接受时，便觉得受到打击，容易迅速消沉。

◎因为红色的反复无常，跟红色打交道，你需要适应他们的灵活多变。

而红色在没有碰得头破血流前，不会意识到情绪化带给自己的伤害有多大。

◎一个内心真正有力量的人是不会经常感受愤怒的，被无力感侵蚀的红色常会被激怒。

◎红色很有可能名闻天下，但因为他们的不稳重和不成熟，通常少有红色能成为权倾天下的领袖。他们本身对于快乐自由的向往，远胜过对权力的角逐和力量的抗衡，就算对后者有兴趣，也很快就会被这场意志力的斗争击垮。

◎红色不喜欢生命被约束，因此做事之前内心里宁愿不规划而喜欢临时应变，并总用"车到山前必有路"作为自我开脱的说辞。

◎红色在刚开始时的出色表现和他们特有的魅力总能吸引一大群的人，然而只需要一点儿时间，你会发现，作为短跑的健将，他们总是无法到达长跑的终点。

◎红色为了追求效果，说话宁愿夸张，在他们的语言中很少有"比较级"，经常都是"最高级"。

◎红色最容易学会走捷径，他们会把自己的半瓶醋不停地晃荡。许多红色非常有才华，而且急切希望得到他人的认同和掌声，可惜他们不肯花更大的精力和幕后工作的勤奋代价，来获取更高殊荣。

◎对红色来说，痛苦的心灵探索只放在他们应做事情的最后，他们更愿意随波逐流地漂浮。他们喜欢新鲜的刺激，并且可能会因为只图一时痛快，随时抛弃过于沉重的承诺。

◎由于红色的激情澎湃，他们比其他任何颜色都能着手更多的计划，然而完成率却是最低的，这正是因为红色不能坚持。

◎对红色来讲，最困难的事情莫过于为他们自己担起责任。红色的骨子里面时常会有一个想法——也许总会有人来负起照顾他们的责任。

◎红色缺乏自控的特性，实际上是和"容易原谅自己"紧密联结的。

◎很多红色幻想有一天困难会自动消失得无影无踪。这种充满刺激的幻想一旦成为他们的动力和支柱，将阻碍他们脚踏实地。总是逃避痛苦，这意味着他们无法从痛苦和挫折中学到更多东西。

蓝色性格回顾

◎ 蓝色性格遐思

●蓝色人生的绝大多数动力源于对完美主义的追求。无论是做事还是对情感关系的要求，无论是对自己还是对他人，蓝色的内心总是希望完美。

●蓝色是两种极端思维的混合体，他们一边研究个性，希望这可以为他们提供自省的工具；一边又很抗拒，担心这些理论太简单、太容易明白，不值得研究。他们拒绝被贴上任何标签，他们过分专注在精细的个体差异上，而忽略了事物的共性与规律，他们很容易得出性格分类没意义的结论，是因为他们觉得如此复杂的人类，无论怎样的性格分析都不可能搞清。

●蓝色喜欢在孤独中思考、观察并且琢磨生命的意义，他们认为孤单是一个人的狂欢。他们非常不屑于不合逻辑或不经分析的理解方式。以旁观者的眼光抽离在外，慢慢斟酌，对蓝色来讲是很舒服的事。正因为蓝色能持之以恒地研究，故而往往可以成为专家式的人物。

●蓝色的胆怯和敏感可能隐藏在似乎漠不关心世事的外表下，但蓝色天生的悲剧情怀能酝酿出深刻的情感。他们能够容忍到达完美前所需的孤寂，以及精通完美所必需的坚韧和持久。

●蓝色不会盲目地与人建立起密切的联系，也不会轻易相信别人，内心深处希望被人欣赏和理解，但总会时时提防别人，很难做到完全的放松，因此别人会觉得他不容易亲近。他们喜欢与人保持一段安全有尊严的距离。

●如果你的生命中有个蓝色，与他打交道的顾虑会被和他做朋友得来的好处弥补。首先，你得到了相当罕见的特权得以进入一个天性充满防御的生命，如果他是你的伴侣，你要注意，你的幸福取决于你如何尊重蓝色对于隐秘和孤独的需要。

●蓝色渴望和追求公平，所以总是担心别人的利用和占便宜，也因此会显得斤斤计较。在内心深处，他们愿意为所爱的人付出一切。他们如此忠诚可靠，可以让人放心将工作交付给他。他们是最忠实的朋友，不管面临什么挑战，他们都会与你并肩而行。

●蓝色有严肃的生活哲学，认为生命充满了苦难和坎坷，一旦变得一帆风顺，他们会怀疑似乎失去了生活的意义。这完全不像红色，他们有快乐的生活哲学，生命中任何事情都可拿来玩笑。因此，外表上，蓝色显得沉闷且不喜欢开玩笑，也不喜欢通过拥抱和肢体上的亲密接触来传达情感。

●他们反对平庸、反对伦理和审美上的浅薄，他们对自己和他人，都持有高标准的批判，有时这种标准高到连自己都无法满意的地步，更遑论别人了。

●蓝色本身才华横溢，却还是经常会怀疑自己的创造才能，他们的完美主义总会让他们情不自禁地隐藏自己的技艺和才能；而红色总是没事就迫不及待地以"你看，我多厉害"的心态拿出来显摆一下。

●蓝色总觉得自己永远都不够好，他们怀有高度的不安全感。有很多人

都意识到了蓝色的完美主义，但真正的蓝色是不说自己追求完美的，因为他们认为"完美"这个词，本身就太遥远了。

《色眼识人》语录 —— 蓝色性格优势

◎蓝色认为开发人类智力的矿藏少不了要由患难来促成，同时，蓝色认为悲伤使人格外敏锐，这也就是为什么蓝色在阅读悲剧作品时比阅读喜剧作品更能得到发自灵魂的快乐，一种悲伤的"快乐"。

◎交作业时，红色交了很多作业，每个作业都是 60 分；而蓝色只交了一个，却是 100 分。

◎"独立思考"并不等同于"独立"，与真正独立的黄色相比，蓝色更多的是保持思想上的独立，人格上的独立，并非情感上的独立。

◎蓝色认为，生活的真谛并不是在热闹中产生，哲理往往在一种痛苦的孤独中苦苦求索而产生，在畅快的人群中会掩埋许多灵感的意境。

◎蓝色外冷内热，恰似"热水瓶"的特性，与红色外热内热的"汤婆子"（北方称"暖手炉"或"暖宝"）特性，形成了鲜明对比。

◎蓝色觉得"说"太容易做到了，远不足以表达内心强烈的情感，而实际行动的证明才是有意义的。蓝色认为，欣赏和爱一旦用语言来表达，就陷入了肤浅。他们更愿意用行动来表达内心和想法。蓝色不屑于为了迎合对方的意愿而说一句皆大欢喜的话，在蓝色看来，一切都说出来就会意义全无。

◎蓝色有非常强烈的关心他人和希望别人明白他们在做什么的倾向，他们倾向于用暗示而非直白的手法来表明他们要传达的信息。

◎因为他们在承诺上的高度注重和甘愿以生命来维护的态度，蓝色得以养成最值得信任的性格。

◎"要么不做，要做就做到最好"是蓝色的最高座右铭，仅次于此的第二准则是，"做任何事情首先制订好计划，然后严格地按计划去执行"。

◎红色喜欢在变化中寻求新奇的不确定，而蓝色喜欢享受计划中不变的安全感。

◎蓝色是完美主义者，他们希望成为最好，找到最好，并且努力做到最好。他们辛劳地努力工作，喜欢做高质量的工作，即使这意味着要花更长的时间，付出更为艰巨的努力，也在所不惜。对于他们来讲，如果这个事情值得做，那就一定要做到最好。任何的松懈和放低标准都会让他们受到良心的谴责，那将是一种奇耻大辱。

◎当黄色力图用最简捷的方法解决最复杂的问题时，蓝色也许正在用最复杂的方法诠释简单的问题以确保周详和严谨。他们经常运用现有的一个观点并使它发展，他们具有发明家的思想和本领。因此，黄色能把复杂问题简单化，蓝色能把简单问题复杂化。

《色眼识人》语录——**蓝色性格过当**

◎由于拒绝外界互动，不健康的蓝色变得很逃避，脱离人群与现实。他们一方面充满了敌意和斥责，另一方面又害怕别人的攻击，因此，容易怀疑他人和精神过度紧张。他们被妄想困扰，而满脑子的念头又反过来威胁自己，结果变成偏执狂，不断受到恐惧症的困扰。

◎比之红色很容易"跳出悲痛外，不在失落中"的快速情绪波动，蓝色更多活在历史和过去当中，长期无法走出低谷和振作起来，让周围的人苦不堪言。

◎蓝色没有自信是因为他们太在乎别人怎么看他们了。当蓝色的敏感走向极端，如果过于胆怯，可能会产生恐惧，这将导致偏执狂和病态。当蓝色沉溺于自己阴郁的想象，有一天蓝色可能走得太远，产生自我毁灭的症状和危险。

◎蓝色很想被他人理解，可是又讨厌自我剖析并坦露心迹，觉得那样的坦白会失去原本该有的意义，会少掉很重要的过程，他们希望有人能有耐心来读懂他。当他人无法理解他时，他会感到失落。

◎黄色的报复是通过还击来显示自己是最后的胜利者；而蓝色，他们无法领悟其盲目的仇恨激情，将他们自己也深陷在情绪的囹圄中。

◎蓝色的完美主义让他们觉得如果一件事情值得做，就要把它做到最好，可惜他们永远也达不到心目中的最好，所以宁可不做。为了避免过度苛求完美，蓝色也许应该终生铭记："我眼里的80分，别人已经认为是100分了。"

◎蓝色认为"人只有不断要求才可以进步"的座右铭，将会使周围的人活得非常辛苦并产生极大的挫折感。

◎黄色和蓝色都容易给他人压迫和不易亲近之感，差别是：黄色给人"压力"，蓝色让人"压抑"；黄色感觉"冷酷"，蓝色感觉"冷漠"；黄色认为你是"弱者"，而蓝色认为你是"弱智"。

◎蓝色说"不"的时间之长可以超过其他所有颜色说"是"的时间，而他的顽固经得起任何强力的反对或者胁迫。

◎因为严格遵守秩序，外表拘谨，蓝色不懂得释放情绪，缺少幽默感。即使在聚会的场合，我们也很少发现他们全情投入，开怀大笑，蓝色总是无法放松。过分压抑情绪虽然算不上病态，不过却使蓝色的生命减少了很多乐趣。

◎典型的蓝色对待自己中意的人，须学会"花开堪折直须折，莫待无花空折枝"。

◎在他人看来无关痛痒的细节，蓝色会以高度敏感的侦察力捕捉到，并将其重要性和严重性放大10倍，然后提出修改方案。不过，在很多时候失去灵活变通能力的同时，也让周围高涨的情绪和气氛变得黯然失色。

◎蓝色通常出于害怕犯错而拖延或卡在细节之中。他们的标准涵盖了生命的每个层面，他们的规则就是"规则"，而且相信人人都知道这些"规则"，他们痛恨那些打破规则而且成功逃脱的人。

黄色性格回顾

◎黄色性格遐思

● 对黄色来说，重要的是成绩和能力，而不是自己的感情。这种对工作痴迷的价值观，是黄色的严重局限。黄色自视极高，这是他们通过自己的成绩和荣誉等实在的东西而构筑起来的。他们一旦失去成绩或地位，自尊心就会受到严重伤害，所以，他们常常担心因为懈怠而失去原有的地位。

● 黄色对于暧昧、混乱的指挥系统十分敏感并难以容忍，他们喜欢"非黑即白"的态度。相反，只要拒不妥协，保持一贯的态度，哪怕是对抗的敌手，黄色也会表示敬意。

● 黄色总是迅速准备行动，他们有强烈的随时行动的欲望和冲动，如果没有事情做，黄色会非常难受，他们乐于把精力放在与外部世界的接触中。

● 黄色为了得到成功的评价，不惜付出任何努力。他们主动要求担任领导的角色，专注于如何获胜，相信只有成功才能获得爱。

● 健康的黄色是能运用他们的热情和希望激发别人的领导者，能和人群及有价值的目标建立起深厚的联系。不健康的黄色是轻蔑傲慢的野心分子，不带感情且不顾人与人之间的亲密，为达目的而支配他人。

● 黄色想树立好的形象。由于一门心思力图扮演受人尊重的角色，他们很难认识内在真正的自己。如果在工作上未能获得预期回报及周围人的好评时，他们会感到现实的自己与追求的理想形象之间有落差，当落差大到再也不能视而不见时，他们会感到非常痛苦。

● 黄色对于成功的无限迫切的追求，对周围的人会产生可怕的压力，他们觉得自己如果不分秒必争，将会沦落为三等公民。避免成为工作狂，是黄色一生需要修炼的，因为只有那样，别人才愿意和黄色在一起，而不是因为过度紧张而逃避。可惜黄色自己并不在乎是否有人和他们在一起，他们只在乎自己的成就和是否达到自己期望达成的目标。

● 黄色为了工作，不但牺牲个人生活，还要求周围的人也同样如此。要让黄色认识到工作仅仅只是整个人生的一部分非常困难。

● 黄色对他人操纵权力和试图主导自己十分警惕。他们认为对自以为是的家伙就该毫不留情，殊不知，他们自己有时也自以为是。他们讨厌为他人所左右，希望把他人的影响降到最低。在讨厌自己为他人所左右的同时，黄色也无时无刻不希望左右他人。

● 黄色往往会因为他们的孤傲和过度理性，把自己孤立在感性世界之外。他们经常错失真正的友谊，因为他们无法和比他们好的或比他们差的人建立亲密关系。亲密必须建立在平等之上。骄傲或故意高傲，有时是黄色的一种浅薄防卫，除非他们能让自己去体验亲密和脆弱，否则他们可能给自己戴上枷锁。

《色眼识人》语录 —— 黄色性格优势

◎以目标和结果为导向，不达目的，誓不罢休，是黄色从来就知道的。黄色对于目标的执着，让他们认定逆境是一个伟大的教师，他们笃信，那些一生都走在半坦大道上的人是培养不出力量的。黄色性格通过逆流而不是顺流游泳，来培养他们的力量，这就是"越挫越勇"。

◎黄色很少知足，他们总给自己定下一个又一个目标去达成。成大事的黄色，不能容忍平淡无奇的生活状态，渴望斗争的乐趣。故此，黄色是四种性格中最有工作狂倾向的人。

◎黄色的自我心理暗示是——成为生活的强者，与此同时，他们也尊重强者，他们认为与强者的相处可以让自己变得更强。通过与成功者的相处可以让自己更快找到成功的捷径。

◎你不得不佩服黄色的坚定和执着，他们希望能够战胜别人，让别人服输的那种欲望几乎贯穿他们整个生命。黄色天性中流动着西班牙斗牛士的血液，在与天斗、与人斗、与己斗的过程中，他们体验到了自己人生的价值。

◎从中国历代黄色的帝王中，我们可以发现，他们普遍最喜欢用的词，经常是日月、天地、风云、山河湖海等；描述数量，动辄千万，口气颇大，使人觉得有主宰尘世的恢宏气魄。

◎一旦黄色的想法遭到反对，只会激发起他们加倍的努力和挑战欲。当红色已经跑到其他地方，绿色停止不前，蓝色已经考虑是否要转移阵线时，黄色只会更加全力以赴地向前冲。就像一个电动玩具机器人，当走到一堵墙面前，他们仍旧直行，企图穿越。与其改变方向或者计划，还不如把挡路的墙给废掉，这就是他们的逻辑。

◎即使面对自己喜欢的人，黄色也不是通过柔和的语言来传达，而是以行动保护对方来表达自己的情感。他们认为支撑爱情的是责任，爱情就是保护对方，给对方提供安全，其他都是没意义的。

◎黄色告诉我们："受苦的人没有悲观的权利，远征的人没有流泪的资格！"

◎黄色不受情感干扰的能力，在推进事业的过程中尤其重要。

◎实用主义往往引导黄色以最直接便捷、浅显明了的方式来说明和阐释或玄奥或重大的问题。

◎工作能力对于黄色来讲，是他们的财富和责任。从商业的角度来看，追求进步和成功使黄色的人成为成功路上的王者，他们比其他性格更容易迅速取得胜利。

◎黄色做决定不费力，归根结底，完全是因为他永远知道什么才是最重要的。他们能够抓大放小，他们关注的永远只是：结果！结果！！结果！！！

◎只要有什么新想法，立刻就会付诸实行。这样的行动力是由黄色的能量所赐，同时也起到了消除忧郁的作用。他们的日程表总是排得满满的，工作以外的时间会被旅行、运动等活动填满。什么也不做的空闲时间，对他们来说，不仅非常不健全，甚至还是一件恐怖的事。

《色眼识人》语录 —— 黄色性格过当

◎黄色太希望胜利和成功，他们有勇气去面对生活的挑战、压力和障碍，但是他们并没有勇气去面对自己内心的虚弱。当出现任何一点儿这样的征兆的时候，他们会本能地回避掉。

◎尽管别人善意地向黄色提出谏言，然而他们一直洋溢着一种飞扬跋扈的神气，暗示自己无所不知并且永远是对的。这样我们就能够明白为什么黄色总有两条人生法则：第一，我永远是对的；第二，如果我错了，请参照第一条法则。

◎黄色是典型的侵略性性格，因为黄色喜欢去命令和指使，当遭遇挑战时，会马上变得充满攻击性和咄咄逼人，这与他们内心趾高气扬的本质是很难分开的。对于冒犯他们的人，黄色会毫不留情地坚决还击。他们经常会因追逐自己想要的东西而忽略尊重他人的情绪。不健康的黄色，他们单纯追求赢的感觉，却丝毫没有觉察到自己的攻击性，还宣称自己只是直截了当而已。

◎为了获得最大的成功，黄色重视效率，缺乏耐心，他们非常厌恶工作能力差、多思而不实干的人。他们讨厌慢慢吞吞的部下，希望部下是能促使自己走向成功的有用工具。

◎黄色对他人的弱点极度不耐烦，而且毫不掩饰地表现在他们的表情上。最重要的是，所有无效率的事情在他们看来都一文不值，而且是那样的不可饶恕。有时，为了显示他们的权威和犯错者的渺小愚蠢，黄色不惜当众羞辱，以让被骂者茁壮成长，且美其名曰"不经历风雨怎么见彩虹"，为自己的暴虐涂脂抹粉。

◎黄色喜爱自命为判官，总会发现别人的许多言辞、行为不顺眼的地方；

黄色经常高声表达他们的不满，让周围的人退避三舍，这也会妨碍亲密关系的发展。

◎劝告黄色的人是困难的，因为他总能证明自己是对的。由于他的自视英明，他不会去做他认为是错的事情。

◎黄色容易成为独行大侠，他们最有可能独自完成一些壮举。但可悲之处在于，过度的暴烈和严苛让黄色不得人心。典型的黄色比较不加控制，容易欺人太甚。他们认为所有人都应该跟上自己的步伐。他们不够心平气和，因此无法赢得下属的支持。等到他们退出舞台，等待的就是白眼和鄙视。

◎黄色经常在到达人生终点时，只带着极少数真正能令他们醉心的回忆，而最醒目的就是挂满整个墙壁的奖杯和奖状。

◎红色"以自我为中心"，是期待得到众人的关注和喜爱，因为红色实在喜欢炫耀和表现的感觉；黄色"以自我为中心"，是期待天下万物唯我独尊，我就是世界，世界就是我。

◎黄色永远知道自己要什么，他们一生中奋力追求自己的目标。他们善于操纵和控制，他们将方向盘打向自己要去的地方，而鲜少考虑泥水是否会溅到他人身上。

◎要让黄色学会为他人考虑，那真是件奇迹。他们似乎天生就觉得这个世界是应该围绕他们转的。从这个意义上来讲，黄色"我的一切都是理所当然"的心态，将成为他们人生成长中一个最麻烦的桎梏。

◎黄色的"冷酷无情"源于他们过度专注于目标和关注事头本身，而对自己和他人情感的需要一概忽略。

绿色性格回顾

◎ 绿色性格遐思

● 如果你感到非常有压力或高度紧张，绿色的朋友总能在这时让你如沐春风。绿色会在你痛苦时默默地陪伴，见机行事，把准脉搏给你适时的安慰和鼓励。

● 绿色不像红色那样，聆听只不过是为了等会儿向你更多地倾诉。绿色似乎本身从来没有什么问题，他们是温暖而富有同情心的聆听者，不带任何批判性，也不提供意见。厉害的是，等你吐完满腹苦水，绿色就能继续打开电视，像没事一样继续看电视了。事实上，其他人的痛苦和焦虑，都不会从本质上影响绿色的心情。

● 如果你有一个绿色的家人或朋友，就意味着你有了一个温暖的朋友，一个忠实的支持者，一个不挑剔的伙伴。你是幸运的。他们会一直跟在你的身后为你加油，你可以和他推心置腹，却不需要反过来听他的心声。但是绿色却不知道如何为他自己做决定，如何使互动的关系中付出和收获同时并存，他们往往认为付出是应当的，你需要放慢脚步，等他想要做些什么。

● 经常有人评价说某人忠厚老实，这也许大多是用来评价绿色的。绿色追求稳定的天性，让他们宁愿固守一份工作、一个朋友或一个家庭，而不愿意主动去找一个更好的，他们总觉得我现在这个就已经不错了，再找一个多麻烦啊！

●绿色本身是低能量的动物，这决定了绿色既缺乏红色或黄色的那种热忱，也缺乏蓝色和黄色的那种专注。他们安于现状，对自己现在的状态感到充分满意，并没有要去改造或者改变的强烈意愿。他们向往着"采菊东篱下，悠然见南山"的恬适生活。如果他们饿了，他们宁愿去吃冰箱的剩饭和剩菜也懒得跑到楼下买个汉堡。

●典型的绿色会很懒散，对放在角落的灰尘、碗盘、堆积成山的旧衣服极为宽容，给予充分保留的空间。他们宁愿嚼着薯片去观赏电视上的肥皂剧——用别人的生活取代自己的生活。当然，他们也很容易因为别人而迷失自己。这也是他们容易对自己的内心不忠诚的原因。

●绿色很容易和他人攀谈起来，但是他们不肯轻易地泄露太多的感情，他们宁可静静地坐着倾听别人，他们很难打开自己，除非他们能确定你完全可靠。另外，绿色似乎并不知道该如何表达自己的需求和情感，他们会想："别人是不是真的想了解我呢，别人不会关心吧？那我又何必说？再说了，我好像也没什么特别的想法。"

《色眼识人》语录——绿色性格优势

◎绿色文化的精华说起来就是一种追求和谐的文化，不讲究过度的文化，点到为止的文化，得饶人处且饶人的文化，"留得青山在，不怕没柴烧"的文化，强调平衡的文化。

◎绿色是典型的温和主义者，就像水是他们的吉祥物一样。他们无孔不入地绕过生命的险阻，而不是一定要铲除路中的障碍。绿色和善的天性中充满了温柔的吸引力，他们对所遇之人几乎都保持着仁慈和柔软。

◎如果说，红色给我们生活的激情和快乐，蓝色给我们稳重和信任，而黄色给我们勇气和坚定。无论是谁，当我们和绿色相处的时候，我们感受到的是轻松、自然，没有压力。

◎绿色能够将生命的危机摆在适当的透视之下，知足又没有脾气，他们对生命提出的要求不多，他们经常能不吝付出，能体验到这种心灵开放的拥抱是极其幸福的。

◎绿色很容易超脱游离于政治斗争之外，因为他们内心深处对金钱和权力的欲望并不执着。

◎红色具备"选择性遗忘"，他们可以选择性地忘记那些痛苦的记忆，从而在自己的记忆体中一直保存着美好与快乐；绿色具备"选择性倾听"，绿色不想听的时候会自动屏蔽，他们会选择听不影响自己心情的话。

◎黄色有着活跃的推动力，然而由于他们的强势所以树敌不少。等到真正选择领导人的时候，最高阶层和民众往往都会对那些没有敌人的绿色情有独钟。

◎绿色的快乐是因为计较的事情少。

◎绿色是自得而悦人的个体，能够接纳生活中的任何人，他们能够契合所有不同颜色的性格，而不用担心行为差异上的南辕北辙。他们和善的天性以及谦逊的为人，为他们赢来许多忠诚的友谊。

◎如果红蓝黄绿用头部的功夫比武，那么红色的嘴功、蓝色的脑功、黄色的眼功是各自的强项，绿色的耳功则为家传绝学。

◎绿色乐于倾听别人诉说的所有事情，鼓励朋友们多谈谈自己。他们擅长让别人感觉舒适。

◎幽默感产生于轻松的生活态度之中，一个生活紧张的人是不可能产生幽默感的，幽默的散发需要那种松弛大度、不疾不徐的风范来支撑。而这正是绿色所具备的。

◎绿色领导尊重员工的独立性，而不是把员工当作机器上的零件。这让他们博得了更多的人心和凝聚力。

◎绿色的领导风格是稳当而公平的，他们包容分歧，并且提倡团体中的盟友情怀。他们具有令人羡慕的平衡力量，接纳任何其他性格色彩，并且愿意向他们学习。

《色眼识人》语录——**绿色性格过当**

◎如果说蓝色的累是把事情复杂化和认真生活的累，那么，绿色的累则是为了迎合人际关系而受的累。

◎绿色经常会产生不必要的莫名恐惧。这种怕被责骂的本能的紧张和恐惧，只会滋生病态的妥协，而无法促使他们采取负责任的解决态度。他们宁可在长痛中苟活，也不肯在短痛中奋起。绿色也许在付出沉重的代价后，才能学会不要太在意别人的反应，学会敢于表达自己的立场和原则。

◎绿色被动等待问题的解决是因为：如果明确表示意见，会担心受到别人的批判并引起冲突，因此不表示意见才是最安全的做法。遇到两难选择时，对双方都表示理解，更加无法决定立场，心想不管自己怎么说，双方都听不进去，于是尽量不作声。

◎绿色是四种性格中最需要稳定的人群，他们天性惰于变化，在频繁变化状态下，需要打破已经适应的环境和人际关系，这让绿色感到安全感的缺失。他们的内心拒绝改变。在必须决断又不愿决断时，绿色会做出表面上的迎合，实际上他心里的想法完全没有改变。

◎绿色的悲剧在于他们连争取都不愿意争取，他们期待的是自己的所作所为可以静静地感动对方，待到一切花落去，再找个理由安慰自己。他们一生中得到太多自己无意追求的东西，而真正想要的却越来越远。

◎因为绿色的不积极主动，问题仍旧会一直存留在那里丝毫得不到解决。他们似乎已经习惯于事情会自动解决，这种守株待兔的心态让他们成为四种性格中最为被动的颜色。

◎绿色的三个口头禅各有意义——绿色的"无所谓"：只要你高兴，我快不快乐，死活都一样；绿色的"随便"：我不决定，你决定好了；绿色的"还可以"：我不想直接否决，让你下不了台，你不用问我。

◎绿色并非真的完全超脱，绿色常会在"说"与"不说"之间非常挣扎，在挣扎中时间静静流逝，而后果依旧会爆发。绿色觉得提出要求本身，是一件"可耻"的事情，一旦这样的世界观和想法形成，绿色开始"沦落"为一个没有要求的人，活在"别人遗忘他们，认为他们可有可无"，连他们自己也认为"自己可有可无"的世界中。

◎绿色看起来行动迟钝，磨磨蹭蹭、慢慢腾腾。这种了无生机并非真正的身体疲倦，而是心理上处于一种什么也不想做的闲散状态。绿色除了工作和参加必要的社会活动外，很少有参加其他活动的愿望。

◎绿色一直奉行"你好我好大家好""不求有功，但求无过"的人生策略，以为"小心驶得万年船"的生活方式，可以让他们平安度过一生，却忽略了无限纵容也会对他人造成莫大的伤害。这恐怕是绿色做梦都没想到的！

◎绿色十分不愿意去做可能出错的决策，就算是绝对不会出错的决策，也巴不得是由你的口里说出，这样可以避免由他们来承担那些责任。

◎绿色的问题不是在于不公平，而是对所有人都太公平了。这就好比，你维护正义是应该的，但你同时姑息不义，就是大错特错。

◎绿色一直期待做让人人满意的事情，而他并不知道的是——这个世界上并没有使人人都满意的事情。

FPA®性格色彩

第二章
红色性格

红色老爸

红色老爸在和孩子一起玩时，
是最没有违和感的，
因为他自己也是个孩子。

我的 红色老爸

老爸今年 65 岁，是典型的红色，是个可爱的老小孩，他身上既有红色性格的很多优势，也有红色性格的过当。老爸出生于新中国刚成立时期的农村，经历了三年困难时期，经历了"文革"，18 岁的时候，一个人挑着担子从江西来上海读书，照理说应该吃过不少苦，也因为自己的出身遭到过一些冷眼，但无论是从他无意中对我描述的早年生活，还是我有意追问的回答，都体现不出来一个"苦"字，他对自己过往经历的总结是"人活着，开开心心就好"。我们一家人中，老爸是最无忧无虑的——用这个词来形容 65 岁的老人有点儿怪，但事实就是如此，老妈是红+黄，容易让人紧张，假如没有老爸的乐天来中和一下，我的成长之路上想必快乐会更少一些吧。家有红爸，如有一宝。

◎童心未泯、平易近人

在我很小的时候，小伙伴们来我家之前都会悄悄打听，问我爸在不在。如果我爸不在，只有我妈在家，他们是不会来的，因为我妈浑身散发着一种"生人勿近"的气息，而我爸则会给孩子们分发零食，和我们玩在一起。

有一次，老妈不在，老爸正在院子里和我们一起玩"骑大马"的游戏——

在地上铺一块席子，老爸当"大马"，我们轮流上去骑，他还会发出"啊呜啊呜"的声音，孩子们都high（兴奋）爆了，这时不知谁对我喊了一声："你妈来了！"片刻之间，孩子们跑得一个也不剩。老爸从地上爬起来，拍拍身上沾的草席碎屑，傻笑着看着突然回家的我妈（笑是他的撒手锏）。那天，老妈气得使劲数落老爸："你作为一个处长，一个干部，怎么可以一点儿尊严都没有，趴在地上随便给什么孩子来骑呢？如果你要陪自己的孩子玩骑大马，可以，在家里玩，怎么能在院子里玩呢？你把我的脸都丢光了！"不管老妈怎么说，老爸始终笑嘻嘻，满不在乎地说："哎呀，哪有你说的那么严重，玩一下，让孩子们开心一下有啥不好。来来来，消消气，我给你做个拿手好菜吃！"常言道，伸手不打笑脸人，老妈的怒气，每次都被老爸的笑脸化解了。

> 不同性格对"尊严"的理解不同。在黄色看来，身为父亲，应是权威的化身，陪孩子玩乐也应有底线，怎可权威扫地。但对于红色而言，玩的时候可以放下一切，只要孩子高兴，大家开心，我扮演什么角色都行，无关尊严，不需要上纲上线。

◎粗心大意、丢三落四

老爸性格比较大条，出门忘带钱、忘带钥匙是常有的事，令我印象最深刻的，是老妈反复提起，在我5岁的时候，老爸骑着自行车，把我放在后座，一边骑着一边欣赏街道两旁的风光，心情很好还唱着歌，忽然后面有人追着冲他大喊："孩子掉了！孩子掉了！"他回头一看，原来我早已掉在了马路上，离他足有半里地远了，他居然一点儿都没发觉。幸好我扛摔，没受什么伤，否则要是摔傻了，老爸就终身遗憾了。

还有一次，他回家有点儿晚。已是黄昏时分，天灰蒙蒙的，还下着小雨，他急匆匆地骑自行车回家，没注意看路，居然掉到一个没有井盖的下水道里。还好人大车也大，卡在下水道的半当中，没有完全掉进水下，不然的话也是挺危险的。为了这事，我妈嘲笑了他很多年，但他一点儿都不在意，每次提起来还是乐呵呵的，好像是发生在别人身上的趣事。

◎情绪波动大、不记仇

老爸刚参加工作的时候，出了一件大事。单位里有个同事，是个小主管，平时作风比较张扬，听说是某领导的小舅子。单位里好多人对他不满，但都碍于他的背景，不便发作，只是背地里议论。老爸跟他往日无冤近日无仇，只是听了其他同事说他自私、不讲理，便对这人也不满起来。后来，有好事者挑唆，怂恿我爸去揍他，无形中让我爸有了除暴安良的使命（他内心有英雄情结）。有一次发生口角，我爸真的拎了块砖头把那个人的头打破了，流了点儿血。一见真的打伤了人，我爸就害怕了，周围那群挑事的人全都缩在了后面，没有一个人站出来替我爸说话。后来，老妈给老爸支招，让他找人说情，还让他亲自买了一兜进口的小苹果，去医院探望那个人。老爸把苹果送去以后，诚恳道歉，那个人也是红色，原谅了我爸。从那以后，我爸见他就态度特别好，总跟他聊天。他为了显示自己大度，也对我爸特别客气，最后两人居然真的成了好朋友，关系比单位里其他同事更好。

> 红色容易情绪化起冲突，把小事酿成大麻烦。但只要不是深仇大恨，红色通常不记仇，一架打完，气也泄了，恢复理智，顿时觉得后悔莫及。被打的一方如果也是个红色，看到对方低声下气地道歉，心一软就会握手言和。因此"不打不相识"大多发生在红色身上。

后来，老爸在单位里也当了个干部，加上专业能力出众，当时整个集团需要有一个常驻日本的总代表，全体员工竞聘上岗，所谓的常驻，其实是待三年再回来。老爸很想去国外待一段时间，开阔眼界，加上那时我已经上大学了，没什么可操心的，所以报名参加了竞选。结果老爸的笔试和面试分数相加，得到全集团第一名，但最后领导还是大笔一挥，定了第三名当这个总代表。这件事发生后，老妈非常生气，告诉老爸说："你以后再也不要理这个人了，你要在单位里告诉大家这个人有多坏。"但老爸说："其实他人不坏啊，他有关系所以去了，那就去了呗，干吗要因为他而影响我们自己的心情呢。"（他一向善于自我安慰。）那个总代表其实对日本没有那么了解，总是来请教老爸问题，态度非常好。老爸是吃软不吃硬的，只要别人虚心请教，他就知无不言言无不尽。日子久了，他又发挥了不记仇的本色，跟这个人也成了好朋友。

◎易受他人影响、目标感不强、乐观

有了我之后，老爸出国出差的机会越来越多，得到单位里领导的认可。大领导见日本外宾，指名要我爸担任翻译，因此他工作也就越发积极了。老妈对自己的要求也很高，一边带我，一边报了夜校，记得那时候经常是老爸出国了，老妈上夜校，我一个人在家里写作业。停电了没有办法，我担心作业写不完被老妈骂，所以自己拿根棉线，倒一小碗油，棉线放在油里，点燃当油灯照明用（以前看老妈这么弄过所以学会了）。老妈回来看到我这么弄，一方面心疼我，另一方面担心我会引起火灾，弄出危险，由此将所有不满都释放在老爸身上，认为一切都是因为他出国太多不着家造成的。因为老妈的强烈批判，老爸有时候就把一些出国机会让给其他同事，自己只要一年去两次就够了。每次老爸把机会让给了别人，老妈又会爆发出不满，觉得便宜让别人白捡了，凭什么。所以老爸和老妈的口角冲突也很多。但不管怎么吵，老爸都不会动手，也不会离家出走。一般的模式是老妈先行挑衅，吵了一阵子之后老爸转移话题，或者很没诚意地说"好了，我错了，行了吧"。老妈的气自然没那么容易消，但好在有我，吵着吵着，老妈想到我第二天要上学，于是暂时偃旗息鼓，待来日择机再爆发。

有一次，老爸所在的集团打算在深圳设立分公司，这个机会落在了老爸头上。当时深圳刚刚成立特区，之前还只是一个小渔村，所以没太多人跟老爸争抢这个机会。集团给这家分公司负责人的福利待遇相当好，除了工资高

以外，给大房子住，甚至连孩子的入学、配偶的工作都安排好了。老爸一直接触外界比较多，出国很多次，眼界也比较开阔，能看到这是一个有发展前途的好机会（虽然不确定自己能不能做好），很想去试一试。老妈不肯去，因为她对于失控的事情有恐惧感，去深圳前途未卜，她不愿变成依附于我爸的女人，这也让她无法忍受。所以她跟我说："爸爸要抛弃我们娘儿俩去深圳，你只有跪在地上求他，才有可能让他留下，否则就完蛋了。"我当时很小，一听就很害怕，于是照她说的做了，后来老爸果然放弃了去深圳的机会。若干年后，深圳经济腾飞，当年去深圳当分公司负责人的人大富大贵了。老妈对此念念不忘，反复提起此事。每次提起，老爸都不得不安慰她，并反复申明，自己当初放弃那个机会一点儿都不后悔，也没有责怪她，她才暂时消停。以我的观察，老爸的后悔多少是有一点儿的，但整体来说他还是很乐观的，况且留在武汉，家里的生活也一天比一天好，他觉得也挺快乐的，干吗要提起以前的错误抉择让自己不愉快呢？

> 当出现机会需要取舍的时候，红色很容易因外界的影响改变最初的决定；同时红色对人和感受的关注度往往高于对事情的关注度，因此会因为情感因素放弃一些有更大实际利益的机会。而红色遗忘痛苦的功夫又十分强大，所以红色是最容易找借口为自己开脱的性格，这也是红色通往成功路上最大的绊脚石。

◎ 老小孩、乐天、喜欢新鲜、思维跳跃

现在老爸已经 60 多了，他对自己过往人生的评价是：幸运、一切顺利。他喜欢看武打动作电影和电视剧，喜欢美食，喜欢开车。我上下班地点离家比较远，老爸每天开车送我上班。同事们看到了都羡慕我，我说我爸喜欢开车，她们都不认为是这样，她们觉得老人怎么可能喜欢开车呢，这么辛苦这么累，肯定是为了我才这么做。但我很确定老爸是喜欢开车的。有一次我无意中看到他给他在武汉的老同事发的短信，人家问他在干什么，他说他在开车，很开心，很有意思。后来我问他，为什么喜欢开车，他说只要路上车不太多他

就很喜欢开车，感觉像在游玩一样，整天坐在家里看电视太没意思了，但如果路上车很多，尤其是有人超他的车不开转向灯之类的，他就会发火（标准的路怒族）。我又问他："你一直说自己性格不够外向，不像有些人会来事儿，为什么一个内向的人会那么容易发火呢？"他说："噢，你说得对，我想起来了，我以前是很内向的，跟人说话会怕生，会害羞，后来因为出国时买了一个照相机，很喜欢玩那个相机，没事就给人拍照，拍了以后大家都想要照片，于是我每次都把照片洗好送给对方，因此就跟很多原本不熟的人熟悉起来了，后来就越来越外向了。"

> 红色发散和跳跃的思维特点，让他们容易浅尝辄止，从性格的优点来讲，就是容易开心少烦恼；从性格的局限来讲，就是虎头蛇尾、不求甚解。

◎从一切事情中寻找乐趣、阳光快乐

因为我是"重度"大龄剩女，老妈从早些年的唠叨变成焦急生气，最近几年干脆麻木不管了。但老爸一开始是不操心的，总是跟我妈说："孩子还小，不急着嫁，我还想她多陪我几年呢。"现在，老爸也急了，但老爸急的方式跟老妈不一样。有一天，老爸突然问我："是不是有个网站，专门管相亲的？"我一惊，心想："老爸居然知道相亲网站？"要知道，他自己从不上网，电脑对于他而言唯一的功能就是玩蜘蛛纸牌游戏。于是我说："相亲网站很多啊，不过上面好多都是骗人的，也不知道那些男人可不可靠。"老爸说："听说你表妹结婚了，对象是美国人，是她在相亲网站上认识的，你也去注册一下吧。你要是没时间看，我帮你看。"我口头答应了，但是嫌麻烦就一直没行动。后来有一天，老妈抱怨我不找对象，老爸替我说了几句，老妈生气地说老爸："就是你不管，所以才变成这样！"老爸也上了火，两人吵了起来。我为了平息他们俩的吵架，就去相亲网站注册了会员，把账号和密码给老爸，以表示我找对象的诚意，这样一来，老妈也暂时偃旗息鼓了。

　　我给老爸的任务，是让他从给我发信的男人中，筛选出基本条件合适的，把男人的编号记录下来，等我有空的时候去看。从此，老爸就充分体会到了上网的乐趣。我每天下班后，在我家的电脑前面，就会有一排五颜六色的即时贴，迎风招展地等着我，上面除了写着老爸筛选出的男人的基本信息，如"38岁，从事金融业，有房"之外，还会有老爸别出心裁的评语，诸如："这个人脸大，福相，好！"或者"他旅行去过很多国家！"有一天，我下班比较早，回家以后自己登录相亲网站，看了看收件箱，发现有个男人给我回信，叫我"宝贝"，把我吓了一跳。再一看，原来老爸用我的账号给他发过信，内容是："你的照片好帅呀，可以认识一下吗？"我气得找老爸理论，老爸无辜地说："我看你整天忙成那样，没有时间回信，就帮你回一下呗。"我说："那你也不能回那样的话呀？"老爸更加无辜地看着我说："你们年轻人不都是这样聊天的吗？"（不知道他从哪里知道的。）我无语。

　　后来老爸自己配置了电脑，开始探索属于自己的网络世界，现在已经熟练地辗转于各大论坛看帖、发帖、聊 QQ。他还在家里阳台养了几只乌龟消磨时光，没想到乌龟交配下了蛋。这下他可来劲了，上网查信息，到养龟论坛取经，等到孵出小龟以后，还拍了段视频上传到论坛，每天登录看有多少人回帖。看到一直有人顶帖，他沾沾自喜，整天向我们炫耀。

　　总而言之，红色老爸和孩子玩在一起时，是最没有违和感的，因为他自己也就是个孩子。无论他是 30 岁、40 岁、50 岁还是 60 岁，也不管岁月和风霜有没有在他脸上刻下刀砍斧凿的痕迹，他的内心永远像孩子一样。假如你也和我一样，有个红色的老爸，也许他不能给你的人生强有力的指引，也不能在一言一行、一举一动中给你做出高大的榜样，但他的天真和热情会鼓舞着你，让你去体验生命进程中所有的快乐。

红色性格

为何红色如此善变？善变的首要根源是喜欢变化，喜欢那种不确定的感觉。

For Sale
······ ······
xx xx

善变

善变：凡善变者必随意

在换手机这件事上，典型红色性格的更换频率必定是四种性格中最高的一个（你是红色，未必你一定是勤换手机的；但勤换手机的人，必定是红色性格）。这主要基于以下几点：

第一，红色经常马大哈，丢三落四，据说他们一年平均会丢掉三部手机；

第二，红色喜欢新鲜，就算他的手机没丢，如果发现有自己喜欢的新款出来，他们的内心也会油然而生一种自己都不好意思说出口的想法："啊，要是哪天我现在的手机丢掉多好呀！" 这样就可以名正言顺、心无愧疚地去搞一部新手机了；

第三，就算手机丢不了，红色也可找个借口给自己换一下心情。比如说，他会告诉你，今天失恋了，心情不好，我需要换个心情，这样就可以忘记那个让我伤心的人。在这种顺理成章的逻辑下面，手机终于换了，可惜不争气的是，那人的肖像还是阴魂不散地出现在手机屏保上。

他们不仅对新款敏感，还总是期待手机在刚出来的第一时间，就可以立即拥有。看看人家蓝色，对于新产品的面世，总是保持审慎的态度。除了他们坚信价格将随着时间推移而逐渐走低以外，他们总觉得新出来的东西性能不会太稳定，他们宁愿相信高品质是建立在时间的考验之上的。

> 而变化性与随意性是一对孪生兄弟，善变者，必随性。

如果你是一个按部就班且循规蹈矩的人，假如在工作中，你遇见了一个超级红色性格的老板，那你就准备遭受变化无常的折磨吧。以下"控诉"来自一位蓝色性格的小伙子，此人做事极注重事先安排好计划，非常反感毫无约定的种种临时变化。不幸的是，他摊上了和他性格相反，让他彻底崩溃的红色老板。

我们总公司说要在广州举办运动会，我那红色性格的老板当然是积极响应，要求我全力负责我们分公司的运动员选拔、操练及相应的会务工作。"接旨"后，我丝毫不敢怠慢，从项目确定，到人员报名、选拔，以及服装定做等等，一切都有条不紊地进行。到最后一项集体项目——广播体操时，我的老板终于被彻底激发了。

刚开始，老板要求选拔有服役经历的公司保安做教官，我立即从中选出一名体形、动作、年龄等都比较合适的人选，并着手开始训练。可没过两天，老板把我叫到办公室，说昨晚在电视里看到升国旗，人家的动作，那才叫标准，还是换成职业军人来做教官比较合适。

于是我又开始行动。很快，可与升国旗的帅哥相媲美的部队现役军人到位了。老板很满意，当天下午还跟在后边一起有模有样地练了半天。队列训练结束后，接下来是广播体操训练。老板异常兴奋，带着大家在公司的多功能厅里练了两天，还说要自己亲自领操。我想，这下可好，省了很多麻烦，大家的配合也能好点儿。

没想到，第三天老板又改变主意了，说还是由学校的老师来训练比较专业，自此不出现在排练行列。风平浪静了一段时间，等到排练列队入场时，老板又从队形、男女比例、口号等方面进行了"七十二变"。终于等到一切妥当，大家打点装束到了广州总公司。

晚上吃好饭不久，老板又下达了一个最新任务：升国旗的几个帅哥之所以帅，是因为他们戴了白手套。我当场晕倒，立即安排人员满大街搜寻白手套。要知道，在广州，夏天的晚上，要买到白手套，其难度赛过给加西亚送信。手套终于买到了，又赶紧通知大家第二天一早6点到体育场进行赛前排练。

第二天一早，排练完毕，老板最后赶来发布了赛前的最后一道指令：所有队员在比赛前一律把白手套放进口袋，直到列队进场前最后一秒钟才能戴上，这样才有新鲜感，嘱咐大家不得有误。

有笑话说：张某每日上床前将两只大靴子随脚一踢，"咣当"两声，把楼下的退休老太太从梦中惊醒。时间长了，老太太无法忍受，上来抗议，张某表示定当痛改陋习。当夜上床前，一脚踢出，突然想起楼下这码事，于是极尽小心之能事，将另一只靴子轻声卸下，然后欣喜入睡。次日，老太太怒发冲冠上来兴师问罪，原来老太太整夜就在焦虑不安中苦等另一只靴子掉下方可安心入睡，结果至天明亦无。

典型的红色若是制订了计划又变来变去，他人的心情就会像故事里的楼下老太太般忐忑不安。因为自己辛苦做的活儿，随时都可能成为无用功。这在红色上司和蓝色下属的关系中，对于在乎规则的蓝色来说，毫无疑问，是痛苦的蹂躏。为何红色如此善变？善变的首要根源是喜欢变化，喜欢那种不确定的感觉。

　　一位性格色彩认证演讲师，跟我分享了她和红色性格男友相处的无奈故事：

　　一次，我跟他吃完饭在外边散步。他在部队当兵，我们就在部队附近溜达，离部队大概两公里左右，经过一个酒楼，他突然停下说："我去上个厕所。"

　　"好。"

　　他朝那个方向走了两步，又停了回过头说："算了，还是回部队上吧。"

　　"好。"

　　我们开始往回走，走了两步，他说："算了，还是在这儿上吧。"

　　"好。"

　　他又转回去，走了两步，转过身来，沉默了一会儿，仿佛很痛苦地做出"最后"的决定说："算了，不上了，回去上。"

　　我以为这算是结束了，就说"好"。

　　刚走一步，他又停了，转过身问我："你说我是在这儿上还是回去上？"

　　"如果你着急，就在这儿；如果不着急，就回去。"

　　他又沉默了一会儿，给我来了句："石头剪刀布，你赢了，我现在上；我赢了，就回去上。"

　　我无奈了，跟他石头剪刀布，结果我赢了，于是他决定去酒楼上。结果他走了两步又回来了，拉着我一边往回走一边说："算了，还是回去上吧……"

　　由于他在部队，我们见面的机会不是很多。我因为跟着一个蓝色的老板干活儿，所以被训练得做事情时也会希望有蓝色的计划性，故而希望他能尽早给我确定我们约会的日期和行程，这样我可以提前做好前后几天的安排和穿着。我希望一切计划好的都不要变，但他仿佛很难理解。

有一次，周五晚上，他终于确定了次日来找我，当我问他几点来，去做什么。他的回答是，上午 10 点钟过来带我去吃比萨饼。第二天早上 9 点钟，我给他打电话，他就变了，说中午过来。时间往后延了些，倒也没什么。我开始梳洗，因为要去吃比萨饼，我下边穿了丝袜，准备出门时再穿靴子。到了中午，我一边上网一边等他，惊讶地发现他居然也在网上。我问他怎么还没出来，他说咱们不吃比萨饼了，去爬山，还有别人。其实我当时心里很不开心，一是因为要是爬山，我根本不能穿这身衣服，也不能穿靴子；二是因为事先他也不和我商量一下，就答应和别人一起去，我们好不容易见一次，其实，我很想跟他单独相处。

但是我理解他，红色人来疯。于是我问他几点，他告诉我再要一个小时。等到两小时过去了，他还没出门。我问他怎么回事，他说还有一个人要去，他正上班，要等他下班再出发。等到他打电话跟我说出发时，已经下午 3 点了。我真的很郁闷，感觉自己这一天全被浪费了。如果他第一时间告诉我这些变化，我也不至于一直傻乎乎地干等。3 点，他给我打电话，要我下楼等他们，他们开车过来接我，告诉我在我家对面商场的路口等他们。我收拾了一下过去等，等了 20 分钟还没有来，我打电话过去，他又说要不换个地方等，让我回到我家楼下。于是我又开始往回走，快走到了，他在电话里又说，算了还是在那个路口等吧。我于是又回到路口，等了 45 分钟，他们终于到了。到之前给我打电话，说还是要我回到我家楼下等。就这样我在外边转着圈等了他 45 分钟，最后也没去爬山，而是去吃了烧烤。

幸亏我们这位认证演讲师是绿色性格，脾气好，遇见这种不靠谱的男友也不会发火。如果是其他性格，早就两耳光扇过去，直接散伙拉倒。

和善变的红色相处，如果是像上面这样的情侣关系，假设处不好，大不了可以不陪他玩。可如果在工作上，你还不得不倚靠这个红色的工作才华和能力，又要忍耐他令人发指的善变指数，就是一种灾难了。

晓云，蓝色性格的软件公司市场经理，在性格色彩基础课上详细描述了她自己和一个超级红色的设计师之间痛苦的互动。在她口中描述的这位红色设计师，集变化无常、没有计划、随意性强、高度情绪化于一身，浑然天成，简直让她崩溃。

认识包包（设计师）是因为我们的软件产品需要做动画演示，当时找到他时我们如获至宝。由于我们软件产品的特殊性，能用最贴切的方法表现的人，除了他至今还没找到第二个。而他也表现得极度热情，尽管这个项目非常紧急，时间上的挑战性很高，他却欣然接受。第二天清晨他在MSN主动表白说他前生一定认识我，看到我的第一眼就异常有亲切感，觉得好眼熟。（红色真是擅长自来熟的交际高手啊！）

在项目开始的前两天，他表现出绝对的主动。当然，一上午除了问我要资料（醉翁之意不在酒），坚决不放弃直奔他认为必须讨论的主题，例如探问："你一定有很多男人追吧？男朋友是做什么的呢？年龄多大？能否发张照片给我呀？"等等。在得知我的年龄至少可以做他大姐的事实后，他认真地表白说他喜欢少妇，喜欢成熟女人的韵味；之后不管三七二十一，每次和我说话，都发嗲地称我为"姐"。这对于我这样的蓝色来说，实在有种说不出的难受。

第一阶段的进程很顺利，三天交背景设计，他按时完成而且设计得很好。当进入第二阶段时，我发现他的进度慢了下来，但他要和我闲聊的劲头却未有递减。在以后真正了解他之后，我才知道原来他是一个完全不能在一段时间内静心做一件事的人。每隔一阵子，他就必须要开小差（他和我聊，当然也和别的妹妹聊），或者干点儿别的舒服事。用他的话来讲，他必须找点儿快乐的有激情的事来点燃他自己的创作灵感。

该交作业的时候他只做了个开头，按进度一定来不及了。第二天我有点儿生气地责问他为何没做好，他说了些根本不该存在的理由。最后他对我保证，明天一定把昨天缺的与今天需要完成的任务一起交。可到了明天，又没见他把东西交给我，他说昨天突然身体不好，早早睡了。我相信了他的话，让他注意身体，他当下再次真诚地保证两天后一定给我。

两天后，也就是离我们需要用这动画片开会只剩最后三天的时候，他不但没交作业，而且我屡屡打他手机也不接。中午，他发短信说："亲爱的姐，我知道你很生气，我很对不起你，真的对不起你，因为没做好，所以不敢接电话，我保证明天交。请你这次务必要相信我。"

第二天我以为应该准时收到他的作业了，因为实在是迫在眉睫，他应该意识到了紧急性。结果再次让我失望和恼怒。他的解释是他的事情好多，也有点儿累，在做的过程中不知不觉睡着了，等醒来以后发现时间到了，该给我的东西没完成。

活动后天就开始了，我不能把命运交给那个永远在承诺却从来不兑现的家伙。无奈之下，我决定"三陪"（陪想、陪做、陪吃）。他非常高兴，说有我在旁边，他会很有创作积极性，很快就能完成。因为前面落下的进度很多，所以在连续工作了两个通宵之后，在活动的前10分钟，我们终于完成了。

险！险！！险！！！我彻底服了他！！！虽然他的拖沓令人极其

厌恶，但因为做的东西得到了所有人的一致赞赏，因此第二次项目又交给了他。这回我吃一堑长一智，知道了他严重缺乏时间观念的特点后，我依照原定的时间表又提前了两周让他开工，可等到项目完工，还是延期了两周。

他是个非常情绪化和心血来潮，永远不会按计划行事的人。例如他本来工作好好的，突然想要去洗头，结果是由洗头变成烫头，由原定半小时后继续工作，变成3个小时后还在弄他的头发，工作的事被抛到脑后，他自己沉浸在美发的喜悦中。又例如原定下午工作，突然想女朋友了，于是没做完工作就匆匆出门赶赴约会。不管你急不急，反正他就是要约会。最离谱的事是，和女朋友分分合合的状态严重影响了他的工作，他整整两周没做任何事，脑子里全是她。不管你怎么劝，说什么世上女孩多的是，你这么年轻才26，不怕找不到，等等，他就是只喜欢那一个，此生非她不娶。总之，认识了他，我才算彻底领教了红色是怎么要人命的。

按照红色的思维，做事原本就不需要太多的计划去加以束缚。他们为自己这一切行为常用的狡辩套路是：俺行走江湖靠的是灵活应变、随心而行、随意而动。所以，两个无计划的红色聚在一起干事，大家都是西瓜皮滑到哪儿就是哪儿，不停地高唱"人生得意须尽欢，莫使金樽空对月"。

红色非常不喜欢生命被约束，当规章制度束缚得自己动弹不得时，总是如坐针毡。他们是"佛脚派"的高手，很多时候，临场反应机敏异常，沉醉于无序的快感，并用"车到山前必有路"来自我开脱。而对于奉行"没有计划，不成方圆"的蓝色而言，他们对红色的极大抵触，正是源于对头上时刻悬着把剑的反感，说不定什么时候就会掉下来，这种安全感的缺失绝对是蓝色不愿见到的。

童心是个好东西，有童心的人活得快乐，和有童心的人相处也更容易快乐。

童心: 你越老，天真越重要

每年的六月一日,你会收到几条朋友们发给你的祝贺儿童节快乐的短信?好比:

"希望你永远保持一颗孩童般纯真的心,节日快乐!"

"童心永在,平安喜乐,成功相伴,儿童节快乐!"

"今天是我的节日,你要请我吃饭,这个节日也属于所有保留童心的人。六一快乐!"

如果你常发这样的短信给别人,那就注定了你是红色性格。把历年"六一"我自己收到的短信统计后,我发现清一色都是来自红色性格,大概70%是典型红色,20%是红+黄,10%是红+绿。对蓝色和黄色这两种性格来讲,他们从来不会干这种在他们看来特别无聊的事。

如果你收到过很多这样的短信,并且延绵不绝,从无断档,估计你也是红色性格。因为假若你没有足够的童心,你的朋友们也不会发这样的短信给你自讨没趣。虽然发短信的朋友未必懂性格色彩,但他不会去选择一个蓝色或黄色去发的原因是,他隐隐感觉到,假设这个人很严肃或一本正经,会让他自讨无趣，只有选一个和自己一样有童心的人去调侃，大家才能享受到独乐乐不如众乐乐。所以，请回忆一下，发短信祝福的那些朋友都是些什么人吧。

为何红色即便成年，也会有这样的喜好？让我们一起来探寻红色真正的内心世界。

◎第一，红色有童心。

孔子是个内心充满热情的人，也是一个风趣幽默、会出其不意搞怪的人。终生怀抱理想的孔子，一生到处碰壁，但他总能从失败的阴影中走出来，时不时让自己，也让身边的朋友快乐一下。有一次，孔子和弟子在路上碰到一个隔壁邻居。那人对他大喊大叫，说："孔子你可真了不起，你学了那么多玩意儿，你究竟会什么呀？"孔子一听，扭过头来，马上对着弟子模仿刚才那人的口气说："是啊，我到底会什么呢？驾车呢？还是射箭？算了，我还是驾车得了。"那语气，那神态，说不出的俏皮和戏谑立马跃然纸上。

童心在典型红色身上的概率，将远超过红＋黄与红＋绿。这是因为，当一个人的性格中有了黄色，取得成就将变为他人生动机的一部分，这将使他不得不要求自己成长和成熟；而一个人的性格中如果有了绿色，追求稳定则将变为他人生动机的一部分，将使性格中红色那些原本的不确定被稀释，从灵动趋于平静。

叶兆言评价红学家俞平伯如下：印象中的先生是个老小孩。好在先生永远有一份童心，即使在"文化大革命"那种不堪的日子里，俞先生也是老人中最有少爷脾气的一位。说到他，大家就觉得好笑，因为少爷脾气说白了还是孩子气。一个人终生都能保持住孩子气，是一件非常可喜可贺的事情。譬如遇到喜欢吃的菜，他似乎不太想到别人，一盘虾仁端上来，尝了一筷，觉得味道好，立刻端到自己面前尽情享用。记得"文化大革命"后期，有一次请他吃饭，来了几位老先生，都是会吟诗的，吃着喝着便诗兴大发，抑扬顿挫朗诵起来。做小辈的轮不到上正桌，俞先生吃着吃着，突然童心大发，离桌来到我们这帮孙辈面前，红光满面吟了一首古诗。我只记得怪腔怪调，一句也没懂。当然，喜欢自我表现也是孩子气的另一种表现。

当其他三种性格都希望尽早远离童年时，红色却喜欢幻想。正是因为红色的这种对于生命中快乐的向往，让他们可以用童心来欣赏一切。这种生活态度让他们不会把事物复杂化。红色最懂得享受生命，不管他们做什么工作，即便正在苦干，也显得乐在其中。他们总觉得最好的还没到来。

◎ 第二，红色要开心。

当他们还是孩童时，他们就都是很惹人喜爱的孩子，他们被父母和老师宠爱。当他们成年以后，红色也不介意继续被关怀。

我表哥自从有了女儿，就非常享受包办女儿的玩具购买。不仅如此，表哥每次买回来，自己都要先试着玩玩，并经常自豪地告诉他老婆："今天我买的这个，肯定是整个小区的独一份儿！"以至于后来小区里的保姆们每到周末，都会兴奋地在楼下喊："丫丫爸爸，丫丫爸爸，下来和我们玩吧！"结果就会出现我们小区独特的风景：表哥周围是一大帮一岁左右的孩子，他在中间给孩子们吹泡泡！

有一种你早就知道的说法，大意是：如果想让自己变得年轻，就要多和比你年轻的人在一起。这话笃定是红色性格发明的。对红色来讲，他完全不介意和那些比他小的人在一起玩耍，只要开心有意思；而与此同时，黄色性格发明的是另外一句话：如果你希望自己成熟得快些，你就必须多和那些比你年长比你厉害的人待在一起，这样，你才能从他们身上吸收养分，让自己快快成长。对黄色性格而言，如果和一群比自己弱的、不如自己的人玩耍，什么成长都得不到，是件毫无意义的事。

◎第三，红色追求生命的趣味。

梁启超晚年是清华四大教授之一。他兴趣广泛，学问渊博，各大学都竞相聘请他去讲课。一些学校为了竞争，竟开出月薪千元的高价。当时这是一个天文数字。有人问梁启超信仰什么主义，他想了想，说："我信仰的是趣味主义。"有人又问他的人生观拿什么做根底。他回答说："拿趣味做根底。"这种直率通俗的话，康有为绝不会说。梁启超说自己做事总是津津有味，而且兴致淋漓。在他的词汇里，悲观厌世一概不存在。他曾坦白说，自己所做的事，严格地说，没有一件不是失败，然而总可以一边失败一边继续。他不仅能从成功中获得乐趣，更能从失败中获得乐趣。人生不仅是为了成功，因为积极向上，所以活得有滋有味。

孔子说"学而不厌，诲人不倦"。是人都可能学习，都可能教育别人，难得的只是真正做到"不厌不倦"，如果没有有趣和好玩做支撑，不厌不倦便不可能，也失去了意义。对红色性格来讲，好玩是燃料，是精神活动的源泉。红色随时准备迎接生命中一切有趣的东西，他们具有把一切都当成玩乐的精神。他们享受惊喜，也爱假期和特殊日子带来的愉悦，会抓住每个机会去娱乐。你的生命中如果想出现快乐，红色是必需的伙伴。

他是雍正皇帝的第九代孙，他却不愿被称作爱新觉罗·启功。有人给他写信："爱新觉罗·启功收。"他索性标明"查无此人，请退回"。他是中国当代著名的书画家。生病时，他在门上贴了"启功冬眠，谢绝参观，敲门推户，罚一元钱"的字条，可只贴了一天，就被人揭走收藏。从此，来"参观"的人更多了。北师大校内，弟子见面总爱称他为"博导"。启功便言："老朽垂垂老矣，一拨就倒、一驳就倒，我是'拨倒'，不拨'自倒'矣！"在他被任命为中央文史研究馆馆长后，有人祝贺说这是"部级"。启功则风趣地说："不急，我不急，真不急！"

无论是黄色还是蓝色，都很难理解红色为何那样幼稚？为何只因为一个水煮鱼的味道还不错，就会兴奋上一周？反之，红色也苦思不解，为何蓝色和黄色在那儿拼死玩命，却不肯选择轻松的人生？这一切，都是因为红色天性不喜欢被束缚和他们对追求自由的强烈渴求，红色会本能地嗅出任何可能成为自己生命的负累，并赶紧甩开它们。

◎第四，红色很天真。

人们很少用"天真"形容一个成人。"很傻很天真"这句话的意思其实是，这人考虑问题太简单，太容易相信别人，毫无世风日下、人心不古的概念，也不懂得江湖险恶。还有时候，人们使用"天真"这个词，是想说这人像个长不大的孩子一样。而梁实秋一直觉得徐志摩就是个小孩，无比天真。

志摩好动，闲不得。有一天，已是深更半夜，他鼓着兴致去看梁君，只见门外百叶窗虚掩，灯光自缝间外露。他想吓梁君一吓，于是突然把门拉开，大叫一声，拔腿便跑。结果，他看到了两个不相识的青年男女从沙发上受惊跃起。那时，梁君早在楼上睡了，受惊的是楼下的一对，更受惊的还是志摩自己。他那时心头突突跳动，信步走到梁家附近的另一位单身朋友家中。他从后门闪入，径自登楼，一看寝室里黑黢黢的，就想去吓他一跳，顺手把门框边的电灯打开，不觉又失声大叫；原来床上不是一个人在睡。这一惊非同小可，他仓皇逃窜回家，乖乖地自己去睡了。

　　徐志摩的红色在诗人中是出了名的。他喜欢尝试新鲜，在几年之内，发表了诗、小说、散文、戏剧、译著，没有一种形式他没试过。他的生活态度，浪漫而不颓废。他喜欢喝酒划拳，从没醉过；他喜欢年轻的女人，也曾涉足花丛，但从未有沉溺。就像伟大的弘一法师，这个对生活非常认真的人，并不是清教徒，也不是道学先生。他年轻时和名妓往来，彼此酬唱，诗篇流行，自有他风流的一面。

　　徐志摩对梁实秋干的这种恶作剧似的活儿，貌似很多人在读书时是经常用这招来吓同学的，结果我曾经听说一个悲剧，玩笑吓过头了，不小心活生生地把一个在寝室快活的同学吓得痉挛，差点儿废掉。由此可知，突然惊吓这种玩笑开不得。这位浪漫的诗人有诗人的天真，经过那晚，他才恍然大悟，原来一个黑夜并不如他自己想象得那么简单哦。

　　先贤孟子云："大人者不失赤子之心。"即有德才的人便是那种能保持婴儿般天真纯朴之心的人，近代遁入空门的两位巨擘之一苏曼殊（还有一位就是刚才提到的弘一法师李叔同，也是红色性格）即是如此。

　　苏曼殊自号"糖僧"，酥糖、可可糖、粽子糖、八宝饭、摩尔登糖，他都爱吃，而且和小孩一样，率性快意，不稍节制。他每天抽二三十支雪茄烟，烟抽完了，就敲下口中的金齿来换烟。他在日本曾吃了几斤冰块，以致惫不能起；可是第二天，他又去吃了。有一回，吃苏州汤包，吃尽了三大笼，在床上睡了三日，才算好了。有一回，吃鲍鱼，吃了好几碗，以致大泻。他大病住在上海的医院中，医生叫他要当心饮食，但他仍然不思调养，一直吃各种甜食，终于肠胃病大作，就这么走掉了。

　　像曼殊这样有童心的红色，心态年轻是不假，活得快乐是不假，但走得实在让人遗憾。从性格的角度，也可以说，他是倒在了自己红色性格的缺乏自控和无节制上。有同样遭遇的还有帕瓦罗蒂，当年因胰腺癌告别世界。但众所周知，体重才是他真正的最大的困扰，有一次甚至因身躯负荷过重而倒在台上伤了膝盖，而他的庞大体重正是拜他自己毫无节制的吃喝所赐。

本书到此，如果你对于红色性格骨子里的童心已经有所了解，如果你现在终于明白为什么在《色眼识人》中，我会提到你爹你娘如果是个大红色就会像个老小孩一样，那么话到此处，理应圆满结束。可既然谈到有童心的性格普遍缺乏自控，索性再多提一个人。

《浮生六记》中的沈三白放荡不羁，好酒喜游。他豪爽纵情，没有害人之心。和他在一起，你会有无拘无束的感觉；他是个好的旅伴，即使身无分文也阻挡不了他寄情山水的兴致。和这样的人一起出行，做个自由自在、遨游天地的背包客，是何等轻松与浪漫。

但是，在治家方面，他却束手无策。他不事产业的行为拖累了妻子的治疗，胡乱与人作保，则加剧了妻子的病情。同样，他也没能在子女教育的问题上花更多的精力。他的女儿没有过冬衣服，后来更是送给别人做童养媳；他的儿子也没受过很好的教育，只得跟人做学徒，结果在得不到父母关爱的情况下，早早夭亡。他与生俱来的艺术气质，使他有时显得过度空灵而不切实际。在生活陷于困顿时，他找不到解救方法，只好典当变卖，求亲靠友。

《射雕英雄传》里有两个非常鲜明的红色性格。积极的有责任心的红色性格，就像洪七公，懂得享受生命，没有架子，可以和任何人打成一片，和他在一起你总会充满活力，拥有梦想与未来；然而消极的没有责任心的红色性格，就像周伯通，他同样可以在和人相处时非常快乐，不过，因为他们的生命中对趣味的过度追寻，有时会不愿承诺并逃避责任，而后者恰恰是人生所必要的。

红色性格宁愿沉浸在自己的故事里，快乐地享受生活，宁愿在属于自己的世界里翱翔，也不愿太过费力地思索这个复杂的世界。随着年龄的增大，人们难免要成长，而成长必然带来相应的责任，责任又必然带来负担与相应的沉重感，显然，这与红色追寻自由、讨厌束缚的天性相违背，让他们非常抗拒。

所以，如果你是一个仔细的读者，当你重读本文时，你会发现本文所有的故事中，红色性格是诞生艺术家的绝佳原产地。但伟大的艺术家在生活中依旧全家团圆万般美满的比例并不多见。这刚好与 MBA 课程中的组织行为学原理相对应：企业管理中，一个人的专业能力往往与管理能力成反比，专业越好的人，管理能力就越弱，反之亦然。

对于你我这样的常人而言，其实只要了解一个道理就够了。那就是——童心是个好东西，有童心的人活得快乐，和有童心的人相处也容易快乐；但如果一个人只有童心，而不愿承担相应的责任，那么这一生中和他相处的人将会非常辛苦。同时兼备快乐的童心和成熟的性格，两者并不矛盾。最麻烦的是你拿永葆童心作为拒绝成熟的借口。因为，的确，谁都知道，成熟是要承担责任的。这个矛盾就是——如果承担责任等于成熟，那么世上很多红色都不愿成熟，因为这会让他们觉得无法尽情发挥自己"想去哪儿就去哪儿，怎么开心怎么玩"的随意性情。可毕竟，人还是会长大的。

红
色
性
格

很多时候，红色的口无遮拦，只是本能地不经大脑思考，脱口而出。但造成的后果，却是他们未必能承受的。

言多

言多：都是嘴巴惹的祸

红色性格

嘴巴对红色性格的意义和红色嘴上的超强功能，在《色眼识人》中已详细论述过，但红色性格的很多麻烦也难免与嘴巴脱不了干系。

某日资企业来了个新的日方经理，外表胖嘟嘟，面孔可爱，脾气很好，很受大家欢迎。在公司聚会上，一个红色的中方经理和这个日方经理坐在一起。这个红色的中方经理为了调节气氛，就称他是"panda"（熊猫），谐音"胖的"。一开始大家都觉得很有趣并哈哈大笑。红色觉得在中国人眼里"panda"是很可爱并受人欢迎的，称一个人"panda"毫无恶意，便一直不停地重复"panda"，但这位日方经理的脸色却越来越难看，直到最后拂袖而去。

只可惜当人家脸色越来越难看时，红色还不知是怎么回事，继续肆无忌惮地插科打诨。开玩笑是要有尺度的，掌握得好，颇有娱乐效果，能取悦众人；掌握不好，必将遭遇和上面一样的情况，弄得大家都下不了台。

小沈阳曾做客某台节目，应邀表演二人转，表演完毕，主持人问：

"你的段子呢？"小沈阳回答："刚才已经说了啊。去，臭不要脸的！"气氛顿时尴尬无比。熟悉小沈阳的人基本都知道，"臭不要脸"这句话是常常用来调侃现场气氛的桥段，并不含有任何骂人的含义和企图，但在电视节目上呈现，不同的地域文化显然让这个桥段存有巨大歧义风险。

作家王跃文曾提到父亲因红色性格而在"反右"运动中遭罪的往事：当年我父亲只有23岁，在家乡任区委书记。县委书记也只有30多岁，书记夫人是县妇联主任。都是年轻人，平时彼此相处和说话很随便，有说有笑的。那位书记夫人虽说身份尊贵，却长了一脸麻子。有回我父亲开玩笑，在她蒲扇上题了首打油诗："妹妹一篇好文章，密密麻麻不成行。有朝一日蜜蜂过，错认他乡是故乡。"没想到我父亲年轻时如此顽皮，不过这玩笑也开过头了。他不知道阿Q因为秃头，在他面前连"光""亮"都不能说的。虽然这仅仅是玩笑，可是，我父亲做梦也想不到，这个玩笑日后竟会为他带来弥天大祸。1957年，县委书记和他的夫人都想起这首打油诗了。按照当时的逻辑，我父亲的打油诗攻击县委书记夫人，自然就相当于攻击县委书记了，那也当然就是攻击党了。于是父亲罪莫大焉，成了"右派分子"。

一个玩笑，竟让人终生的命运逆转。上面那个和日本同事开玩笑的经理也许无法感同身受，但红色的玩笑放到特定的场合，就的确发生了悲剧。比如有些玩笑在特定的场合永远也不能开，爱开玩笑的红色，却常会犯忌。

当年，央视某主持人在著名节目中，用改编的一句俗语"八百里秦川尘土飞扬，三千万懒汉高唱秦腔"，开起了老陕的玩笑，他的用意本是调侃，但这让有的观众觉得直接用"懒汉"代替"老陕"，明显有讥讽陕西人之嫌，立即引发强烈反弹。一时间央视的电话变成了投诉热线。

　　主持文艺节目时，有时红色性格放开了收不住，难免玩笑开过头，而我自己也在电视上因为自己的嘴巴带来很大的麻烦。

　　《超级演说家》第一季曾经来过一个混血的 10 岁的小帅哥，演讲完毕，我对小帅哥的演讲、舞姿和颜值都赞不绝口。这时，李咏调侃了我一句"呦，乐嘉，你要小心点儿哦"。听到这句话，联想起当时舞台上发生的事的上下语境，于是我随口回了他一句："我又不是 Michael Jackson[①]。"结果，这句话在后期居然被剪到成片中，电视台播出去后，瞬间引发轩然大波，我在网上被骂得狗血喷头。

　　诚惶诚恐又莫名其妙之际，我赶紧上网仔细一查，才了解到原来当年 MJ 娈童案纯属被人诬陷，他堪称是史上被误解最深的伟大艺术家。想当初我也只是见了媒体上铺天盖地、连篇累牍的对 MJ 的批判，之后对 MJ 澄清的文章从未见到，所以 MJ 的真相并未被广泛知晓，于是当下赶紧声明道歉。此事，我自己一直引为平生奇耻大辱。居然犯下如此低劣的错误，我一方面感到很委屈，媒体说的话根本不敢全盘相信，不知哪个真哪个假；另一方面，只能说是自己孤陋寡闻，在公众平台发表一个观点前，没有做充分的了解就直接表达，对 MJ 的粉丝造成了伤害。当时我曾经说过一句话："我希望我今时所犯的错误，能够引起世人警醒，我愿意未来能在世人了解真正的 MJ 的道路上，尽我绵薄之力。"今日借此书重申此事，深深引以为戒。

　　因为嘴巴太快，曾经惹过麻烦的人，世上实在太多了。里根是美国历史上公认的最伟大的总统之一，然而就是这位伟大的领导者，在充分发挥他红色口才魅力的同时，也会开些随意的红色玩笑。但鉴于他的身份，问题就会无比严重。

---

① Michael Jackson，迈克尔·杰克逊（1958—2009），美国著名词曲作家、歌手、舞蹈家。

红
色
性
格

　　1984年8月11日，里根总统向全国发表广播讲话。在讲话前试话筒时，里根竟然玩兴大发，开了一个令人震撼甚至惊骇的玩笑："我正式宣告，5分钟以后开始进攻苏联。"此玩笑瞬间传遍全球并受到非议和报复。就在玩笑之后的第4天，苏联太平洋舰队基地的一份密码电报也向苏联特种部队司令部发出一道命令："迅速与美国军队进入战斗状态。"美军监听后大为震惊并迅速进入一级战备状态。30分钟后，美军又监听到另一份苏军电报："取消前电命令。"

　　作为一国元首，倘若里根某天发布真正的战争命令而无效，那才是这起玩笑的真正报应。喜欢游戏和玩笑的天性，经常让红色说话和做事没有分寸，给别人带来不快，给自己酿成人生的苦酒。在中国历史上，烽火戏诸侯就是最经典的诠释。而《狼来了》的故事主人公放羊娃，也是这类红色的范本。其实，这些行为背后的动机都是"玩笑"，放羊娃说谎，只是满足一种精神上的愉悦；周幽王说谎，也并不是为了任何实际的利益，而是通过说谎的恶作剧求得美人一笑的享受。由此，我们又可看到红色为了追求快乐的天性，如果恣意发挥，会造成多么令人哭笑不得的悲惨结局。

　　有时，红色开口评论，也可能由于过度信任他人，不小心遭人所害，不小心让自己陷入旋涡。除了众所周知的毕福剑饭桌事件，马云也是其中一个。马云在2014年底的一次浙商大会演讲后，被媒体评论搞得很困扰，很快他在社交媒体这么评价自己："标题党害死人啊。我和同行们交流一些经商的看法和观点。朋友们发来了不少我的火爆观点的标题，让我惊叹和惭愧！我真实分享的干货，关心的人并不多，而半开玩笑带有前后语境的句子却成了别人关注的重点！现在每次吹牛后，总是很后悔，不是怕得罪人，而是怕误导伤害更多的人。还是我自己的错啊！祸从口出！管不住自己的嘴迟早会被嘴上的爽快害死！"可一个月后，又发生了"马云吐槽京东"事件。这次事件闹得更大。从马云再次的自我评价，可以看出他自我洞见的深刻，但叱咤江湖如马云这样的英雄豪杰，也不能避免天生性格带来的麻烦，你就可以知道性格是如何深刻地影响了我们每个人的一生。

上午，收到公关部王老总一条短信："恭喜您马总，聊天聊 high 了？没想到朋友录音成文吧？"我回他："防不胜防，下次聊天上澡堂……"

我这个人喜欢聊天，漫无目的，海阔天空，痛快淋漓而只图"嘴爽"。这些年在很多不同场合，我说了不少的"疯话""胡话"和"愚蠢的吹牛"，给自己也给别人带去了不少问题和麻烦。轻狂和无知总是一路伴随着我……我这年龄真不该"童言无忌"啊！（眼泪掉下来。）

这次聊天，没想到一个朋友把聊天再次录音成文，很多话确实是我说的，但媒体却弄出一个我批评京东的标题文章，传播得很快。友人间的吹牛聊天被公开成报道，对大家都不公平，特别是对京东公司可能会造成无端的困扰和添乱，我深表歉意。

我估计也改不了自己"好为人师，毁人不倦"的性格，也习惯了被各种"语录观点"……但是我希望把自己的观点尽量完整表达，以免再"出口伤人"。新年快乐！（其实下次谁要"录音"，一定记得带两块电池，万一没电了多麻烦……）

下次到底还可以找谁聊天呢？！（流汗，流汗。）

红色因口舌导致祸端频发，多半应了《西厢记》里红娘的一句话："小孩儿家口没遮拦，一味的将言语摧残。"出口伤人之辈有时也并不是糊涂人，能发言尖刻机敏并语出惊人的，大抵还须阅世透彻，具有一定的才情。可惜正是这点儿才情害了自己，欲一吐以逞能，或自觉满口芳华，心痒而溢十唇吻，或看得破却熬不过，一吐为快。可这种恶果与惹来杀身之祸还是有段距离，看看中国历史上才华横溢的孔融先生是如何死在他的嘴巴上的吧。

据史书记载，孔融先生从小嘴巴不饶人，10岁时晋见权威李膺，自称世交，李问："你和我有啥亲戚关系啊？"答："我的前辈孔子与你的前辈李聃老子同德比义，难道不算世交吗？"举座惊叹。不一会儿，朝中的士大夫陈韪来了。听说了孔融刚才的事，陈韪就说："小时了了，大未必佳。"孔融先生立即抢白过去："想君小时，必当了了。"

而另一件事则将孔融咄咄逼人、嘴上不肯吃亏的性格表现得更加彻底。

主人引坐，问："想吃东西吗？"融曰："是的。"李膺教育道："我来告诉你为客之礼：主人问要不要吃，就要谦让说不需要。"融回答："不然。我教你做主人的道理：只管把东西放在台上，不需要问客人要不要吃。"李膺惭愧地叹道："我很快就老死了，恐怕见不到你富贵的那天了。"融答："您不会死的。"李膺曰："为何？"融曰："'鸟之将死，其鸣也哀；人之将死，其言也善。'向来您所说的没见过有善的，所以知道您不会死。"李膺甚奇之，后论百家经史，应答如流，李膺不能有台阶下。

这是孔融初次和尊长见面就唇枪舌剑、寸步不让的场景，还都是些叫人受不了的损话。孔融自幼小时便是如此，至死不改。正因为如此，孔融最后死在了曹操手下。孔融远远谈不上是曹操的对手，最多只是个异见分子。曹操也有一定的度量，而且为了显示他的宰相气度，除了造反者和政敌必须铲除外，其他人也实在没有肉体消灭的必要。之所以逼得曹操最后下手，根本原因在于孔融屡次以尖刻的言辞肆无忌惮地触犯曹操，咄咄逼人，不留情面。那结果就是孔融自找的了。

在享受了“言出”时被依赖、被信任的快感后，同样需要时刻铭记，我们更背负着“必行”的重大责任。

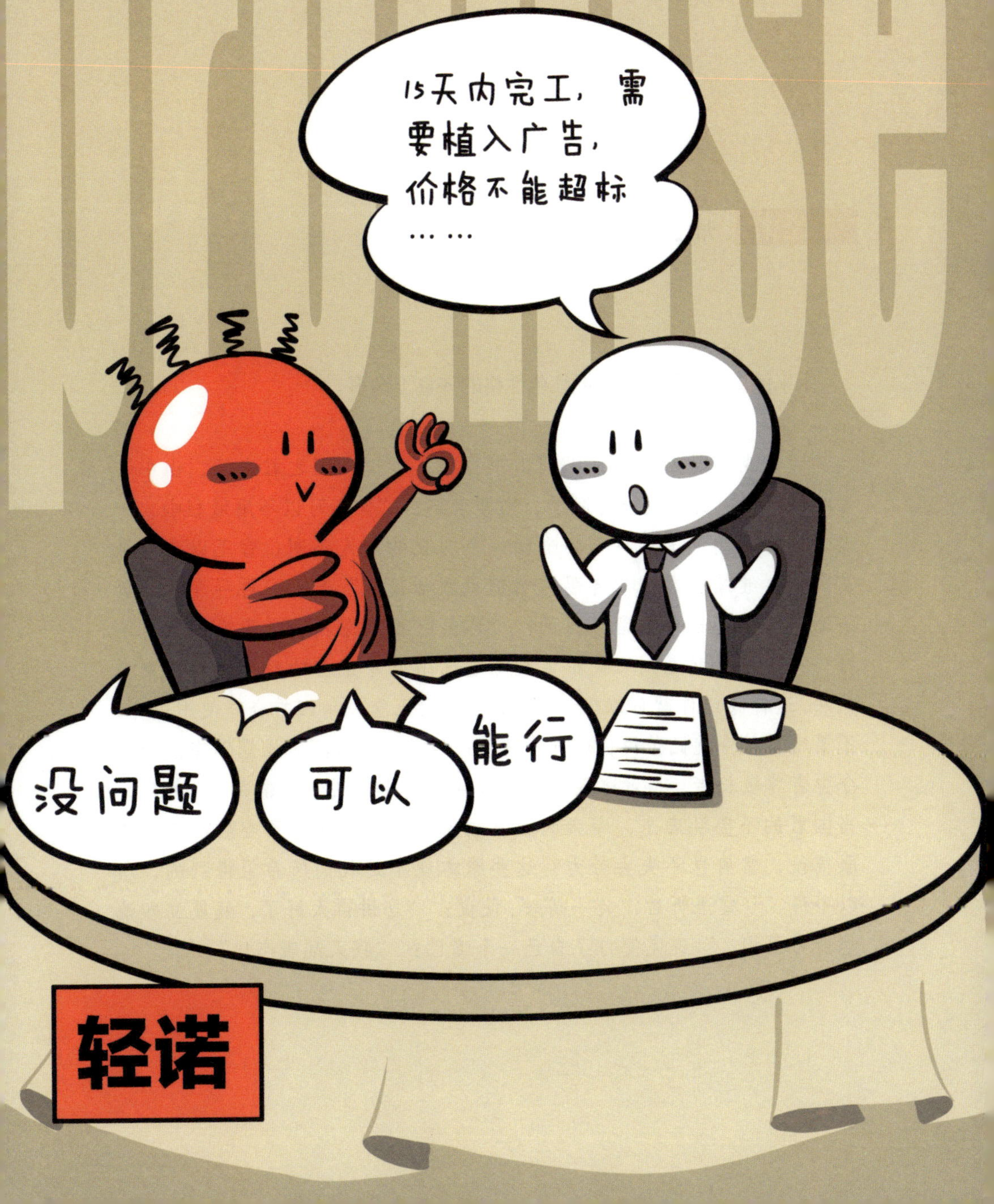

轻诺: 痛打好承诺者

闲来读史，看到战国时期红色性格的齐宣王逸事。

话说战国时期，齐宣王到山中打猎。听说一国之君来了，山中长者结伴出迎。这位大王好激动，当即表态："你们可以不用缴租啦。"老人们都拜谢说国君英明。唯独一个叫丘的老人不谢。宣王以为他嫌赏赐少，继续表态："再赐你们都免服徭役。"老人们再拜谢，丘仍不谢。宣王把丘单独留下，问："你怎么不感谢我啊，我难道做得不好吗？"丘老就说："我希望大王您选用德才兼备的后生做官，秉公执法，这样我或许就可以多活几年；希望大王您一年四季合理使用民力，不要违背时令扰民劳民，这样我就可以富裕些；希望大王您颁布法令，令少者尊敬长者，长者尊敬老者，这样我就能得到少许尊贵了。另外，当国君的不要乱表态，今天大王赏赐不缴租，国库岂不空虚？赏赐不服徭役，官府岂不失去劳力？这些原本就不是我们所希望得到的，所以不拜。"宣王听后，又一高兴，便说："您讲得太好了，我愿立即请您老为丞相。"说完便打了自己一个嘴巴："我又乱表态！"

这个大王确实好玩，让我们再次见证了一个真理，那就是——"你知道"≠"你做到"。即便现在的你知道了你身上的毛病，也不见得能改掉。即便各位看官此刻正在反复把玩本书，觉得确实言之有理，也未必看完以后，立即就能改头换面，改掉性格中的局限部分。基本的公理是——世人如果不能意识到自己的性格局限带给自己的巨大危害，便不会有足够的动力去进行任何改变。

改掉乱承诺的毛病，首先要思考为何有些红色这么容易承诺？而无论这些人嘴上怎么赔笑和虚心认错，心里其实在叫："我不过就是给出个承诺嘛，你有必要发那么大的火吗？"道理很简单，因为这个世上有些人很少给别人许诺，若承诺，必定做到。正因如此，他们也会相信别人对自己的承诺，把别人的承诺当回事。所以，当你答应的事无法做到而导致一连串的麻烦时，他们会无比痛恨。

通常，你若轻许承诺，而后又无法兑现，会给别人带来以下麻烦：

● **第一，你的承诺让我当初充满了欣喜和梦幻，现在承诺是空，对我造成了极大打击，让我心灰意冷。因此，下回我不敢再相信你，你已经在我的黑名单上，注定此生不可被信任。**

某跨国公司的区域负责人总是不能兑现他的时间，比如，提前很多天说好中午和部门同事聚餐，结果，那天临近中午还在和一个客户谈事。于是，他告诉部门同事，等他一下，他马上过来。这个"马上"就一直"马上"，从来没从马上下来过。因为客户的时间很难把控，客户越谈越有兴趣，而他也不愿对客户说"我部门今天有聚会"，最终导致部门全体同事在餐厅等了他40分钟，中间打过几次电话，都是说"再等等""马上到"。等到他到达那个餐厅时，大家兴致全无，纷纷表示"老大，你自己吃吧，我们不想吃了"。于是聚会泡汤，根本没有达到预先期待的效果。他的下属说，这样的事情经常发生，不是吃饭，就是出去谈事，每次老大都不是很准时，好像他总有做不完的事情，又好像每次他都不能把控自己的时间。

如果给自己预留一点时间，最终的主动权将属于你自己，不至于受制于人。如果不给自己留时间，就会常常失信于人，从而丧失威信。作为负责人，必须要提前预知一些可能发生的事情。比如，某个项目必须在 15 日完成，如果要求相关成员在 13 日前就将内容提交，时间就会充裕很多，因为项目中间的很多"万一"谁都不能预测。

给自己一点儿时间，多想一些"如果发生……"的情况，或许你会更轻松。如果那位领导能够想到客户可能会拖延时间，那么就可以明确告诉同事们，你们先吃，不要等我；或者和客户说明情况，带客户一起参与部门的聚餐，效果会怎样？红色性格常常在做出承诺时，只在乎答应别人时自己瞬间豪气万丈的感觉，却忽略了给自己留点儿余地，考虑充分一些。心存侥幸就算自己万一没做到，对方其实也不可能有什么激烈的反应，最终只能是自食其果。

● 第二，我无比相信你对我的承诺，所以根据承诺兑现后的结果，我也同时给了别人一个承诺。结果，你的承诺成了泡影，导致我答应别人的事情也未完成，连带我成了一个不守承诺的人。这让我遭遇了极大的尴尬和前所未有的屈辱。

朋友遇到一件棘手的事。客户在她那儿预定了一个手链，说周六过来取。而客户坐车到她的铺子需要两个小时。于是她和总部联系，总部确认发货没问题，她才答应了客户到时过来取货就可以。到了约好取货的前一天晚上，她突然发现总部根本没有将货发出。也就是说，就算现在以最快速度把货发过来也来不及了。她说客户当时很相信她，款项都交齐了。周六到底怎么办，她现在也没方向了。只恨当时太相信总部，没留下客户的任何联系方式，到时候客户过来，她也不知道怎么才能交差。她说自己做生意到现在，一直都是诚心对待客户，现在却要失信于客户，真是非常难过。

但这事没有其他解决办法，最终她只有赶紧到处找找，看有没有类似的质量相当的手链，花高价买回，这样或许能满足客户的需求。同时还必须向客户说明真实情况，获得客户的谅解和信任。当然，这一单就不要指望赚钱，也许还要亏钱。但即便如此，如果能够找到并得到客户谅解，就已是不幸中的万幸了。试想一下，你在日常工作中，是否也常遇到这样的事情？太相信别人，太相信客户，太相信很多人给你的承诺……而最终的结果呢？只要中间某一人掉了链子，必然导致你的被动。

● 第三，你答应帮我，而我相信了你对我的承诺，于是我就不再去找其他人帮我处理麻烦。结果，你答应我的事情没做到，我已错过了解决问题的最佳时机，引发了无可挽回的后果。

张三宴请宾客之日，得知儿子的高考分数未上本科线，苦恼不堪。席间郁闷道出此事，在场的朋友小A得知后，当即承诺可以帮张三的儿子进好学校。之所以他敢说铁定没问题，是因为小A一个死党的爹是省级高官，与省教育厅及省内几个优质大学的校长的关系是不错的，而恰巧小A与死党又亲如手足。张三大喜，并反复确认是否当真，如果不确定的话，还不如他自己另走他途。小A当场拉下脸："你这是信不过我吗？"胸脯拍得乱响。但事后，小A所谓死党的父亲并未帮忙，导致张三的儿子并未录入本科。同时因为张三太相信小A，儿子并未填报其他本科学校的志愿。最后，张三的儿子只能进入一所并不如意的专科。

性格色彩基础课上曾遇见这样一位学员无比懊恼的自白。

这是我一生的愧疚。那天我同学要从温州路过长春，回延吉老家参加他哥哥的婚礼，当时给我打电话让我帮买一张火车票。当时我说："放心吧，交给我，我去给你买。"一周后，我同学到长春了，给我打电话，让我给他送车票去。这时我才突然想起来这件事，只得跟他说我忘了买票的事情了。结果害得我同学没有回成家，没有参加上他哥哥的婚礼。

在这类麻烦中，受害人的损失越大，就越痛恨当初的承诺人。因为人们的思维非常简单："如果当初你不承诺我，那我一开始还可以去找其他人帮忙，现在时机已过，再怎样也于事无补。谁来补偿我现在的损失？谁能理解我心中的委屈？你既然做不到，为何你当初要答应我？你以为你在帮我吗？你给我滚！你就是在害我！"

冲动之下的承诺无法兑现。为何有些红色明知自己有这个毛病，可就是无法改掉呢？如果不能找到问题的根源，将会终生受其所害。究其根源有五：

1. 热情。这堪称是最重要的原因。我从未见到比红色性格更热情的乐于助人者。自告奋勇者多红色，他们觉得帮助别人、让别人快乐是自己最大的快乐。红色有救世主情结没问题，却不明白"没有金刚钻，总揽瓷器活儿"也是种罪孽。

2. 红色容易头脑发热，说的时候确实热血沸腾，一激动什么话都敢说，什么包票都敢打。事后发现情况并非如自己想象的那么简单，可惜诺言已经许下，无奈之下只能继续忽悠，躲过一劫是一劫。估计吃过这类红色的亏的人，杀了他的心都有。他们喜欢新鲜的刺激，并且会随时抛弃沉重的承诺，只图一时的痛快。

3. 红色性格在承诺的当下，会觉得自己超级厉害。他们需要那种自己承诺后马上被人认可的感觉。一个性爱专家提及她的红色前男友，说他大概是她见到的最会吹嘘的男人，把自己的床上功夫说得跟 AV（成人电影）男星一样猛，把她惊得一愣一愣的，在上班时也有立即去"嘿咻"的强烈冲动，希望有机会体验到办完事后身体虚弱的感觉。可惜最终精神耗尽，大失所望，此后老死不相往来。她好奇的是为何红色性格永远不明白，过强过早的承诺很容易让人有预设立场，期待越高，失望越大。在我看来，其实就是红色性格提前透支快乐，不愿把真正的喜悦放在后面，只想要早早承诺后得到别人的口头赞赏，不想在事情办完后才得到别人内心真正的认可。

4. 晕死人不偿命。红色性格的侥幸心理使得他们常把别人当成和自己一样是那种"容易相信他人"的人，于是每每形容一件事情，总是片面追求讲话的效果，不顾事实真相一味夸张。反正引起他人的关注最重要，至于真真假假，信不信由你。

5. 红色性格也没打算答应了不做，只是天性疏于思考，过于积极乐观，容易把问题简单化。在思考不周全时，一拍脑门脱口而出，皆源于此。

陈独秀之子陈延年被杨虎手下的特务抓捕后，真实身份并未暴露。他托上海亚友图书馆经理汪孟邹设法营救。汪与陈独秀是世交，汪孟邹决心将陈延年救出来。他立即去找胡适说明情况，胡适说："独秀之子，我一定营救他。你回上海等消息。"胡适请将介石总政治部主任吴稚晖出面说情，如此，陈延年不至于有生命危险。万没想到，吴此时已是铁心反共的国民党右派分子，他当着胡适的面大叫："好了！好了！老陈没有用了，小陈可怕，太可怕，胜过其父十倍。捉到小陈，天下从此可以太平了。"之后，吴不仅没有设法营救，反而立即向上海警备司令杨虎发去一份"贺函"，出卖了陈延年："今日闻尊处捕获陈独秀之子延年，陈延年之恃智肆恶，过于其父百倍。"陈延年因此被刽子手乱刀砍死。汪得此噩耗，如五雷轰顶，痛心疾首，一直到后来，只要一提起陈延年遇害一事，他都追悔莫及，拍着大腿说："说不得，说不得！"

不知胡适此生是否因为此事而后悔？若你的人生中，有过因你之诺却害人一生的事件，下一次兴许你便怕极了给他人承诺。哪怕不得已必须承诺之时，你也开始会学乖，谨慎评估自己对事件的掌控度与事件本身的复杂性，而非因义气、激动、人情、想做好人、不便推辞等等就抱着"表态为先，自有造化"的侥幸心理。

正所谓"得黄金百斤，不如得季布一诺"。季布的信守诺言，言出必行，给季布带来了一生的好名声。承诺承诺，承人在前，诺人在后。在享受了"言出"时被依赖、被信任的快感后，同样需要时刻铭记，我们更背负着"必行"的重大责任。

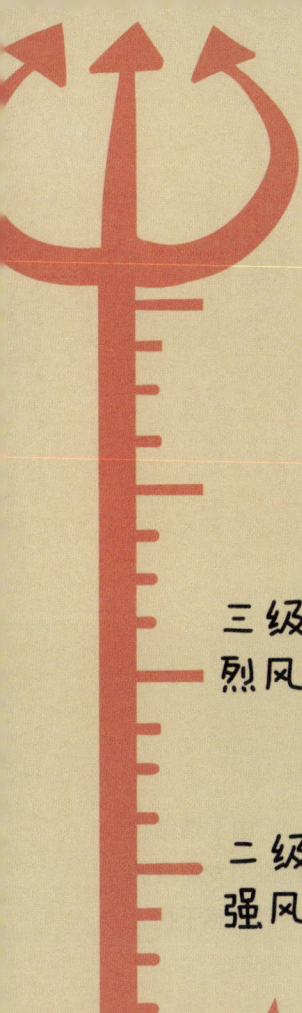

五级
飓风冲动

四级
暴风冲动

三级
烈风冲动

二级
强风冲动

一级
清风冲动

冲动

冲动是魔鬼，你听说过无数次了。但冲动是怎样的魔鬼，你未必知晓。如果把人的情绪比作台风，按照台风的程度和后果，"冲动"总共可分为五级，分别是清风冲动、强风冲动、烈风冲动、暴风冲动、飓风冲动。

冲动：魔鬼的五个层次

在红色的所有致命弱点中，我曾提到"情绪化"排名第一。由于情绪化的辐射力可直接导致冲动、变化无常、缺乏自控可称为红色性格引发灾难的"万恶之首"。情绪化的本质使红色这种极其感性的动物容易受到情感干扰。而情绪化的升级，必然是"冲动"。

任何红色的冲动都是因为情绪激动造成的，后果是否严重，取决于两个因素：其一，当事人本身的性格是红色还是红＋黄，后者的破坏力更大；其二，当时是否有他人在旁把关，如果有蓝色性格在旁冷静分析或劝阻，危害会减轻很多，甚至可消弭于无形之中。

把人体的情绪比作台风，按照台风的程度和后果，可分五级，分别是清风冲动、强风冲动、烈风冲动、暴风冲动、飓风冲动。

◎一级清风冲动

一级冲动在冲动的恶果发生前已被阻断，故没有机会造成什么实质伤害。

众所周知的圣人孔夫子，标准的理想主义者，属于典型的红色性格，让我们看看孔子性格中冲动的一面。

先是有这么一次。鲁国有一个名叫公山的，原是鲁国大夫季氏的家臣，因统治集团的内部矛盾，来了一场造反。大旗一举，公山"大王"也就有了对人才的渴望，他想到了孔子。孔子呢，还真动了心，准备前去投靠。好在这场有点儿"恐怖"的闹剧，被忠勇耿直的子路拦阻了。事后孔子说："哼，只要有人用我，我一定不让他失望，我定能帮他搞得像周朝一样。"多像梦话。

另一次，是晋国的某位大夫，也弄了块"二龙山"的地皮，扯起了反旗，"佛肸以中牟畔"。当时孔子正在周游列国的流亡途中，听说佛肸想叫自己过去帮忙，居然又动了心，结果还是被子路给搅黄了。这回老夫子很有些情绪，冲子路说："他是反贼怕什么？不是有种坚固的东西，怎么磨也磨不碎吗？不是有种洁白，怎么染也染不黑吗？难道我就该像一只匏瓜，光挂着，不能吃吗？"

如果说孔子第一次说的还像是梦话，那第二次就是昏话了，而且还夹杂着一股不管不顾的孩子气。饥不择食，慌不择路，就这样应验在"中庸之道"和"君子固穷"的孔夫子身上。因为子路的阻拦，这些冲动尚未造成实质性的后果。

◎ 二级强风冲动

二级冲动，小有损失，多数都是头脑发热立即行动的小事，无伤大雅，不会伤筋动骨。

比如一些单纯的红色，想到就去做，他们的大脑思维始终停留在"过家家"的阶段。

小燕子在外面买东西认识了一个朋友，说来说去就搬到一起合租。没几天就觉得不合适，就又搬到另一个刚认识的人那里合租。在iPhone（苹果手机）丢失后，一直寻思该用哪款手机。某日经过数码城，看到二手黑莓价廉物美，立即掏出700元买下。不料过了一周，见小米手机更火爆，又下手抢购了小米。小米手机还没焐热，新的iPhone又发布，她觉得还是iPhone好用，又重投怀抱，而此时距离买黑莓尚不足2个月。

单纯的红色多数属于"叶公好龙"，喜欢刺激，却害怕挑战，内心深处胆子小，缺少暴力倾向，除了容易被人当成"冲头"来斩以外，不会有更大的危害。

◎三级烈风冲动

三级冲动，开始有些难受的后果。这种冲动期待"舍得一身剐，也要把你拉下马"。只可惜这种风，结果总是敌人毫发未损，自己损兵折将。

红色朋友开车赶飞机，没带驾照，在双向单车道上行驶。有一辆车从右侧非机动车道强行插到他前面。他极度生气，借红绿灯路口从对方左侧超车，欲将对方逼回非机动车道。对方见状停车等候。谁想他并不罢休，继续向右侧逼，结果导致自己车右前侧与对方车左前侧擦撞，最终导致误机，懊恼不已。

焦作市周庄西路一个公厕里，一名男青年方便之后，看厕人朱师傅让他掏3角如厕费。男子认为收费不合理，拒绝缴费。随后朱师傅报警，焦作市特警支队的民警赶来协调。最终调查厕所属于自管自建，收费合理。男子弄明白后同意交钱，但不愿亲手交到朱师傅手中，让民警转交；可朱师傅不同意，要求必须当事人亲手交到他手中。两人僵持 1 个多小时后，该男青年发飙，先后两次将一枚 5 角和一枚 1 元的硬币扔到公厕房顶。这时两人情绪都比较激动，最后民警将二人带到支队处理。最终，僵持 4 小时后，男青年终于答应"亲手"交给朱师傅 3 角钱，并花 6 元钱打出租车将朱师傅送回家中。为了 3 角钱，硬生生耗了 4 个小时，他的时间好富裕啊！

甲家中电话被停，他气势汹汹来到电信营业窗口质问"三个月未缴费并罚滞纳金"的问题。原来甲负责公司财务，他要了个心眼，将自家的话费私自纳入公司统一账户，却不知当地电信系统仅单位号码可以托收，电脑在操作上如遇私人号码会自动避开，甲的如意算盘根本没有用。电信营业厅的女孩见甲蛮横咆哮，火速求救于隔壁营业厅好打抱不平的张大猛。红色性格的大猛闻之大怒："岂有此理，明明是你这厮无理，居然敢到我们这里撒野。"遂飞奔至现场，见甲还在那里撒野，气不打一处来。"你不要以为她们是女孩，就这样欺负她们……你要是不服，我们就出去单挑。"就这样，哼哈对阵。本来甲拒绝缴费完全是理亏方，且所作所为也很不上台面，但因为红色员工大猛的冲动，要与顾客单挑，使得形势顿时逆转。适得其反的是，顾客本来的"无理由投诉"成了"有理由投诉"，最后电信公司只能将他这笔费用不了了之。

据我得到的情报，电信局的局长大人是黄色性格，听闻此事后，大发雷霆，将大猛逞能的事作为负面的典型，在全局通报批评。这大大伤害了大猛那健硕如牛的身躯里一颗火热但脆弱的心。此后，大猛原来的热情不复存在，除了对往事的追悔，就是对局长的仇恨。可惜在我们的周围，有不少这样粗暴简单的局长。他们并不知道在指出问题前，对红色性格的热情应该加以鼓励和保护，人家毕竟是为了维护组织和同事的利益。结果他们的打击和批评并没有产生期待的效果，反将单位的风气转变成"各人自扫门前雪，莫管他人瓦上霜"。这也是另一种悲哀。

回头来看红色当事人，大猛觉得自己的冤屈在于，原本是"路见不平，拔刀相助"，最后好心办坏事，落得"我本将心向明月，奈何明月照沟渠"的结局，心里的那种痛苦郁闷，简直恨不得拔掉胸毛。他们不明白，"热情助人"与"克制冲动"是完全可以放在同一起跑线的。红色在面对恶势力的挑战时，经常会有这样一种念头产生："就算死，也要一起死，舍得一身剐，也要把你拉下马。"结果却是"舍得一身剐，却把自己拉下马"。这可不像黄色，黄色的潜意识里有着"让你死，让我活"这样一种完好保存自己的心态，他们觉得只要"留得青山在，不怕没柴烧"。如果大家一起死，这买卖可就不值得了。所以，一个有力量的人是不会经常感到愤怒的。被无力感侵蚀的红色，却常常会被激怒。

如果此人的性格是红＋黄，那么除了红色的情绪化导致的容易激动外，再加上黄色的攻击性和暴躁，合二为一，形成冲动的力量，这就进入到四级冲动。

◎四级暴风冲动

四级冲动，后果严重，凡经历者，终生不会忘记。有时甚至会因一次冲动，逆转整个人生。

老刘，年近60，曾是某国有大型企业的技术员。单位按照个人条件来分配房屋。分配方案尚未出台，同事间就已传开了能够分到房子的人员名单，然而老刘并不在其中。老刘认为自己是大学本科，入职时间不短，工作能力也是有口皆碑，于是想找领导反映一下个人情况。正走到领导办公室门口，听见领导在里面打电话训斥某人不够老实本分，不要妄想分房。字字入耳，老刘如芒刺在背，顿时火冒三丈，冲进去直面领导问道："为什么这次分房没有我？"因老刘长年待在技术部门，领导并不熟悉，以为是没有资格的职工跑来闹事，遂板起面孔开始说服教育。老刘听得面红耳赤，憋了许久，问了句："你到底给不给我？""你条件不够，不能给……"话音未落，老刘一拳已经上去，领导顿时天旋地转。事后老刘得知，自己其实早已在分房的名单里。受此事影响，老刘被全厂通报批评，记大过一次，暂缓分房。而更让老刘追悔莫及的是，过了没几年，国有企业改革，企业不再解决职工的住房问题。

在无锡闹市区开了20年服装店的店主格格，平日笑脸迎人，生意经营有方。某日清晨，跟老公拌了几句嘴，心情不爽，做生意也没兴致。这时，一个女孩拿来一件衣服，说是昨天在这里买得不合身，想退换。若是平时，格格二话不说就会满足她的要求，今天只因心情不好，就说："你昨天买的，为什么今天才来退？我怎么知道你一定是在我这里买的？"那女孩刚刚高考落榜，心情也不好，就跟她吵了起来。格格是红色，那女孩也是红色。女孩吵不过格格，气冲冲地走了，随后叫来几个喜欢打架闹事的男同学。其中一位男同学进来，双手叉腰，摆出一副街头混混的样子，让格格识相些，赶紧退货。这下彻底惹怒了格格，抄起一个凳子砸在男孩头上，男孩当即受伤倒地。接下来的事情，可想而知。格格进了派出所，还赔了钱。更严重的是，服装店的名声坏了，顾客纷纷传她跋扈凶悍，都不愿到她这里买衣服，最后服装店难以维持，20年的生意只好关门大吉。

在部队服役期间，有一个战友属于神话般人物。他服役6个月，即因表现出色被特选参加集训，集训中各科表现优异，又获选代表省军区参加总军区比武，并在同年兵中因成绩优异夺魁，当年被批准加入中国共产党，这在第一年兵中极其罕见。年底，该战友参加了新兵集训营，作为班长，在集训营中自我感觉"一人之下，万人之上"，常对新兵施与拳脚，上级几次找他谈心，他都居功自傲，不以为然。当年集训营有福建和河南的两批新兵入伍，两地贫富差距较大，新兵之间有很大的文化冲突与隔阂。有一个河南兵与一个福建兵扭打，这个班长知道后亲自处理了此事。不想河南兵事后不满，纠集20多个同乡在晚间将该福建兵拖至暗处施与重手，导致福建兵下体淤肿，严重到尿血。班长获悉，查看完福建兵伤势后，径直冲到那河南兵面前一掌扇去，河南兵的左耳出血，耳鼓和耳膜爆裂，从此失聪。结果，班长在禁闭室关押候审，之前所有的辛苦和成绩如滔滔江水一去不复返。

不管老刘和格格的功夫如何，挥起拳头就上和抄起板凳就砸的气魄与胆量，非一般的红色所能做到，只可叹用错了地方。红色一生的错误决定和冲动行为，皆由情绪所致，假如他们在心情不好与心情愉快时做出的抉择一致，在遭遇坎坷与顺风顺水时做出的抉择一致，那么，一生的成就将高10倍，生活也会愉快得多。事实上，他们经常受情绪驱使，做出令自己后悔莫及的事。

需要特别说明的是，在红色的冲动中，要特别关注和不能忽略性格组合中作为第二色黄色的"催化作用"和绿色的"迟缓作用"。

根据我的观察，黄色堪称性格组合中的"催化剂"，在性格组合的反应中，黄色作为性格的第二色彩，能够改变主色性格反应的速率；绿色堪称性格组合中的"安静剂"，当绿色作为性格的第二色彩，能够延缓主色性格的震荡。说白了就是，如果你是红+绿，那么红色的情绪波动的特点，在你身上就出现得较少；如果你是红+黄，原来红色的情绪波动就将升级为冲动。这也就是为何红+黄一旦冲动，会比单纯的红色冲动产生更大的破坏。反之，蓝+绿可以让蓝色性格中原本的紧张和忧虑缓和乃至消除，趋向轻松平和；而蓝+黄则会让原来就紧张的蓝色进一步升级，加重内心的压力和负担。

◎五级飓风冲动

五级冲动，破坏程度上不见得超过四级，在性格上，肇事者必是红+黄，

特别独立出来，是因为这种冲动的爆发者通常在组织或团队内担纲重要角色，故而具有更大的破坏性。

《教父》中的大哥桑尼（红＋黄）在老教父遇刺后，开始行使代理老大的权力。在这位冲动易怒的老大的引导下，他们整个帮派不惜代价地对五大家族发动了全面战争，最终双方都受到了很大损失。正因为他的冲动，他成了黑道潜规则的破坏者，所谓"盗亦有道"，由此让敌人有了不惜一切全力干掉他的想法。后来，妹妹被殴的电话让他彻底失去理智。为了帮妹妹报仇，他罔顾环伺四周的埋伏，贸然出击，最后不但惨死，而且还成了整部影片中死相最难看的人。而军师汤姆（蓝色）由于和索拉索谈过，完全明白杀老教父只是生意，索拉索是因为发现汤姆和桑尼愿意做毒品生意才下手的。所以之前汤姆曾经一再提醒桑尼，这只是生意，不要带入私人感情。

蓝色军师汤姆的忠诚和冷静，在片中随处可见。再对比看看帕西诺扮演的教父迈克，你可以看出他和哥哥桑尼的差别。他在任何状况下都能保持理智和坚毅，令人欣赏和钦佩。比如他决定孤身入虎穴刺杀警察局局长和索拉索的计划和行动。正因为他长期克制情绪，当情绪偶尔爆发时，就能令人印象深刻。例如，在续集时，迈克被哥哥弗雷多出卖时所说的一番话："I know it was you, Fredo. You broke my heart…You broke my heart…"（我知道是你，弗雷多。你伤了我的心……你伤了我的心……）这已算是他最愤怒的峰值了。这兄妹三人遇事后反应的鲜明对比，是"冲动＝魔鬼"的绝佳影像教材。

张飞的单纯，体现在他的喜怒从不掩饰。但因为他的冲动，最终因为赶制为关羽报仇的白色战衣，气愤难耐，鞭打士兵，结果自己却被麾下两名小鬼在一个月黑风高的夜晚割去脑袋。李逵的单纯，体现在他具备一种朴素的理想，外表的粗鲁冷漠，并不能掩盖他对底层贫民的热心。李鬼"家有九十老娘"的谎言，他也那么容易相信，然后放其一条生路，还赠送了许多银子。

李逵在一百单八将中只不过是排名 22 号的天杀星。所以，李逵再怎么冲动，也始终会被一干人牵制着，闯不出什么大祸。不像张飞，好歹也是个"销售总监"，和"营运总监"关羽并列在"CEO"刘备之下。这厮如果发作起来，可要惹出不少麻烦。刘老大前半生的征程经历了种种不如意，屡失机遇和地盘，仔细一瞧，都跟张飞爱耍脾气多多少少有点儿关系。下面列举一二。

讨伐黄巾时，"B3"（Behead 3，"砍头三人组"）碰巧搭救了落难的董卓，后来见董卓非但了无谢意，还显得很傲慢，张老三火暴脾气就上来了。刘老大和他想法不一致，但考虑到"B3"要共进退，就摆手撤了。

占据平原县后，县城虽小，也暂可遮风避雨。这时上面派"工作组"下来搞调研，当"工作人员"筹备调研经费时，张飞这次又没按捺住脾气，把人家痛打了一顿。于是一伙人成了在逃犯。

刘老大从救徐州到得徐州，又到接纳吕布，这期间张飞经常哪壶不开提哪壶，说了很多不得体的话。比如吕布与刘备称兄道弟时，张飞大怒："我哥哥是金枝玉叶，你个三姓家奴算什么东西！"随后欲与之单挑。这让刘老大很尴尬。

因为酗酒缺乏自控力丢了徐州之后，张飞并没有接受教训，又乔装大盗半路行抢，被人找上门来，很丢脸地还了人家失物，人家还是不依不饶，定要讨个说法，最后连小沛都住不下去了，只好到曹操那里避难。

在京剧中，根据李逵和张飞的冲动，诞生了三出著名的折子戏，完全是红＋黄的悲剧，这三出戏都将红色的冲动表现得淋漓尽致。

京剧《黄鹤楼》：刘备借荆州不还，周瑜设宴黄鹤楼邀刘备赴宴，欲劫刘备逼其交出荆州。刘备唯恐中计，欲辞而不去；诸葛却力劝过江以敦睦谊，并遣赵云保护。张飞见已到约定时间而刘备尚未回还，遂与诸葛翻脸。

京剧《李逵大闹忠义堂》：李逵误认为宋江掳掠民女，当发现自己一向敬仰的宋江有违道德伦理，于是怒从胆边生，砍倒杏黄旗，大闹忠义堂，最后才发现自己错怪了宋江，从此以后，更是死心塌地。

京剧《洪羊洞》：北宋杨继业遗骨藏于洪羊洞，杨继业托梦于六郎杨延昭让其取回。杨延昭遂命孟良前往，焦赞因未命同去，私自尾随孟良。孟良至洞，正欲取骨，忽觉身后有人声，疑是敌将，黑暗中急以大斧砍之，焦赞死。后孟良将尸身抬出于月光下细看，焦赞也。孟良悲痛引咎，誓不独生，拔剑自刎。

红色性格

张飞这种人物类型，在很多古典小说里都可以看到。每一部演义小说里似乎都塑造了这么一种形象，胆大、勇武、直率、豪爽，脾气暴躁，有勇无谋，忠心耿耿。这已经成了小说里的概念化人物。除了上面提到的张飞、李逵、孟良、焦赞都是这类黑脸人物，就是现代的一些小说，也脱不出这个框。《铁道游击队》里的鲁汉、《洪湖赤卫队》里的刘闯、《杜鹃山》里的雷刚、《林海雪原》里的李勇奇、《李自成》里的郝摇旗都属于此类性格。

由此可见，虽然历代的编剧并不知道性格色彩是什么东西，但"物以类聚，人以群分"确是真理。大概在长期的文学创作中，他们已得出这样的规律。只不过不如性格色彩理论中的"容易冲动的红色"更加浓缩和概括。

我的一位作家朋友在很长时间里一直对性格色彩有强烈排斥，表面上说的是："人如此复杂，怎能简单分类？"其实心底的真实想法是，担心如此简单分类，作家的意义何在？

故此，某些文艺工作者总要将李逵和张飞的差异用大量笔墨加以分析，最终得出结论："张飞义释严颜和智破张郃，乃千古名将，上将之姿与声望绝非仅靠武勇来，李逵焉能相提并论？"来证明张飞与李逵的性格不同。我和他说，性格色彩之奥妙，首先是洞察人类的共性与挖掘人性的基本规律，其次才是对不同个体的细细探究。对大多数老百姓而言，有了性格色彩，学习和了解人性的规律会更简单、更方便、更易操作。

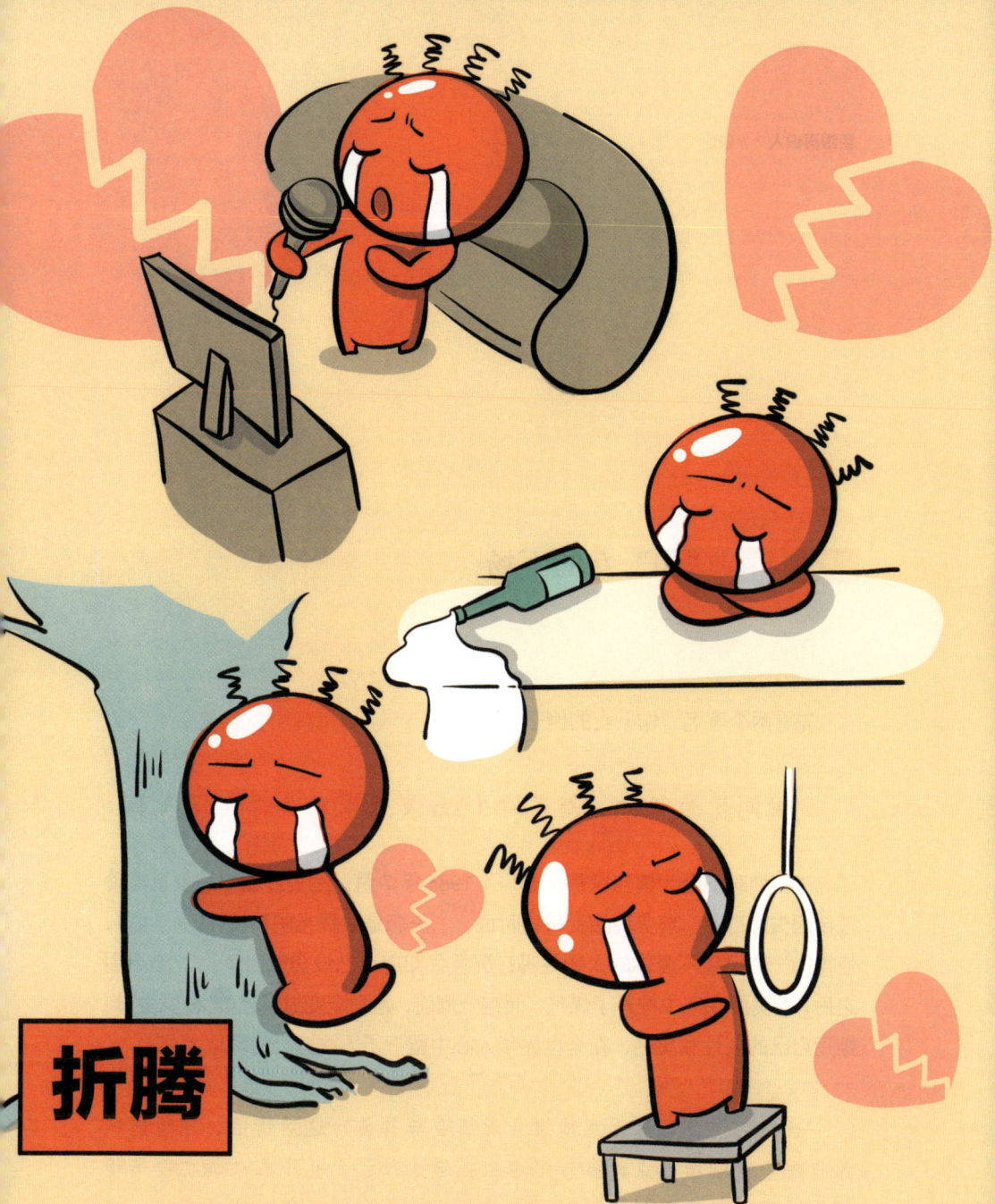

折腾

红色其实非常需要人疼惜，需要人关注，他们会毫无保留地把内心的感受宣泄而出。当红色大声索取，却又屡次无法得到时，红色就会开始折腾。

折腾："作"女的下场

先看两个著名"作"女的例子。

◎世间情为何物：翁美玲（26 岁在家中开煤气自杀）

"我绝对不会为情自杀那么蠢。"1984 年 7 月，翁美玲圈中好友夏淑玲被传因失恋自杀，翁美玲接受采访时说："失恋是浪费光阴和精神的一回事，值得为一个已经不爱你的人牺牲吗？况且我知道自己没勇气自杀。"10 个月之后，翁美玲在家中拧开了煤气。而在一周前，她刚刚度过自己的 26 岁生日。她用自己的任性和决绝，在全世界华人心中留下了无法磨灭的印象。

当初电视台有意无意地撮合汤镇业与翁美玲这对情侣，期望能成为收视率新的增长点；各方记者也挖地三尺、无孔不入；加之翁美玲胸无城府、口无遮拦，面对记者的刺探总是有问必答，实话实说。这一段恋情仿佛展览一般暴露在公众面前，很快就令自己陷入骑虎难下的尴尬局面。

这位实际生活中只是一个信风水、好吃醋、小名"囡囡"的独生女，应对自身感情问题时实在捉襟见肘，进退失据。1985年春节前，翁美玲获悉汤镇业有了新情人，一怒之下试图自杀，一口气吞下4粒安眠药，事后追悔莫及，找医生要求学习洗胃的方法。另一次她打开煤气想尝试被熏晕的滋味，刚巧有朋友上门，及时制止了她的死亡游戏。不过，最后一次，她再也没有那么幸运……

◎一次分手毁十年："小甜甜"布兰妮

以清纯形象赢得亿万歌迷喜爱、18岁就红遍全球的超级偶像"小甜甜"布兰妮·斯皮尔斯，21岁时与男友贾斯汀分手，因情绪难以自控，自暴自弃，频繁更换男友，一脚踩进公众形象下滑的坑道。

"她完全不知所谓，"一名音乐电视频道雇员说，"她几乎没有来彩排过，因为她每晚在夜总会一直玩到第二天凌晨4点，然后她要求换掉所有的服装。我们本来想让她穿比较美化身材的胸衣，但是她说那不够性感。她炒掉了她的发型师，她要求改变整个表演的程序，简直是发疯。当在视频监视器上看到自己的表演时，她冲下了舞台，大叫说她看上去像'一只肥猪'。谁也无法让她镇静下来。"

在外界看来，布兰妮的行事作风不可理喻，其实最初的起因是和男友分手。其后她因为情绪失控、对自己的吸引力失去信心而破罐子破摔，干出了一系列疯狂的事情：醉酒后和人闪电结婚，很快又宣布婚姻无效；吸毒；在戒毒所企图自杀；与家人关系疏远；进入戒毒中心并在24小时内逃了出来；冲进一家理发店，在众人惊诧的目光下剃光了头发；饮食、生活作息都不加以节制，频繁光顾各种夜总会；穿得极其暴露，让臃肿的身材一览无余，甚至从不穿内裤；还卷入一场交通事故逃逸事件，被判酒后无照驾驶；还有人目睹她拿雨伞疯狂袭击一名狗仔的汽车……

从"作"女身上，可以找到一些共同的规律：

●一、情感上强烈折腾

"作"（zuo 发第一声，阴平）是江南方言中形容某人极爱折腾的一个经典词语，这大抵上也绕不过红色与蓝色。当把"作"这个词赋予某人时，绝少用在黄色和绿色身上。原因何在？首先，黄色情感不丰富，甚少会被感情拖累。他们的独立性让他们难有"作"的机会，也不屑于"作"。而绿色少"作"，根本上是因为他们天性追求稳定，不喜欢变化，折腾起来累不累啊。一切有可能让自己太累的事，他们的天性会自动屏蔽。而红色和蓝色都是感情丰富的动物，在不停的折腾中都能体验到撕心裂肺的快感。

撕心裂肺的感觉虽痛，可是痛本身也是一种生命的体验。黄色需要的是成就和事业攀升的体验，本身对于情感的体验需求不高；而对绿色来讲，平静本身就是生命最大的体验。唯独红色和蓝色，虽在体验的方式、深度和广度上各不相同，但对情感的强烈需求是相同的。

"作"在感情中的另一种理解就是反复。在同一个问题上不停地重复、继续曾经无数次的故事，虽然事件的导火线可能不一样，但问题还是那些问题，反复的还是那些故事，在不停的后悔当中痛苦，痛苦过后又是重复，然后继续后悔。

来看翁美玲的前两次折腾：服安眠药被洗胃，开煤气尝试熏晕自己。红色惯用的一招，就是"自暴自弃"。"自暴自弃"代表着"你不管我，我就自己作践自己，让你心疼"。殊不知，这又走上了前面所说的红色自残的道路。"自暴自弃"的动机与"自残"的动机完全相同。可惜这些红色女子并不明白，他人看到她们的自暴自弃，次数多了以后，会像"狼来了"一样，视若无睹，空留她们在那儿痛苦无助地自我挣扎。

　　一个幼教老师是这样描述自己的"作"的：

　　我很"作"，我想控制自己，老控制不住。我妈妈也说我很爱折腾，为什么人的性格那么难以改变呢？

　　我觉得既然是我喜欢的，就必须时刻不离开我身边，这种捆绑式的喜欢是我喜欢的方式；我经常爱制造磨难，搞不懂自己；我向往的爱情其实并不是平淡的，我喜欢惊涛骇浪，巨浪翻滚，而现实总是太过没劲；我喜欢充满折磨的爱情，只有折磨式的疯狂爱情，才是我喜欢的。但是每次情绪起伏过后，我又好了。每次也都会后悔之前的起伏。

　　我经常"作"我喜欢的人或喜欢我的人。其实我的第一个男朋友就是被我"作"走的，因为我非要他全部听命。我觉得我有病，我平静不下来。有时我情愿对方来和我谈判。我很讨厌那种一直对我宽容，根本搞不懂他到底在想啥的人。特别是现在的绿色性格的男朋友，有时明明是我错，他还偏偏说我对。我一直等男朋友能吼我一句："你就不可以改改吗？我的生活需要安静，别再折腾了！"但他依旧对我百依百顺，真是无药可救。

　　我从小就很捣蛋，就像我自己带的幼儿园小孩那样。有时他们用捣蛋来引起我的重视。我自己也特别爱跟恋人胡闹，因为我特别需要别人拿我当宝贝，而且光这个还不够，还要宠爱，光宠爱还不够，还要非常爱，但又不能完全顺着我。我真奇怪啊。我知道自己爱折腾，但每次情绪过了就好了。其实我根本不适合结婚，我心里明白自己喜欢"魔幻之恋"，而且我特别孩子气。我估计我结婚后也会离婚。

　　能有如此清醒的自我认识，实在不容易，不过这也正应了一句老话"天作孽，犹可活；自作孽，不可活"。实际情况其实并没有她想象的那么悲观。

一般情况下，等到她在人间折腾得体无完肤，等到那个混世魔王一般的克星出现，她便可以解脱，走入平静的生活。不过，我想提醒诸位的是，正如她自己所述，爱"作"的人很多时候克制不住自己享受这种"作"的冲动。

●二、言行不一

红色在一开始，总是发誓自己绝对不会怎样，最后，却往往朝着相反的方向迈进。在这里重复下翁美玲说过的原话："我绝对不会为情自杀那么蠢。"结果，她还是选择了这条路。

红色的言行不一，自古就有历史记载。孔子，这位红色性格的伟大教育家有句名言——"不在其位，不谋其政。"即使在今天，这句话的引用频率也颇高。但实际上，老夫子自己一激动也常常犯言行不一的错误。孔子一生从政时间不足 4 年，他所到之处都以政治热心人士的身份出现。鲁哀公十四年（公元前 481 年），孔子已年逾 70，当他听说齐国的陈垣杀了齐简公，竟特地沐浴一番，隔天上朝时要鲁国出兵讨伐比鲁国强大许多的齐国。那时的孔子，已离退休多年，早已不在其位。

红色正是如此，往往在开始时信誓旦旦。就连自杀这样重要的事情，也是前后不一。不像人家蓝色，从来不会挂在嘴边说；要死，就趁你不注意把遗书写好，等你反应过来，他早就已经仙去了。而且，蓝色也不会对你事先极力澄清和声明"我绝对不会如何如何"。这个世界该如何就如何，不须说，只须做。

红色的这种反应，还有另一种变式：在自杀前大喊大叫"我要去死了""我要跳楼了""你们到底管不管我啊"，期待以吓唬别人的方式引起人们的重视。这种做派深为蓝色所不齿。蓝色毫不吱声，悄然无息地就走了，不得不想起张国荣，一代名角，从此仙凡路隔，以优美的姿势纵身一跃就解决了问题。

● 三、依赖性强，脆弱而不独立

红色是喜欢哭的人群，但动机与蓝色不同。蓝色往往顾影自怜，在哭的过程中寻求自我；而红色的哭，是内心期待有人能够安慰和帮助自己化解。红色的这种期待，注定了他们的内心是脆弱而不独立的。而蓝色虽然在情感上的独立性不强，但蓝色懂得享受孤独；红色却认为孤独＝寂寞＝无聊＝恐怖，这在蓝色的字典里简直难以想象，他们觉得，"孤独"与"寂寞"原本就是两个概念。

小梦告诉我关于她朋友的事：

红色好友小文小我5岁，平日里以"小妈"称我，也很乐意我称她为"因因"。虽然已三十好几，但在生活上诸多言行仍像个孩子，在生活琐事上处处依赖蓝色的我。有一天上班时，我心脏不适，一个人去医院就诊后返家休息。恰逢小文打电话邀我一起吃晚饭，她听闻情况后急得大呼小叫："你怎么那么不当回事啊？老公呢？怎么还不把老公叫回来陪你？"

"他上班忙，我已经发短信告诉他我不舒服回来休息了，具体情况晚上回来再跟他说吧。"

"你也真是的，这种时候你都不晓得发发嗲，"小文很不理解地嘟哝着，"前两天我削水果割破了手，我让一个朋友开车送我去医院，路上就打电话给在北京出差的老公。在电话里我号啕大哭，告诉他我的手好痛好痛，我一个人好孤独好伤心。都是因为他不在，都是他不好。我还要他尽可能快地赶回来看我，安慰我……"

红色在这种情形下非常需要人疼惜，需要人关注，他们会毫无保留地把内心的感受一股脑宣泄而出。而蓝色虽然内心也一样需要关注和体贴，但蓝色永远只会静静地期待着对方自觉地感知和理解，而不愿主动开口索取。她们认为凡是自己开口要的都不高级，也没有默契。当红色大声索取，却又屡次无法得到时，红色就会开始折腾。

　　还有一个有趣的巧合，翁美玲的小名是"囡囡"，为何小文也被称为"囡囡"？要知道这个称呼本身，已经代表了要别人照顾的含义。总之，这些年来，我没见到过哪个黄色性格的女子的小名是"囡囡"。她们天性独立，不喜欢让别人觉得自己是弱者。在黄色的字典里，被照顾显然是弱者的表现。

　　关于红色的作，在拙著《写给单身的你》折腾篇中有详细描述。那么，红色性格是如何进一步将情绪上的依赖和折腾发挥到淋漓尽致的呢？下文将见分晓。

有时红色完全是好意，但他们希望自己受到别人关注的想法实在太强烈，结果把事情搞到不可收拾的地步。

情绪：发狂三部曲

为何有些情侣总要不停地黏在一起？为何他们总会好心办坏事？为何他们一刻都不得消停？为何总会"作"得让人心烦？

红色性格对情感的高度需要，常通过语言和身体语言来表达，只是红色很难掌握当中的尺度。他们一厢情愿地以为别人和他们都是一样的人。有时他们完全是好意，但希望自己受到别人关注的想法实在太强烈，结果把事情搞到不可收拾的地步。

在性格色彩进阶课上，四位学员对他们的红色伴侣提出了苦涩的"控诉"：

第一位说："我明白夫妻相爱要多花时间制造情趣，因此每晚饭后洗完碗筷，我的妻子都与我手拉手一同坐在沙发上看电视。问题就在这里，我最怕手拉手，尤其是大热天，满手是汗，十分难受。但如果我照实告诉妻子，她一定会十分伤心，认为我是在拒绝她。"

第二位听了，喜形于色，争着说："我的处境与你同样可怜。每天晚上，我都喜欢对着电脑静思一会儿。但每当此时，我老婆都爱趴在我背上，让我动弹不得，并且不断在我耳后吹气……"

第三位兴奋地跳起来说："我才最惨，我老婆喜欢搂着我睡，把我当作大棉被，整个晚上不停地把呼吸往我脸上喷。"

第四位摇头叹气："现在我才知道为什么我老公和我一起出去，总想要在大街上抱抱我。我和他说老夫老妻在外面拉拉扯扯多难看。假设我不让他拉手，他的面色马上就变了，还会说，我们是夫妻，怕什么，天经地义，你不让我碰你，是什么意思？"

这些都只是红色的"黏"的一部分表现，根本不算什么。需要特别注意的是，无论男性还是女性，都具备这样的特点。只是传统社会价值和文化对男女有不同的要求。红色女性黏，被认为是正常的，而红色男性黏，就被认为太"娘"。所以，人们的固有概念是，"红色男性'作'的应该很少"，这个观点显然是完全错误的。事实上，这样的男人现实生活中有很多，只是很多男性的情感需求被压抑和掩藏起来而已。而对《男人来自火星，女人来自金星》里面的某些观点，一直以来我都强烈质疑。在我看来，人的差异更多来自性格本身，性别只是影响到某些行为，而内心的很多需求，男女是一样的。

什么是红色内心的需求？就是红色希望受到别人的关注，可惜他们有时并不会注意到别人的感受。

《圣经》上说，亚当有夏娃做伴儿，日子过得很爽。事情其实并没有那么简单。亚当出去打猎，追一只野兔，追得精疲力竭。回家时他想："我只要好好躺着睡一觉，体力恢复了，就又可以跟夏娃说说笑笑，过我们的快乐生活了。"

　　可一回到家，夏娃说话了："我一个人整天守在山洞里，闷得很。我不管，你得陪我去游泳。我最喜欢在夕阳无限好的时刻游泳。"亚当累得要命，很想大睡一场，但他知道，如果他说"不行，我要先休息休息，今天不游泳"的话，夏娃一定会哭。他只好硬撑着，陪夏娃走了好几公里的路，来到底格里斯河。夏娃扑通一声跳下水，快乐地笑着。亚当因为不能得到适当的休息，脾气忽然暴躁起来，脸色无比难看。后来的发展是我们能想象到的，亚当不爽了，夏娃也不爽了。

　　亚当毕竟还是陪夏娃去了，如果坚决不去或去了以后坚决不下河，板着面孔，我们可以想象，这时红色也坐不住了，"黏"招使出，如果还没满足自己的需求，马上会感到委屈。如果此时还有言语上的冲突，保不齐夏娃会歇斯底里地发作。

　　让我们来看看当红色分别遇见蓝色和黄色时的不同场景：

　　对于追求快乐的红色来讲，只要看到蓝色不苟言笑，红色的本能反应就是你一定有不开心的事，就会设法关心地询问或逗蓝色开心。

◎第一幕：红色 VS. 蓝色

　　红色老婆："哎，你是不是有什么不开心啊？"

　　蓝色老公："没有。"（继续看报纸，头也不抬。）

　　红色老婆："怎么会没有呢？你看你，一进来就没有笑过，板着个脸，一直坐在沙发上，到底有什么不高兴啊？"（抢过报纸。）

　　蓝色老公："我这不是在看报纸嘛！不是已经和你说过了吗？我很好，啥事没有，就是有点儿累。"（拿回报纸。）

　　红色老婆："那你为什么不笑？你说啊，到底出什么事情了，说出来不就好了吗？"（再次抢回报纸。）

蓝色老公："真的没有，就是不想说话。"（开始郁闷不爽，心里开始为红色的不理解而极度痛苦。）

红色老婆："不想说话？你不和老婆说话，你想和谁说话？你说啊，说啊！"（激动生气，嗓门大。）

蓝色老公："你这人怎么这样？瞎扯些什么，没事尽想找点儿事，你烦不烦啊？"

红色老婆："我瞎扯？我烦？现在开始嫌弃我了是吧？我怎么了？我就是对你问个好，该得着对我这副嘴脸吗？"

蓝色老公："你还有完没完？你可以闭嘴吗？我只不过是想看会儿报纸，一个人安静一会儿，难道这都不可以吗？你到底想干什么啊？"（绝望哀号。）

红色老婆："我想干什么？是你想干什么吧！我每天回家就伺候你。你倒好，和你说话好像欠着你似的。看报纸，看报纸，每天回来就知道看报纸。好啊，好啊，你去和报纸过日子去吧！"（狂吼，并把报纸一把抓来撕得粉碎，然后开始号啕大哭。）

蓝色老公：……（面色发青，全身发抖，摔门而出。）

事实上，对蓝色而言，他安静时，也许正是在享受此刻的宁静；而红色却不识大体，玩笑般地拿走蓝色的报纸，或者时不时地说些笑话给蓝色听，可是那些笑话在蓝色看来没有什么值得笑的。蓝色会因为在思考时被频繁打断而非常痛苦，而红色也会因自己卖力的表演和向蓝色真诚地献媚得不到丝毫赞赏而沮丧不已。当红色永远重复着这类低级错误时，终于有一天，蓝色在长期伤害后爆发了，而此时红色仍然不明就里，陷入更深的委屈，于是双方大动干戈，最后崩盘散伙。

◎第二幕：红色 VS. 黄色

黄色老公：（全神贯注，正在观看枪战片的最后 1/5。）

红色老婆："老公啊，我弄了个养生汤的配方，你喝喝看啊。"（兴奋地从厨房端出汤。）

黄色老公："放在那儿好啦。"（继续目不转睛地凝视着电视屏幕。）

红色老婆："哦，那你先喝一口嘛，等会儿汤就凉了。"（殷切期待老公能喝一口给一个大表扬。）

黄色老公："看完会喝的，现在别吵。"（不耐烦的声音。）

红色老婆："你不是叫我煮汤给你喝吗？煮了你又不喝还要怪我？你就喝一小口嘛。"（很委屈地说。）

黄色老公："现在不喝！不要打断我好不好，等人（电视上的）死了，再喝汤不迟。"

红色老婆："好啊，人死了喝，我看你人死了，怎么喝？"（心有不满，大声挑衅。）

黄色老公（强忍怒气，喝了一口）："喝好了，你走吧。"

在体验第二幕时，你会发现什么？红色依旧维持了她的一贯作风，话多，希望得到赞扬，情绪反应大，但蓝色和黄色采取的对应方式却有明显的差别。

蓝色走内心路线，让痛苦和愤怒更多地自我沉淀和积压，用不屑的方式表示，直到有一天彻底地爆发（黄色男性对红色女性也会有不屑，和蓝色的差别是，他自己不会沉淀，不会让自己不开心）；而黄色通常表现得更为直接，最后黄色之所以喝了一口，是因为对他来讲，看电视更重要。他知道如果自己不喝，红色会继续折腾下去，会导致自己什么都看不了。与其如此，不如赶紧敷衍，打发走这个红色。总之，蓝色和黄色都对红色毫无休止的嘈杂有巨大的排斥，而红色显然还没意识到问题的严重性。

红色性格快乐的生活哲学让红色宁愿认为别人就应该被他们所感染和吸引。他们很难发自内心地理解当蓝色和黄色专注做事情时，是多么痛恨被别人打扰和打断。

如果你是红色，你要明白"自残"这种小儿科的行为，除了能够发泄自己的痛苦和愚蠢地显示给自己看"啊，我的情感是多么真挚啊"以外，注定毫无实际效果。

极端

极端: 当街下跪在恋爱中到底有没有用

多年前，我在郑州出差，宾馆里看见报纸有则新闻。有位在北京读大学的小伙子回郑州看女友，因女方想一刀两断，故而拒不相见，小伙求见不得，于郑州市区要害之大街长跪不起，乞求老天开眼，让女友回心转意。警方欲劝走，小伙号称"若敢拉我，当街撞车而死"，民警应声相觑而退。半晌后，小伙中暑倒地。

其后多年，这类花边全国各地不胜其数，随手抓举一二：

2012年7月，《广西新闻》报道：两男爱上同一女，男友A从陕西到广西找女友B，希望带其回家，被女友B拒之门外后，用水果刀划伤手腕，并在去派出所途中企图撞卡车自杀。B独自打工期间，与同事C恋爱。C知道B有个男友A后，情绪激动，拿菜刀砍断自己的小拇指，试图让女子B内疚一辈子，并拒绝去医院做接指手术。最终女子B辞去厂里工作，随男友A回老家。

2013年7月，《西安晚报》报道：男女跨国恋，男方考虑到距离太远等现实问题，向女方提出分手。女方无法接受，企图通过割腕自杀挽回恋情。她用裁纸刀划破手臂，拍照后用微信发给男友。男友让国内亲人报警。警察找到该女子时，她已昏倒在地，手臂上有八九处伤口，床上、地上到处是斑斑血迹。

2014 年 7 月，《东营新闻》报道：男子小刘结识甘肃女孩发展恋爱，数月后女孩觉得小刘性格偏激提出分手，独自到上海发展。小刘不能接受，数次用刀自残肢体，要挟父母到上海寻找女孩未果。某日小刘离家走出，在水库边挥刀和民警对峙，最终跳河，被民警救起。

2015 年 1 月，《上饶晨报》报道：女子小谢和男子杨某异地恋爱，因家人反对，小谢提出分手，并拒接杨某电话。杨某赶到小谢所在地，交谈未果后拿出随身水果刀捅自己上腹部。小谢拨打 120 急救，经诊断发现伤口离心脏位置仅差 2 毫米。

......

每每看到，都感觉丹田之中冉冉升起一种强烈的信念：冲动年年有，今年特别多。

红色性格在身体上的自残行为，简单来讲，通常可分两种：一种是真心自残，一种是寻求怜悯，是威胁他人的一种极端方式。

第一种，真心自残的，并非寻求关注，需要关心，而是通过自残宣泄，用自己身体上的痛楚掩盖内心的畸形想法。

第二种，他们不会完全失去理智，而是通过使出最后一招撒手锏来要挟对方，如果目标未达成，最终也就偃旗息鼓。所以，第一种，对他人无害，对自身狠毒；第二种，害人害己。

害人害己的行为，是在向对方传达"为了你，我可以不爱惜自己的身体，连这么重要的身体都可以不在乎，你现在知道你对我有多重要了吧"的信息，借以唤起对方心灵中昔日所有爱的回忆。在两人世界的情感中，经常看见很多人为了表示爱，把对方的名字刻在自己的乳房和屁股上，分手以后，懊悔不迭。大多数这样的事，是红色所做。回过头来，再去把当初爱的印记痛苦地擦掉，因为他还要对下一次的情感有个说法，所以必须承受自己当初情绪化的苦果。

我所知道的一个小兄弟，玩ZIPPO（芝宝打火机）可以酷炫到有100种打火的方法，把小姑娘唬得一愣一愣的。结果分手时，痛苦不堪，死活不肯，为了显示自己绝对不想分手的意愿，用打火机烧了自己的手。红色的他们认为这样的做法一定会感动对方，却不知，烧了也是白烧。

以我对人类行为和动机的观察，不同性格的反应如下：

蓝色女性看到这种行为只会躲得越来越远，她们认为这样的男人根本不值得托付终身，再次让她对要离开这个男人下定决心。

黄色女性只会在内心深处对这样的男人更加鄙视，她们认为，为了情感破裂并分手这点儿事，你犯得着烧自己的手吗？婆婆妈妈，一点儿都不干脆，完全不像个男人，实在太没出息，也看不到这样的人会有什么美好的将来。

唯独真正的红色，看到她红色的对象如此，也许会感动，原本想分手的心思再掀涟漪，动摇了那本来坚决要分手的永不后悔的决定，直到两人共同在抱头痛哭中热烈地狂吻，然后，这两个典型的红色会继续循环往复这个游戏，直到彼此落入万劫不复之地抑或有一人先逃脱情劫。

有人常问我，性格色彩有什么用，常人只看表面不看实质。若你将红蓝黄绿的特点烂熟于胸，或许将避免多少人生悲剧和挫折。可惜，世上绝大多数人并不了解性格真正的奥秘。譬如，很多人都认为蓝色应该是四种性格中最容易走上自杀道路的，事实上忽略了红色性格的自杀行为和背后的深层动机。

如果你是红色，你要明白"自残"这种小儿科的行为，除了能够发泄自己的痛苦和愚蠢地显示给自己看"啊，我的情感是多么真挚啊"以外，注定毫无实际效果。

作家胡文辉曾经写过，在古代爱情故事中，几乎都围绕在文人和妓女之间，大多是两人如胶似漆，然后男生京城赶考前许诺，许诺考上回来娶这位妓女，让她从良。为了表达感情，男生会留下定情信物。杜牧当年就拔了一颗牙齿给妓女当定情物，可当他从京城赶考回来后，这个妓女就不理他了，杜牧就很生气地向她要回牙齿，妓女把抽屉打开，要他自己找。他打开一看，呀！里面全是牙齿。

还有些红色的恋人，为了表示彼此是多么相爱，在遇见生活的障碍时，就相约一起殉情。殊不知，殉情的重要条件是要死两人必须一起死，但殉情的高风险在于一个人已经先走了，另一个人很可能会临阵脱逃。电视剧里营造的殉情无比凄美，可现实中殉情者很少。

如果我在乎你，如果你对我很重要，而你却如此不理解我，这对于红色来讲，打击之巨大无以言表。

我不相信你

信任

信任: 你绝不能误解我

关于痛苦，我的理解是：你过去曾经体验过痛苦，不代表你可避免下一个痛苦；你过去有过大痛苦，会让你面对之后的小痛苦时，更有承受力。

对红色来讲，他们看重信任，会因为别人赋予自己的信任而披肝沥胆，肝脑涂地，以命相报；会因为自己信任的一个人居然不信任自己，而自暴自弃，万念俱灰，引以为恨。

◎第一，误会的人是谁，决定了伤害的程度。

愤怒指数的高低，首要因素取决于误会者的角色。盖囚红色性格强烈希望被无条件信任，故而近亲或在意之人的误会，远超过外人的误会，所谓"关系越近，误会的伤害越大"。

比如，在学校读书时，你会被你的老师误会，如果这个老师和你的关系一般，你不会有那么大的火气，可如果老师原本对你很相信，情况就另当别论了。

童童高中时，因为语文成绩优异而担任语文课代表一职。某学期，老师提议文学爱好者齐心协力出份报纸，并亲自挑选了几名同学成立了"编辑部"，主编由班长担任。编辑部成立后的第一件事就是开会为报纸起名。放学后，几名编辑部成员留下来，依次报出自己思考的名字。童童提出的名字叫"繁星"，以此来寓意自己心中的文学世界。班长将每人报出的名字记录下来交给了班主任。班主任看过后，立刻找童童谈话，质问他是否因为没当上主编而懈怠编辑工作。

童童以为老师不满意这个名字，急忙说明"繁星"这个名字好在哪儿，自己是如何深思熟虑才想到的。岂料班主任更加生气，对他大声说"你不想干，就不要干好了"，说罢将字条扔给童童，上面写着班长的记录：童童建议取名——"烦心"。童童顿时明白了班主任为何如此生气：自己被误会了。他急忙解释此"繁星"非彼"烦心"，然而班主任已经一句话都听不进去了。从办公室出来，童童无比委屈与生气，脑海中反复浮现开会的场景，是自己普通话不好还是班长故意陷害？童童决定此后不再和班长说话，且班主任的课也不再认真听，成绩从此一落千丈。

相比较老师的误会，至亲的误会则有摧毁性的打击。

芸瑶自小在农村长大，18岁离家漂泊，到今天35岁也算事业小成，在一家公司任销售总监，在北京有车有房。正当芸瑶在台湾旅游时，接到了老家大哥的电话，侄女高考分数太低，问她是否能够帮忙，芸瑶立刻结束旅游，返回老家。一进屋，大哥、大嫂带着侄女已在家等着。哥嫂觉得分数低，很难找到好学校，问她能否将18岁的侄女带在身边找份工作。芸瑶看着侄女稚嫩的脸，想起当年自己漂泊的日子，一个女孩没关系、没学历，甚至连基本的社交经验都没有，独自闯荡非常辛苦。她将自己的想法告诉了哥嫂，并建议最好让侄女上学，哪怕差点儿的学校都可以，自己也愿意张罗下。哥嫂什么话都没说，就走了。

第二天一早，芸瑶起床后发现爸妈的脸色不对，张口闭口数落她不念亲情，嫌弃家人是负担。原来哥嫂并不认同芸瑶的建议，在他们看来，芸瑶也是 18 岁出去闯荡，到现在也算闯出了名堂。况且芸瑶在北京公司里任高管，要把侄女带在身边轻而易举。芸瑶给侄女的建议一定是她不愿带侄女的借口而已。哥嫂心中愤愤不平，一早上就开始在家人面前埋怨芸瑶，父母也觉得芸瑶是因为嫌弃侄女，才建议她继续上学的。

芸瑶一下子觉得很委屈，这么多年自己在外面漂泊，风餐露宿，吃亏上当，朝不保夕地闯荡，这些她从未向家人提起半个字，怕家人为自己担惊受怕，忍辱负重到现在，居然还是躲不过家人的猜疑。与哥嫂大吵一架后，芸瑶带着眼泪回到了北京。到北京后，她总是会时不时想起父母和哥嫂的辱骂，忍不住泪流满面，觉得自己的真心没得到真诚的对待，自己一直守护的家人也与自己反目成仇。芸瑶一宿宿地失眠，用酒精来麻醉自己，最后无心工作，将工作辞去。

如果我在乎你，如果你对我很重要，而你却如此不理解我，这对于红色来讲，打击之巨大无以言表。当他们无法让对方明白时，会采取自残的手法来发泄情绪，外人看来不可理喻，只有当事人自己才知道其中真正的原因。而且，关系越深，关系越近，当事人认为你对自己的了解越多，居然还产生误会，这种情况下，内心会越怨恨，自残得会越痛苦。

◎第二，红色被误会后的反应。

委屈和误会，对于天性比较随性且不较真的红色而言，是为数不多的底线之一，一旦触及，后果不堪设想。

红色的内心独白是：我痛恨我在乎的人不信任我。当受到巨大的怀疑和误解后，心里的感受就是，此刻天地亦要毁灭，何况你我。亏得我一直以来对你这么相信，这么理解，而你对我不仅不相信，而且还不理解。这有什么意思呢？我觉得你很没意思，我觉得我自己也很没意思，我觉得我们的这段情感和关系，也是毫无意思！

● 说反话

因为信任被破坏，红色本能地情绪爆炸，发泄怒吼，这很容易理解；而被人们忽略的是"说反话"。

《连城诀》影视作品中水笙与狄云被困于雪山半年，水笙青梅竹马之表哥前来搭救她时，被奸人的诬陷所迷惑，连同众人皆以为水笙必定和狄云有私情，认定她名节败裂，有辱家门。在影视作品中，水笙彼时双眼含泪，极其愤怒，斥之曰："别人说我，我全不在意；但表哥，你，你却不能不信任我！可是……罢了，你终究还是不愿意相信我……你好啊，表哥，你真好……"

水笙的反应正是如此："你好啊，你真好……"这都是内心极其愤怒的反应，可惜世间迟钝者无法察觉，而说反话的人那时也找不到合理发泄愤怒的其他途径。

我明明没有，你硬要说我有；那好，我就做给你看。其实，这正是发泄情绪的行为，至于是烧信还是砸头，只是手法差异。譬如，有人当伴侣怀疑他出轨时，他会真去外面搞一个，而这并非报复，只是为了发泄"我冤枉"的情绪。《红楼梦》中，晴雯临死对宝玉便是如此情绪激昂，她表示自己和宝玉并没有什么，但别人都认为他们有，早知如此，她还不如真的做点儿什么，也好过枉担了虚名。

● 做反事

老六是某公司的销售员，经常出差奔波于各大城市。每次出差前，妻子必会常规三问——"去哪儿""多久""和谁"。某日，老六出差前告诉妻子这次是单独出差，可就在出发当天，负责 HR（人力资源）的一位女同事也正好要去老六所在的城市，便相约搭乘同班飞机前往。而熟悉该城市的老六也顺理成章地协助同事的工作。不料老六意外将手机遗失，工作中多次借用同事的手机联系工作，因担心妻子疑心，便没有打电话说明情况，想等回家后再当面说明。

几天后，老六和同事一起返回，刚走出机场就被妻子当场抓住。原来妻子在这几天中无法联系到老六，心急如焚，便到处打听老六的情况，最后是根据老六的身份证查到了返程航班。在机场看到妻子的那一刻，老六的脑袋嗡的一下就大了。无论老六如何解释，妻子都不肯相信他。妻子认定了他就是故意欺骗自己，以出差为由，和"小三"到其他城市约会。老六想到多年的夫妻之情，自己的默默付出，仍然抵挡不住妻子的怀疑和猜忌，她根本就不会在意自己的感受，甚至都不愿意冷静下来听自己的解释，在人来人往的机场让自己颜面扫地。老六越想越生气，抡起胳膊打了妻子一耳光，然后带着同事扬长而去。妻子被打后，更加坚定老六和这女人有一腿，天天到老六的公司去闹，要求领导惩治这对"狗男女"。

最后此事闹得满城风雨，原本老六与那位做 HR 的女同事八竿子打不到一块儿，现在老六被气得够呛，索性就和这个女同事相好了。没多久，老六净身出户，和妻子离了婚。10 年之后，妻子从朋友处才得知，老六和她离婚后就和这个女同事结了婚，不过很快就离了。当年之所以和这个女同事好，其实完全是被妻子给逼的，他就是想用这样的方式来发泄不被亲人信任时内心的愤怒。

情绪的演变必然有个过程，当误解不大时，怒吼已足以解决情绪问题；而当误解一再发生，误解已经扩大化，当个体不足以向群体发起争辩和对抗时，亲人的理解就是情感上最后的依托，亲人的信任是力量产生的唯一源泉，如果此时连亲人都站到了对立面，最后一丝希望必然随之破灭。这时说反话，释放出的是"天地间已无清白可证"的被完全孤立的绝望，既然无可证明，那就索性让罪名坐实吧，不必再苦苦坚持了。

想起一个好友创业 20 载，在自己公司团队活动的篝火晚会玩真心话大冒险时，说起与前妻离婚的原因。他说两人认识几个月就闪婚，其实性格非常不合。就在刚结婚的那一周，有一晚，他和兄弟们喝了很多酒，然后自己去车上稍微休息一会儿，结果一不小心睡着了，手机被掉到了座位底下。醒来看，已经是第二天早晨 7 点。他捡起手机，发现有妻子的上百个未接来电，赶紧开车回家。回家后，看见前妻把碗和盘子都摔碎在地上。他说那一刻很心凉，心里很委屈，觉得为什么她的第一反应不是担心他是否安全，而是不信任。也许在那个时候就埋下了后来离婚的种子。最后，他语重心长地教育当晚的年轻姑娘们，感情里千万不要怀疑对方，要给他足够的信任，很多情况下，都是这些怀疑让男人出轨的。

● 自我毁灭

前年，邬兄给我看了他在早年写的一篇文章《砸脑袋》，不禁感慨，天下间的道理就是如此相通。

C 是我在澳大利亚期间重要的朋友之一，他是个极具推动力的男人，在资源和自身条件很不理想的那些日子里，他总能实现他的推动力，无论是推动女人，还是推动事业。1990 年，一位对 C 有着万分好

感的澳大利亚女人，抵押自己的房产为 C 的生意筹了款。事后，C 在
处理澳大利亚女人对他的好感上遇到了麻烦，而事实上他与澳大利亚
女人之间并无出格的故事。当时，C 的女友经过漫长的等待，刚从中
国来澳，她愤怒地发现，几次自己和 C 手牵手时，一旦澳大利亚女人
的目光扫来，C 就触电似的甩开她的手。C 像是十分忌讳在那个澳大
利亚女人面前和自己亲近。该举动日后成为 C 和女友剧烈争执乃至决
裂的起始缘由。

一日，C 的女友在和 C 争吵后决定分手，C 堵住门不予通行，一
个如此能说的人，居然无法道出隐衷，可见这个隐衷的尴尬，也可见
C 在坚持着野心的同时，也坚持着不丢失女友对自己的敬重。在一阵
撕扯之后，C 的女友仍不放弃出走，C 做了一个极具震撼力的自虐动作，
他抓起一个石头烟灰缸，猛然砸向自己那颗灵活的脑袋。然后，他的
双眸在鲜血后面直视着自己亲爱的女友。

10 多年以后，我问 C 当时的女友，C 在砸自己脑袋时的复杂心情
你懂吗？她说，现在懂了。

下面，聊个我自己亲历的感情故事吧。

少时，璐以千金之躯抛家弃业，一边抗击父母的压力，一边辞去前途无
量的事业，随我到天津创业。因发展不顺，两人过着一周平均开销 20 元，近
乎茹毛饮血的生活。对我们这两个尊严感极强的人来讲，每日需为生计奔波，
囊中羞涩，压力巨大。

对于两个红色的人来说，心情好时，我们在寒风中相拥品尝 3 元的砂锅菜；
然而，压力巨大时，情绪控制显然成为我们彼此需要共同面对的问题。对两

个同样容易激动的人而言，当一方激动时，很容易激发出另一方的负面情绪，并随之带来更严重的后果。

那时，我前女友朵儿因父亲重病晚期及过世，一直沉浸在巨大的压力和痛苦中，常给我打长途电话，我在电话中尽我所能地给予安慰。同样也是那时，璐背叛家门，随我远行，生活压力巨大，变得疑神疑鬼，总是怀疑我的爱，而我也的确需要向他人倾诉来化解自己的压力。璐内心抓狂，定要让我证明爱她心无旁骛。我一怒之下，你不是要证明吗？那我就证明给你看！我烧掉了过往保存的上百封与朵儿的信件，我只记得，自己是含着泪水斩断历史的。我很清楚，形式上是没有了，其实，内心里一切都在，而对璐的仇恨，却在与日俱增。

烧信本身是一种巨大的伤害自己的行为，那些信件代表着对过往情感的珍视，因为过往的轨迹是我生命的一部分。"烧信"代表着彻底切断了跟某人的情感联结。而当我为了发泄情绪而切断跟其他人的情感联结时，我的内心也会极其痛苦，根本原因是红色天性对自由的热爱和对情感联结的重视。多年后，我才明白"以情绪制情绪"是无比愚蠢的做法。

譬如砸头与烧信，表面上是我听了你的话，实际上，我的内心还是不听。就好比很多人，曾经一时冲动把男友所有的短信删除，手机号删除， QQ号也没幸免于难，可是到最后，也没起到多大作用，反而觉得自己很天真，以为删除一切联系方式就能忘记一个人。这应验了《简·爱》中的那句话，"他纵然可以摆布杯盘的外表，但其内部，却远非他所想的那样可以随意干涉了"。结局就是强烈的逆反心理。

尤三姐痴恋湘莲，后获湘莲转赠鸳鸯剑为信物，以为从此有了依靠，喜出望外，哪知湘莲得知尤三姐是宁国府的人，认为东府里除了那两个石狮子，恐怕连猫啊狗啊都是不干净的，不愿意做那王八，跑来和贾琏说，他姑姑已经给他订下亲事，没有办法，只得请奉还宝剑。贾琏一听着了急，表示婚姻大事，岂能当作儿戏，既然已经定好，那就不能随意反悔。湘莲说表示他宁愿受罚，这门亲事也不敢从命。"这时，尤三姐在房内听得一清二楚，知道湘莲一定是在贾府中听了什么闲话，把自己也当作了下流人物。她从床上摘下鸳鸯剑走出来说道："你们不必出去再议，还你的定礼。"说完泪如雨下，一手把剑递给湘莲，一手拿剑往颈上一横。顿时，"揉碎桃花红满地，玉山倾倒再难扶"。众人急来抢救，可已经晚了。

又是一场"你既然误会我，我自然不屑解释"的悲剧。对于情绪容易被挑起的人来说，情绪发作时，需要一个出口，不管是语言还是行为。遗憾的是，红色很容易在释放负面情绪时伤人伤己，一旦产生毁灭自我或毁灭对方的念头，情感必然占据理智的上风。愤怒的火光开始燃烧时，合理不合理已经无暇考虑，后果不后果也一律被抛之脑后。

所以，红色性格需要学会提高对于误会的容忍能力，因为生活中的误会无处不在。另外，在砸脑袋的案例中，C被误会一事，最后的结局，C自己也要承担一大部分责任，对于澳大利亚女人的感情没有采用合适的方法处理好，这是显而易见的。而在我个人的烧信事件中，璐当时因为过着与原来反差极其巨大的生活，无法缓解心理压力，很容易疑神疑鬼；而我在高压状态下，也没有能力解决问题。显然，我自己也必须为处理朵儿和璐的关系时是否有不周全之处而深刻自省。

在面对因误会产生的情绪时，有什么正确的方法可以应对和处理，下面分享一封来自我的性格色彩认证演讲师Tom的来信。

一个月前，我把今年最重要的活动现场总负责权交给团队成员小新，从发布会开始前一周的筹备到发布会结束后，我的助理小蔺都完全不在状态。她本应与小新一起负责总协调工作，所有需要沟通和汇总的问题，她却让小新统一告知我。按理说，她是我的个人助理，应该由她告诉我，照她以前的习惯，遇到任何问题，不管深夜几点，她都会第一时间告诉我。所以，这一次的工作效率比之前慢很多。那几天，她所有的工作都消极被动，失误连连。我看在眼里，也一反常态，没有马上批评她。我猜测，她心里大概是在怪我，她跟了我这么久，是自己人，如此重要的活动却没让她做总负责人。

在现场时，由于她的漫不经心，一个低级失误发生后，我内心开始冒火，但忍了。待到发布会顺利结束后，我努力心平气和地问她："你这几天什么情况？"她答："我也不知道，总找不到工作的感觉。"此时我内心的第一反应是："那不要干了，回家找感觉。"因为我的工作逻辑是，私下再大的伤心事，都不能影响工作的结果，这是个基本的职业操守问题。

但我想到要控制红色的情绪化，还是忍了："为什么？"她说："我也不知道。"我此时更加冒火。

谈话陷入僵局，看来以她自尊心极强的性格，是不会自己说出真实原因了。

为了解决问题，我只好控制自己的情绪，然后说："我觉得小新这次做得特别好，她很在状态，也许你该和她交流一下。"她用怪里怪气的口气说："对，我也觉得她变化特别大。"

我突然觉得很好笑，看来终究还是个名分的问题。心里从开始觉得她很可气，变为觉得她很可爱，原来也不过是一个女孩会有的心理。于是我告诉她真相："这次的发布会，是小新主动请缨，要做总负责人，大领导很欣赏这种敢于挑战的新人。"她这时才流露出释怀的表情："哦！原来是这样。"我为何不用是自己人的小萄来负责如此重要的事，小萄从开始的不解、内伤、埋怨到发现原来是她误会了我，于是，小萄很快恢复到以往的工作激情。

　　对我来说，我心里很清楚，是小萄误会了我。我完全可以选择压根儿不去向她解释，任由她消极懈怠，继续自我毁灭。我的损失，无非是过段时间看她再消极下去，就换个助理，多个磨合的时间而已。在我早就明白她误会了我的时候，心里就有个声音不停地回响："你跟我那么久，因为这点儿小事误会我，你有没有良心啊。再说了，你是我的人，你还怕没有更多机会吗？"

　　这件事情上，我克制了自己红色性格"我没做错还得向你解释"的超级不爽的情绪，在爆发的时间点上忍了一下，以黄色性格的解决问题为谈话的主要导向。而和小萄的谈话中，她那种假装的和谐让我再次愤怒，但我又忍了一下，因为她的功毕竟是远大于过的。管理很不容易，会因为管理者的一次小发火，而导致需要更多的时间去安抚团队，毕竟执行的人是他们，想想还是不发火了，时间和精力上都不值。

　　但更深的原因还在于我们并非平级，我内心深处觉得不必跟她计较。也许因误会而导致惨剧发生的一个前提是，双方感觉彼此是相对平等的。所以，如果是在感情上，我确实需要不断修炼才行。

　　Tom 能从过去的情绪化失控，修炼到此刻，已经是巨大的突破。对于红色性格，一旦发现自己如此信任的一个人居然误会自己，这种内心的愤怒在红色一生中所有的愤怒排名指数高达第二位，排名首位的是背叛。但相对于背叛，误会发生的概率更高，在一生中的每个阶段都会时常出现。

　　Tom 的最后一句话，道出了红色性格修炼时最大的难点和真相。当双方是等量级别时，譬如合作伙伴，譬如情侣、伴侣，误会的修复难度会更大。

人生中的误会，粗略来分，可以分为两种：

其一，因为自己事情没有处理得当而被误会；其二，问心无愧却莫名其妙被误会。后者是别人的错，但红色却会经常傻傻地拿别人的错误来惩罚自己；至于前者，假设永远将自己存在的问题算在误会自己的人的身上，认为自己毫无问题，也会阻碍自己的成长。

无论是哪一种误会，面对误会时，除非你不想解决问题，你本身已经准备放弃。如果你依旧准备解决问题，并且不想让误会加深加剧，你要特别小心两种危险的错误的处理方式：

第一，沉默不解释，任由事态发展，并且心灰意冷，意兴阑珊，或内心滋生怨恨和愤怒。

第二，情绪发作的冲动导致破坏性结果产生。如何自控才能使事态不会继续恶化，可用情绪自控五步法自救，所谓"生气不见人，见人不说话，说话不议论，议论不决定，决定不行动"，有此五步法安身立命，当保不死，这也就是性格色彩中所说的"个性修炼"。

在未来性格色彩最重要的四大功力专著《修炼》中，我将对这两点再加以详解。

2月

4月

6月

多情

8月

红色享受短期性的双栖双宿并不难，但由于他们在耐力上的欠缺，他们在亲密关系中倒是很难享受到长期的琴瑟和鸣。

多情: 为何有些人的情感总是漂浮不定?

芒果小友在她 24 岁那年写了下面的话, 那天我们刚好聊到红色性格对于"体验"的深层需求。"红色宁愿要一份短暂而深刻的爱情, 哪怕饮的是鸩酒, 也烈过水; 燃的是烟花, 也绚烂过烛。红色为了刹那的永恒, 必须付出的代价恐怕要千百倍地偿还。如果是红色, 必然会痛。不过再积极再美丽, 有时也未必能得到想要的, 人生充满无奈。"

徐志摩和陆小曼的婚礼上, 证婚人梁启超曾要求行训斥礼, 志摩应允。大庭广众之下, 梁骂道: "徐志摩, 你这个人性情浮躁, 所以在学问方面没有成就, 你这个人用情不专, 以致离婚再娶……以后务要痛改前非, 重做新人!"

梁启超的寥寥数语, 大大揭示了红色性格可能为之困扰一生的缺点。他们往往蜻蜓点水, 急于追求体验的数量、种类和精彩程度, 无论兴趣、工作、学业、友谊还是爱情——由于失之于浅, 不免难以达成足够的深度 (深度不仅是切面, 亦包含持续度), 显得比较浮躁。也由于平行的数量太多, "沉"得不够, "淀"得不足。很多红色的内心认为, 经历过的那些眼花缭乱的人和事足以丰富他们的人生和记忆，有句歌词里说"你说地球是个乐园，要用心去游览"，正可拿来诠释红色的这种心理。对一个红色来说，江山无限，岁月有限，有什么理由不去尽量扩大其外延呢？所谓"人生得意须尽欢，莫使金樽空对月"。（由此可知，李太白先生也是大大的红色性格。）

在徐志摩的一生里，先是爱上林徽因，因林父反对，未成眷属，而后又与张幼仪离婚，移情陆小曼。他倾其一生，找寻灵魂之伴侣，虽然最后和陆小曼结合，却终是追求镜花水月，以失败告终。

梁实秋曾说，徐志摩是个彻底的浪漫主义者。"浪漫的爱，有一最显著的特点，就是这爱永远处在可望而不可即的地步，永远存在于追求的状态中，永远被视为一种极圣洁又高贵极虚无缥缈的东西。一旦接触实际，真个的与一个心爱的美貌的女子自由结合后，幻想立刻破灭。原来的爱变成了恨，原来的自由变成了束缚，于是从头再开始追求心目中的爱，自由与美。这样周而复始地两次三番下去，以至于死。"

红色天生对需要超强耐力的事高度抗拒，对他们来讲，这是种内心的煎熬，通常，在短期内他们会有惊人的强悍的爆发力，到了一个临界点后，就会持续下降。当红色遇见一根难啃的骨头时，他们会极力尝试用自己的火焰来迅猛地燃烧它，拼死努力后，如果还没烧动，就会迅速给自己找一个台阶，去另觅新的燃烧点。红色享受短期的鸳鸯双飞并不难，但由于他们在耐力上的欠缺，他们倒是很难享受到长期的鹣鲽情深。

譬如红色性格的贾宝玉，世人谈爱情，总会说到他，似乎他和林黛玉的爱必定属于精诚所至，金石为开。其实，小贾和袭人先有了一手，接着和麝月、晴雯都留了情，宝钗是他老婆，他的第一个情人却是秦可卿，并非林黛玉。此外，他喜欢妙玉、鸳鸯和香菱，从未情系一枝。而徐志摩正是贾宝玉的类型，东方之维特。陆小曼原是别人妻，嫁给徐志摩后，也是一心多用，徐志摩飞北京前，那位入幕之宾本是志摩的死党，志摩心中也另有林小姐的倩影。

现在你可以理解"一见钟情"这样的事大多是发生在红色男女身上。在西洋浪漫派的文学里有不少这种"浪漫的爱"的实例。雪莱、拜伦、卢梭都在追逐理想的爱的生活，而终不可得。他们爱的不是某一个女人，他们爱的是他们自己内心的理想。来看看维特之原型的故事。

80岁的歌德是天生情种，还会爱上18岁的姑娘，直到晚年还曾经因旧日情人的女儿而动心。老天赋予他一个情欲饱满的身体和一颗易感的心，使他一走近女人就春心荡漾、热血沸腾。他的天才使他能够把从女人身上得到的全部快乐和痛苦都酿成艺术的酒，他超乎常人的强大理性又使他能够及时地从每一次艳遇、热恋、失恋、单恋中拔出身来，不在情欲之海中毁灭，反把这一切经历用作思考的材料。回头去看，他所迷恋的每个女人也是他的老师，他在她们身边度过的那些要死要活的日子都是他的功课，他经由她们，最终交出了毕业论文，就是《浮士德》第二部的结束语："永恒之女性，引我们上升。"

现在，你可能会困惑于为何红色这么喜欢变化？原因是当红色做一成不变的事情时，内心对一成不变的死板和程序化感到痛苦。而当红色冒出新想法时，红色可以体验到变化的快乐，在对不确定和对未知的探索中，红色能感觉到生命的激情和涌动。按梁启超所说：志摩有天生的诗人气质，他对于生活的兴趣异常浓厚，他看见什么东西都觉得有意思，所以他的诗取材甚广。他爱都市，也爱乡野，喜欢享受物质文明，也喜欢徜徉山水之间。他常常流连在象牙之塔里，但是对社会政治也有正义的流露。（详见拙著《写给单身的你》中《写给多情炽热的你——我的每一次都是真爱》。）

在所有性格里，红色最富有幻想意识，喜欢体验不同的人生模式。从童年时代便开始幻想，看完电影《少林寺》后，希望出家当和尚，练就一身武功；

看完《蜘蛛侠》后，幻想成为救世主；看完《来自星星的你》后，希望找个都教授……但可惜的是，红色的注意力很容易转移，没多久就被另外一个吸引他注意力的兴趣或者话题给带走了。

林徽因说志摩"孩子似的痴与纯净的天真，他愉快起来快乐的翅膀可以碰到天，忧伤起来悲戚是深得没有底"。但你可知，若没有跌宕起伏的情绪，纷繁复杂的恋情，背离现实的幻想，世间文人如何吟诵出旷世绝美的诗篇？如何写得了荡气回肠的爱情小说？

正如杜拉斯所说："爱之与我，不是肌肤之亲，不是一蔬一饭，它是一种不死的欲望，是疲惫生活中的英雄梦想。"而充沛的感情之于红色性格，是一辈子拗不过的敌人，也是一生无悔的情人。■

FPA性格色彩

第三章

蓝色性格

虽然老爸专业上有成就，但因为他的蓝色性格，天生与人有距离感，并且不善交际，在人际关系上并不是特别成功。

吃饭吧！

蓝色老爸

你们先去吧。

我的蓝色老爸

蓝
色
性
格

在我的生命中有两个最重要的男人，老爸就是其中之一，2004 年 9 月的最后一个周末，您的性格色彩课程对我意义非凡，点燃了我对老爸的思念之情，也引发了我对老爸以往种种行为的各种思索……

◎工作严谨认真，不善交际

小时候，特别怕老爸，那时候没现在那么开放，也不敢叫老爸，最多背地里叫老头子。

从小只要老爸在场就极别扭，那时不懂，现在知道了，那叫压抑。

老爸从华师大毕业出来，教的是高中数学。在同事眼里，老爸教书以严谨认真而著称，以为他是名牌大学出来的方才如此，可惜那时没人懂性格色彩，也不知道是蓝色性格使然。

老爸教我的这届高中，应该是老爸职业生涯的转折点。老爸取得了前所未有的成功，无论是几届奥赛，还是高考，在我们这一届上，老爸奠定了他起码在我们那个小城市高中数学教学界无人能及的地位。很快，老爸评上了特级教师，后来又拿了无数奖，做了无数次首席评委。老爸教书好，出了名，学校就让他做了教导主任，老爸从心里应该是宁愿专心做老师的，但领导看得起，老爸也就卖命做了。做了几年，胃病越来越厉害，终于累到住院。不知当时怎么想的，结果是痛定思痛，老爸决定辞去教导主任，而学校领导看在老爸确实不堪重负的分儿上，也同意了。

老爸取得了成功，得到了同行的认可，我想他的内心是很有成就感的，但不幸的是，虽然老爸专业上有成就，但因为他的蓝色性格，天生与人有距离感，并且不善交际，在人际关系上并不是特别成功。其实，也不能说是不成功，确切地说应该是不够有效。以老爸当时的名气，应该可以为家里谋点儿福利了，比如换套房子什么的。我们家那时住一楼，相当潮湿，外公、外婆住久了总觉得关节不太好，老爸就跟学校商量有机会给换一下，领导当时也同意了。机会很快就来了，校长似乎也没什么反对意见，但最后房子却分给了另外一个老师，据说那位老师到校长家里吵了几次，校长就说我老爸反正现在也有房子住，就让给人家吧。这件事对老爸又是一个打击，老爸想不通，自己累死累活地给学校卖命，为何却得到这样一个结果？（他从不会靠吵来给自己争取福利。）不过已成事实的结局已无法改变。老爸对学校失去了信心，所以在我考上大学后的第二年，老爸又调动了。

直到现在老爸退休多年，常有朋友托他帮忙辅导自己的小孩。老爸对此极其负责，借此机会花了许多时间把以前的讲义重新整理了几大本。不仅如此，还与时俱进，每年全国各地的数学高考题他都要收集、分析，然后更新其讲义。老爸年事渐高，加之假期常来惠州，近年来辅导的学生越来越少，但老爸仍是乐此不疲，年年关注各地高考数学学科的趋势。我想，除了责任，老爸更多的是沉浸在把喜欢的事做到完美的过程中吧。

某些红色性格遇到不喜欢做的事情，或者在工作中受到挫折，容易情绪化，从而产生消极怠工的心理。这种情况极少在蓝色身上发生，这是因为蓝色具有极强的责任心。对蓝色性格来说，不论工作过程是否顺心，要么不做，要做就做好。蓝色也许会对领导不满，也许会对工作有疑问和意见，但是一旦接受了一项任务，即使是退休后的友情协助，也会全力而为。

◎细腻敏感，深沉内敛

老爸大学毕业后，分配去了重庆附近一个小城市的小镇，那个时代的人是没有选择权的。在那里，老爸认识了老妈，结了婚，有了我和我弟。我以前曾问过老爸老妈，他们是怎么走到一起的。结果老爸只告诉我他们是打牌时认识的。还是老妈大方，偷偷告诉我说，以前除了老爸还有一个男生追她。现在回想起来，大约是老妈红色的开朗乐观吸引了老爸，老爸蓝色的细腻专注打动了老妈，他们的结合该是典型的互补吸引。互补吸引在刚开始应该很幸福，但很快麻烦就来了，蓝色老爸忽然觉得红色老妈的感情是如此肤浅，根本无法理解他敏感的内心，而红色老妈也开始抱怨为何蓝色老爸动不动就不高兴，又没惹着他，生活真郁闷啊！以上都是我学习了性格色彩后的感受，从前并未曾细想过。

其实我不知道，对老妈来说，选择了老爸究竟是幸还是不幸。我奶奶始终无法真正喜欢老妈，老爸的家族成员中应是蓝色偏多。不幸的是，老妈是红色。应该说，这么多年来，老妈和我奶奶的沟通存在严重问题。

奶奶始终觉得老妈这个儿媳不懂事，觉得自己钟爱的小儿子处于一种未被照顾好的状态下，心痛之余，我自懂事之时起，就记得她不止一次地对我说："你爸，苦啊……"当时的我年纪小，不明白她为什么觉得老爸苦，甚至觉得，如果一个人觉得苦，很大一部分是因为自己想不开，才会觉得苦。现在回头看，虽然老妈确实没有无微不至地照顾好老爸，但我仍认为，之所以老爸或老爸的至亲们认为老爸苦，很大原因在于他们自身，而非老妈。但愿，下次老爸、老妈来我这里时，能好好开解他们。

话说回来，我能理解老爸源于孤独的痛苦。这样说是不是跟前面有些矛盾？老爸的内心世界其实很丰富。很奇怪，教数学的老爸比教语文的老妈还爱看小说，家里一柜子的小说不说，老妈好像很少借杂书来看，难道仅仅因为老妈要照顾我们的生活无暇看杂书吗？只怕未必，也许老妈这一世都无法理解老爸的内心。老爸看书之杂，和我有异曲同工之处，可老爸明明跟我讲过，他读书时语文不行，难道是谦虚？现在看来，应该是属于蓝色的谦虚了。

> 蓝色的谦虚，有两大原因，第一，蓝色内心深处对自己高标准严要求，在他们看来，自己做的事情永远只是满足了基本的要求而已，当别人夸奖他们的时候，他们的反应往往是："也没有那么好吧。"第二，和说话容易夸张的红色不同，蓝色谨慎小心，担心说话太过而引起不必要的麻烦，因此他们的谦虚也可以看作一种预防机制。

说起老爸的语文，老爸自认为不行，但奇怪的是教语文的老妈似乎从来没给我讲过故事，倒是老爸，时不时会讲故事给我听。记得我还在读小学时，几乎没电视，看电影可是大事，有好片（尤其是外国片，老爸是一定不会错过的，难不成老爸那时就有蓝色的小资情节？超前啊！）的时候，老爸喜欢带上我一起去镇上的电影院看电影。别的家长带小孩看电影，完了也就完了，老爸却喜欢在回家的路上跟我讲电影里的一些情节，进行回顾。现在回想起来，一个忧郁的男子带着一个不懂事的小女孩，一边上山，一边讲故事，那场景是多么温馨、多么动人。

◎压抑苛刻，不善表扬

关于老爸的敏感和压抑，有一件事我终生难忘。老爸、老妈带着弟弟来上海接我回家，我们一起乘船回重庆小镇，路上发生了一件事。在船上，老妈削水果皮后，一不留神，连水果皮带小刀一起倒进了长江。闯大祸了，那可是老爸心爱的景泰蓝小刀，带鞘的，很精致，据说是他的老爸留给他的。老爸为此很长时间没和老妈说话（其实平时话就不多）。虽然当时我只有 9 岁，但那件事对我而言，印象太深刻，触动太大了。当时我觉得老爸太无情了，不就一把小刀吗，看我妈那可怜样，我看着都心痛，但我哪儿敢出声啊？！

> 蓝色对于所有自己在乎的东西一旦丢失或损坏都会极力复原，因为但凡蓝色在乎的，一定都是几经对比的心爱之物或者对于自身有特殊意义的东西，一旦发生"失而不复得"的情况，必定如鲠在喉、夜不能寐，特别是他们对比自己对心爱之物的百般呵护和红色犯的"低级错误"后会更加怒火中烧。

在我家，即便我们表现再好，也难得到老爸的表扬，但稍有点儿出错，却一定会招致严厉的批判，对，批判，我就是这么认为的。老爸特不能理解，为什么他强调了无数次的东西，老妈就是记不住，而我和我弟就是不听。他一定很痛苦，因为没人理解他，他也无法控制我们。记得高二的时候，有次期中考试，我考了个班级总分第三，当时的兴奋劲儿别提了（同时也有种巨大的不安感），但奇怪的是，老爸居然一点儿反应都没有，这让我沮丧至极，之后的成绩又有了波动。为什么老爸吝于肯定和表扬他人，以前一直不明白，现在终于明白了，这就是绝不愿意把赞美表达出来的蓝色。

◎有错必改，关注细节

老爸教我那会儿，是出了名的严肃，班上再要好的同学，也不敢上我家玩，所以整个高中 3 年，真的从来没有一个同学来我家玩过。就算考上大学后，他们仍旧不敢来，应该是大学毕业后，才陆续有同学敢上门来看我或我老爸了。

说了那么多，是想说明以前老爸是没有太多幽默感的，他什么时候觉悟的，我也不太清楚，但蓝色的人一旦决定要改变自己，决心和效果确实惊人。老爸看的书杂，就先从讲笑话开始，逐步修炼，到如今，老爸已能妙语连珠了。

以至于前两年，老爸来惠州时，我有几个要好的同事来过我家后，怎么也不相信我之前和他们灌输的老爸以前很严肃的说法。不过，老爸的笑话，有时老妈是听不懂或是反应不过来的（因为老爸还是偏向于讲一些需要动脑筋想一想的笑话），想来，对于这一点，老爸还是有点儿遗憾的。

还有个老爸改习惯的例子。以前老爸很喜欢吃饭的时候看书、看报纸，老妈则喜欢用汤泡饭吃。好像还有我初中时有个什么坏习惯，老爸想让我改，我死不肯改，还拿老爸的这个不良习惯做反证来为自己辩解。老爸无奈之余，为了让我心服口服地改错，下了个决心，要求他自己、老妈、我必须就自己的一个坏习惯做出改正，每个人必须坚持做到，其他人监督执行。这个方法真的很有效，因为大家都觉得公平公正，没有被逼迫的成分在其中。这也就是性格色彩中所说的，一旦蓝色认识到改正的必要性后，即便再痛苦，也会不折不扣地执行，并加以改正。

> 蓝色往往坚持自己的原则，不肯随便妥协，因此想要让蓝色轻易接受一样新事物，或者很快改变长久以来的习惯，并不容易。但是，蓝色只是有些固执，并不是死不认错，若想让蓝色改变某个行为，必须给他们改变自己的充分理由，并给予他们时间加以思考和确认。只要他们清楚地意识到自己的问题，了解到改正的必要性，他们认错和修正的决心和执行力都极其强大。

老爸其实很喜欢烹饪，他喜欢的不是每日做菜，而是闲暇时把做菜作为自娱自乐的一个节目，说自娱自乐也不准确，因为老爸对烹饪每个细节的关注，似乎是把做菜当成一门艺术在做。你知道素鸭的做法吗？原来要把豆皮用调好的腌料腌好，还要捆扎成形。老爸操作时的专注和享受，让人侧目（好像不是为了做菜，而是享受创作作品的过程）。我想起自己虽然也有几道拿手菜，但每次做的同时，心里也在嘀咕，做菜的每道程序真麻烦，不知道有没有办法简化，而不是想怎样才能做得更好吃。以这样的心态，做菜的水平可想而知，提高实在是有限。

◎计划性强，不喜变化

蓝色的计划性在生活中无处不在，记得小时候有一次搬家，那个年代经历过搬家的人都知道，家里几乎所有的东西都是不能丢的，要整理、搬迁到新的住处，家里的家具也是要搬到新住处。别人家搬家具的时候一般是先大概看下尺寸，估计摆放的位置，搬的时候再往里填。有的时候估计错误，就要反复调整，重新搬过来，搬过去。我家老爸不愧是蓝色的数学老师，先量好了新住处的尺寸，按比例每个房间画了一张图，家里原有的家具也量了尺寸，等比例画了图，一个一个剪了下来，拿着一个个纸片在房间图上先模拟，摆好以后确定方案。正式搬家具的时候，按图指挥，一步到位，省事省力，基本上不会发生需要重新调整的事。

蓝色的计划性强，但其既定的计划中如有人不断打乱，蓝色会极度生气。老爸来惠州时住在我弟家，一般周六我会带老公和孩子一家三口去我弟家蹭饭。周五晚上，老爸的例行电话一定打过来，首先问几个人过来，其次是询问想吃什么，几点到。到了周六，我老公一般都会睡懒觉，好不容易叫起来吃了早餐，电视一开，看到 NBA（美职篮）基本就不挪窝了，到了要出发的时候，催了一次又一次，老公先是说再看一会儿，然后赛事是那么精彩，再稍等一下，再然后是你看马上要结束了，就 2 分钟。看过 NBA 的朋友都知道，NBA 转播的最后 2 分钟是什么概念，中间会有暂停、犯规罚篮，还有广告插播，最后算下来至少 5 分钟以上。于是，出门的时间基本会晚一些。然后，我只好小心翼翼地给老爸打电话·"我们现在刚刚出门，晚一点儿到。"蓝色老爸总是严肃地问，晚一点儿到是几点到。算是计划发生了第一次变更。如果路上恰巧车比较多，红灯比较多，或者临出门的时候又有点儿事耽误了一会儿，变更后的时间快到时，老爸的电话又会过来，你们现在到哪里了，是不是能按时到。如果不巧有了再一次的变更，蓝色老爸的脸色就会非常难看了。老公一直很难理解，不就是吃饭吗，用不用得着这么紧张，这么麻烦。而我知道，蓝色老爸为了能把菜肴的最佳状态呈现在他心中重视的女儿一家人面前，他一切都已计划好，什么时候做什么工序，什么时候炒菜，都已用时间倒推的方式安排好。如果时间一再变更，他的计划一再被打乱，蓝色的人就会不知所措，继而生气。更糟糕的是，蓝色不会明说为什么生气，只是黑着脸，希望对方自己醒悟、认错，如果碰上对他人情绪不敏感或者不太在意他人情绪的人，事情就会更糟，于是，蓝色就深深地内伤了。

> 蓝色在乎很多小事，是因为蓝色为呈现最好的一面，他们会计划每一件事。当蓝色计划妥后，如果出现"反复的人为变化"，蓝色 定会极度不悦。这样的情况下，又分两种结果：第一种是虽然有所变化，但蓝色可掌控。这样的情况下，蓝色虽然嘴上抱怨，但内心很得意，觉得自己的能力能应付这样的变化，如果在这个时候再给予蓝色肯定，蓝色会特别高兴；第二种是变化超出了蓝色的掌控范围。这样的情况下，其实蓝色内心更多的不悦是自责，他觉得自己能力不足或计划不周，当然对于之前自己的精心准备化为乌有，肯定也是不高兴的。此刻的黑脸其实表达的是——"自己不好，对方也不好"，蓝色对本来可达成完美却由于变化而导致的哪怕仅仅是稍有逊色的结果也是很在乎的。

◎重视家人，责任感强

我在大三时认识了我老公，确定关系后，就面临如何见双方父母的问题。大三的暑假，我便带着当时还是男朋友的老公一起去了我家。面对 20 世纪 90 年代就如此大胆的我们，老爸当时心里应该是极其无措加恼怒了。女儿还没长大，就想跟别人飞走了，大部分的父亲都会如此感慨吧。

当着我老公的面，老爸既要给我面子，了解我老公和我的想法（包括今后的发展方向、工作地点）等，又要考虑以后各种可能出现的情况及应对措施。现在想起来，觉得当时他一定没有想到女儿的离开来得如此快吧。待我老公走后，老爸、老妈与我谈话，将我做出如此选择，今后可能碰到的种种困难一一道来，让我好好考虑，是否值得坚持。热恋中的人，觉得只要两个人好，整个世界都是美好的，哪里还会想到两个有着极大不同文化背景和风俗习惯的家庭，会在我们婚后产生多少冲突，需要多少耐心和理解去包容和调解。

　　当我信誓旦旦地向老爸老妈宣告："就这样了，我就选这个人做我今后的老公，毕业后我要随他去广东。"令我惊奇的是，如此大事，迎接我的并不是狂风暴雨的批判，而是父母的沉默。而更令我感动的是，对于我做出的决定，老爸在判断暂时无法改变时，默默地开始联络在广东工作的亲友，恳求他们帮我找工作。终于在学校要求的时间内，帮我打通了分配到广东的道路。时隔多年，有一次我问老爸："你明明不乐意，为什么还会帮我找工作？"老爸回答："那又能怎么办呢，你一门心思要跟着去广东，我不同意，你也不会回头。不能改变结果，就只能帮忙了，难道让你自己去瞎闯啊？"明明不舍，却不说，宁可自己承受，还要帮助我走上远离的路。这是蓝色的理性和伟大吗？

　　我的弟弟是超级绿色的懒人，社交圈子窄，30多岁了还没有交到合适的女朋友。随着亲友们一次一次介绍的失败，老爸对儿媳的期望值也是一再降低。以至于前年老弟终于谈成了一个女朋友，准备带给老爸老妈过目时，老爸如释重负，说："只要人品好，对你好，爸妈都没意见。"

　　新成员的加入，总会有一些小事上的磨合，蓝色的老爸对此似乎有些苦恼，又不愿让老弟难做，希望老弟自己能领悟似乎也是不现实的事。而我总能从只言片语中猜到他的一些想法，当我告诉老弟的时候，老弟一脸吃惊地说："有这事？老爸有想法干吗不直接跟我说呢？！"

　　蓝色的老爸为了他重视的家人着想，觉得一些小事没必要说出来，希望对方能自己明白。但其实他心里也明白，老弟多半不会自己明白过来，那就只好算了吧。蓝色永远无法像黄色那样理直气壮地把自己的目标、想法说出来，总期待别人的自我觉悟和配合，有时误会和疙瘩就由此而生。

　　回忆是一件非常美妙的事，尤其是在回忆的过程中理解了他人种种行为之根源。感谢乐嘉老师，感谢性格色彩，使我对他人的理解不再局限于感性，而是多了理性的分析，这也许就是性格色彩的魔力所在吧！

蓝
色
性
格

当蓝色有节奏地健身时，不像红色那样"人有多大胆，地有多大产"似的给自己打鸡血，蓝色奉行"少说废话，多做实事"的原则。

坚韧

周一 跑步

周二 俯卧

周三 游泳

周四 哑铃

周五
动感单车

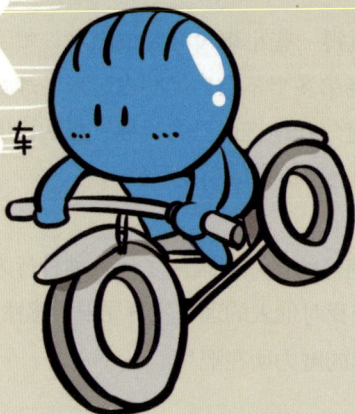

周末 拉伸

坚韧: 红蓝大战健身房

蓝色性格做事之所以极具规律性，是因为蓝色性格凡事一旦决定，都会矢志不渝地坚持。而"坚持"这个特点，蓝色和黄色两种性格都有，差别在于: 蓝色重在"坚韧"，黄色重在"坚定"。

"坚定"和"坚韧"的差别，剖析如下。

两个男人都喜欢一个女人，准备发起猛烈的追求。

黄色在信念上，呈现出舍我其谁的强势,露出"你已是我囊中之物"的霸气，当他发现自己用的第一套追求方案受阻时，瞬间转移，会实施第二套方案，再不行，就立马推进第三套方案。转变方法毫不犹豫，目标最重要，方法不重要，见佛杀佛，见鬼杀鬼，一切以抱得美人归为最高目标。

而蓝色与黄色的最大差别是，蓝色也许从头到尾就那么一套方案，如果不行，仍旧在这条道上继续；还是不行，继续如此，继续坚持这个方案，直到海枯石烂。《龟兔赛跑》中的龟，正是蓝色的真实写照。这种坚持，不仅是对目标本身的坚持，也是对达成目标所用方法的坚持。

在买健身卡一事上，《色眼识人》中我已重点分析了红色"跟着感觉走"和蓝色"怀疑小心和谨慎调查"的巨大差别，让我们将其继续演绎下去。

红色在买了健身卡以后，不少人会在第一次进入健身房前，赶紧买上全副武装的行头装备，精神抖擞地投入健身。在第一周连续 8 次冲击（周日觉得不过瘾，所以要去两次）后，如果健身房里没有足够的美女可被关注或没人关注自己，不少红色的积极性会疲软，之后去健身的次数急剧下降，去的时间毫无规律。于是，会员卡形同虚设，一年平均算下来，还不如按次付费来得划算。

而当蓝色有节奏地健身时，不像红色那样"人有多大胆，地有多大产"似的给自己打鸡血，蓝色奉行"少说废话，多做实事"的原则。他们不像红色那样追求他人的关注，不会因为无趣而放弃，他们不在乎别人眼中自己的形象，他们只在乎自己眼中自己的形象；他们不像红色那样充满了激情，一切跟着感觉走，蓝色只会谨慎地制订着自己的训练计划。更重要的是，蓝色始终秉持"深挖洞、广积粮、缓称霸"的理念，他们不像红色总为自己找到充足的理由来解释今天不去健身的原因，对于蓝色来讲，坚守自己既定的计划是唯一应该做的。

一年下来，蓝色向我们证明了他购买产品的性价比是最高的，他们把会员卡的价值发挥到最大化。为何蓝色可以做到？

首先，蓝色不像乐观又自恋的红色性格，因为红色天性不愿回顾过去的失败，而把眼光放在未来的快乐上。红色很难正视自己的负面经历，很难从过去和现在汲取人生的教训，所以要求红色先苦后甜，是非常困难的；而对于蓝色而言，先苦后甜，是天经地义的事情。

　　另一方面，红色的人生是"快乐"的生活哲学，他们害怕苦累，为了确保有足够的快乐体验，会制订很多计划，却很难坚持做下去；而蓝色的人生是"严肃"的生活哲学，人生来就该体验苦难和坎坷，完成一事才可另起一事。居里夫人为此做了最好的注解："生活对于任何一个男女都非易事，我们必须有坚忍不拔的精神……并且，无论付出任何代价，都要把这件事情完成。当事情结束的时候，你要能够问心无愧地说：'我已尽我所能了。'"

仔细：中欧商学院的细致楷模

多年前，外地好友到上海出差一天，言语中暗示让我作陪游玩城隍庙，欲一睹繁华大上海。因那里并非我平日活动地盘，我紧急打电话向红色的胖胖求助，请其推荐合适的进餐处。胖胖在大呼小叫、斥责完我的土气之后，推荐天地轩，问他那里怎样，只是回答非常好。"是否去过？""没有。""没去过，为何推荐我去？""我朋友去过，听说很好，没错的。"如此一番对话之后，我携友欣然前往。用餐完毕，无论是价格、味道、服务、环境都令人不爽，弄得我一肚子怨气，发誓此生不再问胖胖任何问题。

胖胖先生的不靠谱在于，他把自己不知道的事情说得就像自己熟门熟路；而我在这件事上的愚昧则在于，虽然屡屡被他忽悠，却还是会再次轻信于他。如果我能像下面这位蓝色性格的朋友一样，明明知道红色性格的胖胖说话夸张和不仔细，就应该和红色在事前反复确认，那样，恐怕也不会每每落得失望的下场。

我哥一行9人去长沙商务考察，想在当地租辆车用一天。我曾在长沙工作，朋友旧部众多，就找了个老部下小朱帮忙。小朱是红色性格，办事效率极高，不多久就给我回电话。

朱："老大，搞定了。"

我："多少钱？"

朱："啥钱不钱的，你哥就是我哥，你啥也别管了，我都会搞定的。"

我："那可不好，钱要给的。呃，是啥车啊？"

朱："新车，别克。绝对 OK！"

我："他们可有 9 个人啊！"

朱："我问了，就是 9 座的。"

我："连驾驶员 9 座还是一共 9 座？"

朱："没事，市里跑跑没事，我们这里交警管得不严。"

我："你这车不会是 GL8 吧？"

朱："对对对，就是 GL8。"

我："据我所知，GL8 最多 8 座，还是含驾驶员的。麻烦你再确认一下吧，他们 9 个可都是大人啊！"

小朱被我说得有点儿发虚，去确认了。结果就是一辆连司机、带加座一共 8 个位子的别克 GL8。

当遇见典型不靠谱的红色性格时，你必须要反复确认。正如明代小品文集《呻吟语》所说："再之略，不如一之详也；一之详，不如再之详也。再详无后忧矣。"意思就是，一件事情做完之后，能再粗查一遍，不如头一次就做得详细；头一次就做得详细，不如能再做一次详查。再次的详查可以保证没有日后的忧虑。

为了更便捷放心，后来我有事要问，干脆就不找红色，直接找一个靠谱的蓝色询问，省得后患。蓝色听完后，通常的反应是：

"你朋友吃不吃辣？"

"不吃啊，那你们想吃什么菜系？"

"环境喜欢热闹些还是清静些？"

"要不要乐队伴奏？"

"预算是多少？"

　　问的时候，觉得这家伙好生啰唆，实在麻烦。问好之后，他会给你两个地方选择，并且帮你分析出各自的特点和差异，供你自己选择和决定。要想事情牢靠，就向蓝色打听事情，最终出来的结果会让你舒心、称心、放心、省心。

　　蓝色是最麻烦的人群，蓝色也是最让人放心的人群。他们做事的麻烦，是因为你觉得他会把简单问题复杂化；他们做事让人放心，是因为他能考虑到所有你考虑不到的细节，并早已帮你摆平。

　　以考虑问题的周全而言，十多年来在给不少企业做训练的过程中，我耳濡目染，各路高手见识了不少，唯独在中欧国际工商学院培训时，曾经发生的一事让我至今依旧赞叹不已，讲起来便肃然起敬。

　　事情背景如下，中欧国际工商学院于 2003 年 10 月准备在深圳召开一个 EMBA（高级管理人员工商管理硕士）的校友会，上海红色性格的菲菲在 2 月被通知负责此项目，菲菲请深圳同事爱莲帮助在深圳寻找合适的宾馆，以举办这次的大型会议。爱莲承诺帮助后的 5 天，写了一封邮件回复，并且随信附了 46 页的宾馆调查报告 PPT（幻灯片）。当菲菲拿到报告时，激动得当场乱喊，奔走相告。现在摘取此 PPT 报告的前半部分，以飨读者。

蓝
色
性
格

CEIBS

邮件回复

发件人：爱莲
发送日期：星期二，2003年2月18日，February 18, 14:12
收件人：菲菲
主题：酒店调查

菲菲，

　　附件中的酒店调查报告，可供你参考。
我上周巡视的几家五星级酒店如下：
- 五洲宾馆
- 威尼斯皇冠假日酒店
- 彭年酒店（现：深圳希尔顿酒店）
- 香格里拉大酒店
- 阳光酒店
- 麒麟山庄

中欧国际工商学院
CHINA EUROPE INTERNATIONAL BUSINESS SCHOOL
the learning interface

CEIBS

邮件回复

　　从设施、服务、位置三方面考虑，我最终选择了威尼斯皇冠假日酒店、彭年酒店、香格里拉大酒店和麒麟山庄。

　　我本可以从各年酒店的主页上得到一些照片的。但这些天，这家酒店的服务器不可用。

　　如果你希望我邮寄来一些酒店介绍的小册子，请务必告诉我。

　　以上这些酒店的价格相近，并且都乐于提供富有竞争力的折扣。若你需要详细的价格明细列表，请与我联系。

　　2003年10月12日至15日，中国高科技展会将在深圳举行。届时，深圳所有的酒店会因为需求的增加而提价。为了控制预算，请务研讨会安排在16日后。

　　如有任何问题，请随时与我联系。爱莲　　附件：酒店调查.zip

中欧国际工商学院
CHINA EUROPE INTERNATIONAL BUSINESS SCHOOL
the learning interface

CEIBS

酒店调查

制作：爱莲

电话：0755 XXXXXXXX
传真：0755 XXXXXXXX

中欧国际工商学院
CHINA EUROPE INTERNATIONAL BUSINESS SCHOOL
the learning interface

CEIBS

目录

- 建议
- 深圳指南
- 酒店信息
- 深圳威尼斯皇冠假日酒店
- 彭年酒店
- 香格里拉大酒店
- 麒麟山庄

中欧国际工商学院
CHINA EUROPE INTERNATIONAL BUSINESS SCHOOL
the learning interface

CEIBS

建议

- 上周我巡视了5家酒店。我观察了酒店的客房、会议设施和服务经历。
- 总体而言，五星级酒店的设施都富有竞争力且相互同大同小异。真正的不同之处在于服务。
- 我选择的这三家五星级酒店——威尼斯皇冠假日酒店、彭年酒店、香格里拉大酒店，得益于他们良好的经营和服务理念。
- 麒麟山庄有非常适宜户外活动的周边环境。但我对他们服务不是很有信心。

中欧国际工商学院
CHINA EUROPE INTERNATIONAL BUSINESS SCHOOL
the learning interface

CEIBS

设施方面的建议

- 威尼斯皇冠假日酒店是以威尼斯装修风格为品牌特色的主题酒店。深受欧洲旅客的欢迎。
- 威尼斯皇冠假日酒店拥有现代化的客房和会议设施。去年，这里曾举办过中欧国际工商学院深圳联络处开幕庆典、中欧国际工商学院MBA峰会、中欧国际工商学院校友会和一些EED公开讲座。
- 位于华侨城，四周环绕着几座知名的主题公园，可尽享便利的交通。
- 可进行户外活动。

中欧国际工商学院
CHINA EUROPE INTERNATIONAL BUSINESS SCHOOL
the learning interface

CEIBS

设施方面的建议

- 彭年酒店位于罗湖中心城区，火车站和罗湖边境近在咫尺。前往香港的交通便捷。在商务和会议上的个性化服务，更令彭年酒店深受港人青睐。
- 彭年酒店拥有舒适完善的各类客房设施。
- 罗湖地区在高峰时段会出现交通拥堵情况。
- 无户外活动空间。

中欧国际工商学院
CHINA EUROPE INTERNATIONAL BUSINESS SCHOOL
the learning interface

CEIBS

设施方面的建议

- 香格里拉大酒店也位于罗湖地区，毗邻彭年酒店。
- 以设备齐全的会议、餐饮设施闻名。各具特色的会议室可满足商务人士的多样化需求。
- 由于香格里拉大酒店历时年久，设施相对陈旧。
- 户外活动不够便捷。

中欧国际工商学院
CHINA EUROPE INTERNATIONAL BUSINESS SCHOOL
the learning interface

CEIBS

设施方面的建议

- 麒麟山庄位于深圳特区西北部麒麟山麓，是一个相对独立的度假酒店。
- 山庄以其独具特色的田园风光和园林式建筑群体著称。
- 由于远离市区，山庄的交通不够便捷。
- 可进行各类户外活动。

中欧国际工商学院
CHINA EUROPE INTERNATIONAL BUSINESS SCHOOL
the learning interface

CEIBS

服务方面的建议

- 坦白地说，鉴于2002年在深圳威尼斯皇冠假日酒店的愉快经历，我对这家酒店的服务更有信心。
- 香格里拉大酒店自开业以来，在会务方面有多年的丰富经验。比其他酒店有更多的会议厅可供选择。
- 彭年酒店有上乘的经营理念。
- 麒麟山庄缺乏服务精神。这可能是由于政府承包的关系。

中欧国际工商学院
CHINA EUROPE INTERNATIONAL BUSINESS SCHOOL
the learning interface

CEIBS

深圳指南

中欧国际工商学院
CHINA EUROPE INTERNATIONAL BUSINESS SCHOOL
the learning interface

CEIBS 深圳简介

- 深圳市共设6个市辖行政区，即罗湖、福田、南山、宝安、龙岗和盐田，约有100万常住人口，270万流动人口。很难想象在1980年前，深圳还不是经济特区时，曾确是一个非常小的边镇。
- 在中国的经济普查中，深圳排名第五。前瞻性的城市规划、便捷的交通和信息传播、充足的水电供应、健全的财政机制、成熟的教育和医疗服务、旅游网络、蓬勃的发展、科技工业、轨道交通等，使深圳人倍感荣耀。
- 如今的深圳人已经完成了他们的"初创工作"，正全心致力于第二个——创造超越自我的第一流现代化城市。来到深圳的国外投资者、专家、旅游者都能感受到当地人民的温暖胸怀。

中欧国际工商学院
CHINA EUROPE INTERNATIONAL BUSINESS SCHOOL
the learning interface

蓝色性格

先不谈 PPT 后面详细列举的各项具体信息，单是提醒主办方要注意大会召开的时间要和高交会展览的举办时间错开，以及将 10 月气温提前备注以便通知所有学员，就这两项，足以令人惊呼。对红色性格而言，蓝色性格在考虑问题上的细腻和周全，是他们毕生修炼也难以企及的。

这事过去那么多年，对我的刺激仍无比深刻，这是因为上海负责此项目的菲菲收到这封邮件时，恰巧是我给中欧国际工商学院的教职员工内训的课间休息。休息前的 5 分钟，我刚刚分析完蓝色性格具备考虑周全详尽的优势。这封邮件的到来，恰巧踩到最准的那个点。我清晰地记得菲菲像鸟儿一样从办公室飞了出来，嘴巴画了一个巨大的 O 形，激动得手舞足蹈，给所有人唾沫星子横飞地讲了这个刚刚发生的故事，活生生地给众人做了一个现场教学。她就像是我的托儿一样，证明给所有人看，刚才这个光头老师说的蓝色性格就是这样，就是这样啊，真神啊。

　　蓝色的优势，如果发挥得好，就像围棋高手，每下一个子儿之前，都要先设想一二十步以后的情况。精确地说，决定他们那盘棋胜负的，并不是面前那个棋盘，而是他们脑中另外的那个棋盘，那个肉眼看不见的小棋盘。这种缜密考虑问题的方式，防患于未然，将所有可能遇见的问题在还没发生之前，悉数消灭；万一还有若干没办法控制的，蓝色也事先想好了备选方案。有这样的人作陪左右，未雨绸缪，尽知天下，不亦快哉。

周密

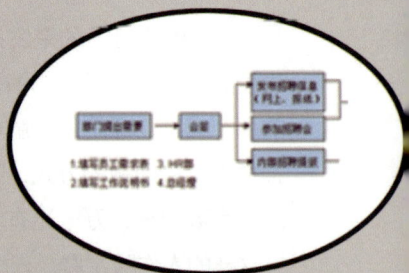

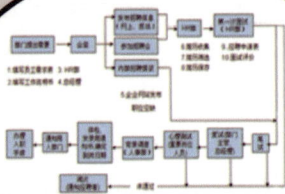

"对比"这件事是永无止境的。你以为自己是极致，可是只要你持续对比下去，你会不幸地发现，自己不过是井底之蛙。

周密： 天外有天，蓝外有蓝

红色说蓝色的优点，多数会评价蓝色认真周全；说蓝色的缺点，多数会评价蓝色啰唆麻烦。所以，你对蓝色的看法如何，就看你从哪个角度切入。

我们公司的一名员工倩倩，是非常典型的红色性格，但因为她之前长年做的是数据统计工作，故而，在做事情的仔细周全上，已被训练得相当不错。倩倩从小父母双亡，姐妹相依为命，在性格色彩基础课第一天，分组以后，她和同桌其他红色性格学友相比，被推举为本桌上最仔细的人，她很得意。当晚，按照作业要求，倩倩和姐姐通了个电话，结果几近崩溃。

倩倩："姐，我们老师让我打个电话问问你，我这个人身上有什么缺点？"

姐姐："为什么要问？"

倩倩："不为什么，课程需要。"

姐姐："那为什么一定要说缺点呢？"

倩倩："哎呀，你别管啦，就是要说缺点。"

姐姐："一定要说吗？"

倩倩："是的。"

姐姐："为什么要找我呢？"

倩倩："老师说了，要找自己最亲近的人。"

姐姐："那姐姐要是说了，会对你有什么影响吗？"

倩倩："不会，你放心吧。"

姐姐："那什么时候说呢？"

倩倩："现在。"

姐姐："可我还没考虑好，过会儿行吗？"

倩倩："行的。"

姐姐："什么时候一定要呢？"

倩倩："今天。"

姐姐："晚上行吗？"

倩倩："行的。"

姐姐："晚上几点前呢？"

倩倩："11 点前吧！"

姐姐："好吧，让姐姐考虑一下，在 11 点前答复你。你什么时候回来呀？"

倩倩："明天。"

姐姐："明天什么时候？"

倩倩："下午。"

姐姐："下午几点？"

倩倩："4 点半吧！"

姐姐："要去接你吗？"

倩倩："不用了啦！"

姐姐："要不要给你熬点儿绿豆汤喝？"

倩倩："好吧。"

姐姐："你要喝冰的，还是不冰的？"

倩倩："冰的。"

姐姐："要甜的，还是不甜的？"

倩倩："哎呀，随便啦！"

姐姐："要不要吃西瓜？"

倩倩："好吧，好吧，要的。"

姐姐："那帮你切好了，还是等你回来切？"

倩倩："好了好了，随便你啦。"

姐姐："那你要吃冰的，还是不冰的？"

倩倩："随便你啦，烦死了你。我同事叫我了，我走了啊，晚上打电话！"

按照倩倩的说法，她姐姐曾在日本工作多年，被日本人熏陶久了，通体散发出追求完美的气息。在她看来，比姐姐仔细的人世上寥寥无几，和前文提到的那个中欧女孩爱莲，功力不相上下。倩倩自己在学校毕业前，做了些影视人物性格研究，因为知道姐姐有个 DVD 收藏库，希望她帮忙挑选些有价值和有性格强烈冲突的影片。之后，倩倩收到姐姐寄来的一个光盘包和一封信，光盘包里面放了整整 40 张刻录好的碟片，每张碟都被编码，每张碟上面都标注好影片的名字并按序排列。信打开，三页信纸，用铅笔写满了字，内容是 40 部影片按顺序排列的名字，更重要的是，每部影片的名字下面都有三行说明，包括了对影片内容的介绍。

我嘱咐倩倩，回家后将性格色彩理论普及给姐姐，看看姐姐是什么反应。第二天，倩倩回公司后告诉我，她姐姐听完性格色彩的理论，没说什么，只说了自己去年回国参加闺密雪兔的婚礼，认为闺密雪兔比自己要蓝得更多。然后，让倩倩看了段和雪兔的对话。

姐姐："你结婚我可以穿性感一点儿吗？"

雪兔："How sexy?"（多性感？）

　　姐姐："稍微露一点儿。"

　　雪兔："露多少？"

　　姐姐："一点点。"

　　雪兔："一点点是多少？"

　　姐姐："怎样啊？"

　　雪兔："问你啊！"

　　姐姐："讲呀。"

　　雪兔："How sexy?"

　　姐姐："到时候你就晓得了，你同意吗？"

　　雪兔："I agree.（我同意。）只要不是太过分。"

　　姐姐："你放心，我有分寸，不会抢你台型的。"

　　雪兔："我放心的，不过不知道日本到底是什么样的风俗。"

　　姐姐："我带几套衣裳去，你叫我穿哪一套我就穿哪一套，你放心了吧。"

　　雪兔："No problem."（没问题。）

　　看完这段对话，倩倩才发现"小心行得万年船"对于蓝色性格，不仅是出于谨慎，更重要的是他们天生有种不安全感，生怕任何一点儿差错会导致付出不必要的代价，这种不安全感督促他们以警觉的思维看待一切。为了让我见识一下真正的蓝色，不久以后，倩倩带着她姐姐和姐姐的闺密雪兔一起来参加了性格色彩基础课。

　　雪兔在经过反复对比后，确认她自己和倩倩的姐姐都是蓝色，自己比倩倩的姐姐蓝色更多。不过很快，雪兔在网上购物的经历，让她感叹自己与超级蓝色———一个叫加州的女孩相比，差距是多么巨大。她们的对话如下：

第一天

加州："1 号是 Lindt 70%①，对吗？"

雪兔："是的。"

加州："请 MM（美眉）稍等下，我再看看。MM，Lindt 70% 现在都是好的了。还有一块 Lindt 85% 略有断裂，MM 会喜欢吗？85% 的 cacao（可可）有点儿苦的。"

雪兔："喜欢，99% 的我都可以接受，也是 19 吗？"

加州："是的 MM，Lindt 都是 RMB 19（人民币 19 元）。呵呵。"

雪兔："好的，要一个吧，香港卖 HK\$ 38（38 港币）。"

加州："好的。谢谢 MM。呵呵。那请 MM 等下，我做个链接给您。请 MM 看下这个链接吧。谢谢。已经看见 MM 付款的信息了，谢谢。"

雪兔："不客气的，等好吃的宝贝啦。"

加州："好的。我们明天就会发货，后天就到 MM 手上了哦！请问 MM 还在吗？我刚才准备包杏仁罐头的时候，发现它们身上有点儿小小的瘪进去，应该是空运的时候碰到的，宝贝因此显得不挺括了。不仔细摸，是不会发现的，绝对不影响食用。因为宝贝都是完全密封的，但是不知道 MM 是否会介意？不是瘪进去很厉害，就像大拇指按了下那样，不是很厉害，在黑色部分，不仔细看，不会发现的，真是很 sorry（抱歉）。"

雪兔："问题不大，自己吃的啦，只要里面的大杏仁不受影响。"

加州："谢谢 MM，不好意思。这样吧 MM，等后天 MM 收到以后，看一下，如果 MM 不喜欢，我们接受 MM 全部意见。真的很抱歉。我个人觉得不是很大的问题，但是因为它毕竟作为宝贝上了架，实在有些不够完美。还是等 MM 收到后，给我们回复好了。谢谢！"

雪兔："如果是如你所说的包装问题，我应该不介意，反正不是

---

① Lindt 70%：即瑞士莲可可含量为 70% 的黑巧克力。

送人，早晚都是到肚子里，没啥。2个都是这样吗？"

加州："另一个没有问题。"

雪兔："里面的杏仁应该不会都变成碎碎的吧。"

加州："不会的MM，MM看下原来的链接，它们的样子就是图片上的样子，完全看不出来有问题。但是做快递包装的时候，我们摸到黑色，发现瘪进去的地方了，没有变形，还是罐头的样子，只是一个小小的地方。"

雪兔："不介意，忽略不计，东西好吃最重要。"

加州："谢谢，呵呵。"

第二天

雪兔："宝贝收到了，已经放款了。"

加州："嗯嗯，那个罐头MM可以接受吗？有点儿瘪进去的，MM如果不开心，我们愿意接受MM全部意见的。"

雪兔："没问题，完全没问题，好小的瘪痕，忽略不计。"

加州："谢谢MM的宽容，嘻嘻。"

雪兔："杏仁已经吃掉好多啦，还有人抢呢，我想了好久的西班牙心形大杏仁啊。"

加州："MM喜欢就最好啦。"

雪兔："想给店主提个小意见。"

加州："嗯嗯，请MM说。谢谢。"

雪兔："包装得太结实地道了，我拆了好半天，反正是自己吃，不用那么浪费呀。"

加州："嗯嗯，谢谢MM真诚的反馈。其实我们包装的时候，也反省过，这样不够环保，但是呢，就是希望买家朋友们能够收到的是礼物，而不仅仅是买的东东，就是这样想啦。而且关键呢，每一次如果把宝贝包好了，再发快递出去，心里就很放心。如果没有包好就发出去，总归感觉心里缺了点儿什么。"

雪兔："店主实在太仔细了，不过我是自己吃，真的觉得这样有点儿浪费材料，也浪费人工呀。"

加州："谢谢 MM。"

加州："其实这样包，我们自己看着也很高兴。"

雪兔："哦，原来是自己有不安全感啊，哈哈。"

加州："总归希望做得更好些啦。"

连像雪兔这样的蓝色，都觉得这位店主实在太夸张了。没学性格色彩前，别人一直评价雪兔是个很麻烦的人，一件简单的事翻来覆去地琢磨。她自己还郁闷得很，不明白为何别人如此评价她。难道做事情考虑仔细些，有什么不好吗？她觉得别人给自己的评价很不公。直到见了加州，才有所转变。按照雪兔的说法，就算打死她，她也绝不会把每个商品的包装弄得像礼品一样。加州快递来的那个罐子虽然包装得很漂亮，但她足足用了 7 分钟才把包装打开，实在麻烦。

想起一则笑话：有名女生因失恋上吊自杀，她的鬼魂月黑风高之夜就出来作怪。一次盯上了午夜独自穿过操场的新生，遂跟在她身后发出凄厉的声音："师妹，你回头看看我吧，我没有手啊！"岂料胆小的新生竟置若罔闻，低头继续走路。女鬼便又开腔："师妹，你回头看看我吧，我没有腿啊！"女生还是不理，低头继续走路。女鬼再来："师妹，你回头看看我吧，我没有头啊！"女生终于不耐烦了，回头一声断喝："师姐，你烦不烦呀，你惨得过我？你倒是看看我，我没有胸啊！"

"没有最惨，只有更惨"，只看拿谁做参照物来对比，这实在太重要了！

课堂上的一群红色同学，上课时和倩倩坐在一起，觉得倩倩很仔细，真的很蓝色；等到倩倩和自己的姐姐对比，倩倩觉得原来姐姐那才是真正的蓝色；而倩倩的姐姐看到雪兔，说雪兔才是真正的蓝色；到了雪兔那儿，雪兔又说，看到加州，和她相比，发现自己可能根本就不算是蓝色，正所谓"天外有天，蓝外有蓝"。

我想强调的是：即使是同一种性格的同一种特点，也有着程度上的差别。

譬如，两个天性都很细致小心的蓝色，一个做销售，另一个做会计，后者势必比前者仔细得多。这就带给我们两个可能。

首先，当你与一个和自己性格相同但特点却更明显的他人做对比时，你可能会怀疑自己根本和他不是一类色彩，因为你的参照物实在太过强大。

其次，"对比"这件事是永无止境的。你以为自己已是极致，只要你持续对比下去，你总会发现自己不过是井底之蛙。

默契

人和人之间的理解，人对事的感悟都是
这么个道理，是一刹那间的缘分，是谓
"施者有意，受者能识"，是亿万劫中
的偶然，可遇而不可求。

默契：对知己的诉求

蓝色的内心对于默契的强烈需求和渴望，用伯牙与子期相交的诗句"摔碎瑶琴凤尾寒，子期不在对谁弹；春风满面皆朋友，欲觅知音难上难"来形容，正好可以彰显蓝色内心深处对于寻求深层交流的呐喊。

蓝色与蓝色之间的关系，就像三国里的诸葛孔明与周公瑾。

周公瑾英年早逝，孔明决定前往东吴吊丧。尽管刘备等人竭力苦劝，无奈孔明主意已定。

抵吴之后，迎接他的是一片按捺不住的刀光剑影。在众多充满敌意的目光包围之下，孔明终于走到公瑾灵位之前，痛快淋漓地哭诉了他对公瑾早逝的不胜悲伤。孔明表达出来的真情实意，几乎感动了在场的所有人。特别是最后一句，"从此天下，更无知音"，更是把哀悼的气氛推向了高潮，以至于上至孙仲谋，下至文武百官，无不唏嘘叹息。甚至公瑾之遗孀，也禁不住上前宽慰。

　　孔明哭公瑾，到底为何？东吴上下，大都认为，他们两个是死对头。如今孔明"气死"了公瑾，应该幸灾乐祸才对。即使前来祭悼，也不过是虚情假意，装模作样。从常理上看，也许确实是这样，但从性格色彩的角度而言，凭着孔明的才识与胸襟，也许不至于怀有那种小人得胜式的心理，那断断不可能是"未出茅庐，已知三分天下"的战略家的所作所为。

　　孔明哭公瑾到底为了何事？也许可从公私两面来猜度孔明的动机。

　　以公而言，正如他在"隆中对"中所描绘，蜀汉政权的基础在于三分天下，而"东和孙权，北拒曹操"正是鼎足之势得以形成的核心战略。从客观情势来看，东吴也有这样的战略要求，但又不像蜀汉那样迫切。而周公瑾更是忌恨孔明之智，每日寻思的就是将孔明除掉，以为东吴去一大患。这种思路，对于孙刘两家战略联盟的巩固，极为不利。公瑾之死，为孔明推进"东和孙权"战略的实施，提供了绝佳的机会。孔明哭公瑾，他的一篇悼词，实际上成了一场面向东吴的政治演讲，其修辞之至情至理，深深触动了"现场的观众"。虽然，我们不能对一段口舌之词的价值做过高估计，但在孔明此次祭奠活动之后，孙刘两家的关系确有所改善。从此意义上看，孔明哭公瑾是蜀汉一次极其重要的外交活动，它对于蜀汉政权的生存和发展，具有重大的战略意义。

　　从私来看，才是性格色彩研究的重点。

　　公瑾的早逝，又使孔明失去了一位难得的知音。这里的知音，不仅仅是指音律上的共通，还有军事上的有效合作。两人间"万事俱备，只欠东风"的典故，至今仍不失为一段令人神往的传奇佳话。周公瑾的谋略胆识，运筹帷幄、指挥若定的风度，不能不使自视甚高的孔明十分佩服。这种棋逢对手、将遇良才式的知音的不复存在，也不能不使孔明倍感神伤。

　　放眼三国，不但曹孟德与刘玄德煮酒所论之各路英雄不在孔明的视野里，就连曹孟德本人，也未必能入他的法眼；至于他整日伺候的主子、经年累月差遣的关张之辈，只是他建功立业的工作圈子。在一个兵荒马乱、险象环生、战火纷飞、志趣贫乏的时代，一个可以在同等的平台上对话的知音是多么难得！这几乎就像钱钟书先生所说的——漫长人生中的好运气那样稀少。知音难求，知音易逝；从此天下，再无知音！孔明哭公瑾，从一定意义上讲，也是因为，"理解我的那个人去了"。

　　有段时间，面对一些痛苦的挑战和心灵的挣扎，蓝色性格的吾友小梦及时出现，送了如下文字给我，非常感谢。回想起当日，很多时候，其实这样就够了。

　　"人平时忽忽悠悠，不知哪个是真正的自己，而忽然听到了一个声音（是天的声音）在叫，叫一声于你最亲的东西。你最亲的东西是你自己，亦非你自己，而忽然有一个声音在叫了，就那一声里，世界的一切都明白了。是因为这个道理，所以你听音乐，听人说话，便也往往只为一音，已够你心领神会，懔然思省。"

　　人和人之间的理解，人对事的感悟都是这么个道理，是一刹那间的缘分，是谓"施者有意，受者能识"，是亿万劫中的偶然，可遇而不可求。

　　《世说新语》有载，王徽之（王羲之的儿子）早就听说桓子野擅长吹笛，却不相识。某日王徽之在船上，正好桓子野从岸上路过，王徽之便让人请他吹一曲。桓子野知道徽之的音乐造诣极高，折回来，下车为他吹了三曲，吹绿杨柳，吹暖春风，然后登车而去。从头到尾，两人没说一句话。冯友兰先生称呼这种不着一言的神交为才子风流，在意与言之间，得意而忘言。而那个意，便是在两颗心灵之间流转的音乐与诗韵。这其实描绘的就是蓝色性格所追求的那种微妙情谊。

理解

蓝色太过于追求完美了，追求高度的契合和心有灵犀。他们常常会被那种默契所感动，常常会觉得那样才是最完美的。

理解：《廊桥遗梦》遗书剖析

《廊桥遗梦》的情节非常简单，说到底走红的关键就是婚后不甘寂寞的人太多，这些人需要一本书为他们可能产生或正在发生的婚外恋提供心理的安慰和道义的支持。

《廊桥遗梦》做到了。乡间小屋、游廊、罗斯曼桥、摄影、发自心底的真情，拼尽全力四天四夜的激情。由此可见，浪漫与真情十分重要，哪怕做再错的事情，只要与这两者联系起来，好像都无可厚非。

以下是通过对《廊桥遗梦》蓝色的女主角在临终前写给自己儿女的遗书（节选）所做的性格分析。当中至少深刻阐述了以下三个主题：蓝色和绿色之间婚姻的模式——稳定却无任何激情，蓝色性格婚外恋的心理动机，为何蓝色很难离婚。

如性格色彩进阶课上所说，这对婚外恋的男女都是"有贼心没贼胆"的蓝色，他们的道德感和责任感让他们放弃了彼此近在手边的幸福，在不同性格的读者看来，有人认为值得推崇，有人却会痛斥他们的愚蠢。

亲爱的卡洛琳和迈可：

　　虽然我现在还感觉良好，但我觉得这是我安排后事的时候了。有件非常重要的事你们应该知道，因此我才写这封信。要给我的孩子们写信讲这件事对我来说极为艰难，但我必须这样做。这里面有着这么强烈、这么美的东西，我不能让它们随我逝去。而且，如果你们应该全面了解你们的母亲，包括一切好的坏的方面，那么你们就必须知道这件事。现在，打起精神来。

　　请你们理解，我一直平静地爱着你们的父亲。我过去知道，现在仍然知道是如此。他对我很好，给了我你们俩，这是我所珍爱的。不要忘记这一点。

> "平静"两个字，非常清晰准确地表达了她对丈夫爱的程度和情感类型，这种"爱"更多的是"亲情"的爱而非"爱情"的爱，更像是种责任和回报。

　　请你们不要把他想成一个到处占乡下姑娘便宜的浪荡人。他绝不是那种人，相反，他有点儿腼腆，对于已发生的事，我和他有同样的责任，事实上我这方面的责任更多。手镯里那字条是我钉在罗斯曼桥上的，为的是我们初次见面的第二天早晨他可以见到。除了他给我拍的照片外，这字条是他这么多年来拥有的唯一证据，证明我确实存在而不仅仅是他的一个梦。

> 对于她所爱的人在道德上的维护，表示了蓝色对于道德感的看重。同时蓝色在纪念品上的保存，正代表了他们对于历史尊重的态度，以及蓝色内心里浓烈的怀旧情结。

　　我知道孩子们往往倾向于把自己的父母看成无性别的，所以我希望以下的叙述不至于对你们打击太大，我当然希望不会破坏你们对我的记忆。罗伯特和我在我们这间老厨房里一起度过了许多个小时。我们聊天，并在烛光下跳舞。而且，是的，我们在那里做爱了，还在卧室里，在牧场、草地里以及几乎你们可以想到的任何地方。那是一种不可思议的、强有力的，使人升华的做爱，它连续几天，几乎不停顿。在想他时我总是用"强有力"这个字眼。因为在我们相遇时他已是这样。

> 重视性爱情绪和氛围在四种性格中以蓝色为甚。蓝色交欢时非常注意对方的反应，只是蓝色不善于性方面的交谈，特别是女性，碍于自尊心，不会主动提出性的要求，因此蓝色产生性不自由感和不和谐感的数目相当庞大。一旦碰到可以享受性福的搭档，对于灵魂与肉体间完全融合的投入感和享受，蓝色将终生铭记。

如果不是因为你们俩和你们的父亲，我会立即跟他走遍天涯。他要我走，求我走，但是我不肯，他是一个非常敏感，非常为别人着想的人，从此以后没有来干扰过我们的生活。

> 蓝色女主人公因为照顾到家庭的责任，所以即使内心情感的驱动非常巨大，但是责任心的力量最终压过自己内心的真正需求。蓝色会因为责任和承诺而放弃自己的快乐，当然这主要是因为有了一对子女。在没有子女的婚姻状态中，蓝色通常会选择分手。而对于摄影记者罗伯特，本段清晰地勾勒了蓝色性格的他为他人着想的品质，不会死缠烂打，而只会将爱埋藏在内心。

事情就是这样。如果没有罗伯特，我可能不一定能在农场待这么多年。在四天之内，他给了我一生，给了我整个宇宙，把我分散的部件合成了一个整体。我从来没有停止过想他，一刻也没有。即使他不在我意识中时，我仍然感觉到他在某个地方，他无处不在。

> 此处，我想引用乔治·桑的一句话——我并不是一个道德完善而且高尚的人，我的爱，就是我的全部。但是我爱得强烈、专注，而且恒久。

不过我必须坦诚地告诉你们，从一开始，罗伯特比我更了解我们两人是怎样天造地设的一对。我想我只是随着时间的推移才逐步理解这意义的。如果在他与我面对，要求我跟他走时，我已真正了解这一点，我也许会跟他去了。罗伯特认为这世界已变得太理性化了，已经不像应该的那样相信魔力了。我常想，我在做出决定时是否太理性了。

> 内心深处她一直知道，最后自己的决定并没有一个正确答案，然而至少在 4 天以后的当时，她仍旧选择了传统和道德，选择了对家庭的责任和对道义的维护。当然蓝色的男主人公也没有给予有力推动，我们可以想象，如果男方是红色或者黄色，在当时给予了强烈推动，也许结果会完全颠覆。对于男性摄影师而言，他没有强力提出让女方和他走的原因，从性格的角度上很容易理解，因为——他期待对方能够自愿提出和他走，如果一定要把话说得很明白，一切都挑明了，那也就索然无味，没什么意思了。

我相信你们一定认为我对自己葬法的遗嘱不可理解，以为那是一个糊涂了的老太婆的主意。你们读了 1982 年西雅图的律师来信和我的笔记本之后就会理解我为什么提出这一要求。我把活的生命给了我的家庭，我把剩下的遗体给罗伯特。

> 如果说，她的历史和生活留给了形式，最终蓝色的她却希望自己的灵魂与躯体能够与真正爱的人在一起。从某种意义上来说，她把短暂的人生留给应该留给的人，而把永远的沉睡留给自己期望留给的人。

我想你们的父亲知道我内心有他达不到的地方，有时我怀疑他是否发现了我放在梳妆台抽屉里的牛皮纸信封。在他弥留之际，在德梅音的一家医院里，我坐在他身边，他对我说了以下的话："弗朗西斯科，我知道你也有过自己的梦，我很抱歉我没能给你。"

> 从上文几次提出的观点——她平静地爱着孩子们的父亲，和她的丈夫在弥留之际对她本人说的这段话，我们可以推测她的丈夫是绿色。以经验来看，婚姻中的蓝绿配，蓝色的女人可能会觉得绿色的男人枯燥无味；而蓝色的男人却能够体会到绿色女人的柔情。显然，我们从这封信中可以感觉到女主人公内心的痛苦。

我不要你们有内疚或者怜悯，这不是我的目的。我只要你们知道我多爱罗伯特。我这么多年来每天都在对付这件事，他也是。虽然我们没有再说过话，但是我们已紧密地连在一起，世界上任何两人的关系能有多紧密我们就有多紧密。我找不出言词来充分表达这一点。他告诉我的话表达得最好。他说："我们原来各自的两个生命已不存在了，而是两人共同创造了第三个生命。我们两人都不是独立于那个生命之外的，而那个生命已被放出去到处游荡。"

> 蓝色太过于追求完美了，追求高度的契合和心有灵犀。他们常常会被那种默契所感动，常常会觉得那样才是最完美的。这种心灵相映的知音不复存在，使蓝色倍感神伤。

在我这方面，我当然决不以同罗伯特在一起为耻。恰恰相反，这些年来，我一直爱着他，爱得要命，虽然由于我自己的原因，我只有过一次设法同他联系。那是在你们的父亲去世之后，结果失败了，我担心他出了什么事，由于这种害怕，就没有再做尝试。我就是无法面对这样的现实，所以你们可以想象，当1982年这个包裹同律师的信一起来到时我是怎样的心情。

> 因为担心失败而不敢行动，当知道结局时，内心后悔莫及。蓝色过当的这种特点，后文我们另行剖析。与此同时，我们也可以感受到罗伯特蓝色性格的执着和专注。

如我所说，我希望你们理解，别把我往坏里想。如果你们是爱我的，那么也该爱我做过的事。罗伯特教给了我生为女儿身是怎么回事，这种经历很少有女人，甚至没有任何一个女人体验过。他美好，热情，他肯定值得你们尊敬，也许也值得你们爱。我希望你们两者（尊敬和爱）都能给他。他以他特有的方式，通过我，对你们很好。

最后一段，表达了蓝色希望能够被人理解，尤其是自己在乎的人、自己所爱的人能够理解自己的强烈愿望。虽然言语表达很含蓄，然而你如果了解蓝色性格对于人际关系里内心默契的向往，就会完全理解。

望好自为之，我的孩子们。

母字

自虐

表白呢？还是不表白呢？
表白呢？还是不表白呢？

通常，不动声色地传情是蓝色最
擅长的好戏，可落到实处，最后
还是要将纸捅破。这时需要的却
是勇气，而非技巧。

自虐：痛苦也是一种美

为何有的人面对人生的遗憾时内心剧痛，但同时还能体会到一种美？你此生是否有过这样虐心的感觉？这种特有的感受，在蓝色性格的人身上体现得最为明显和强烈。

在性格色彩认证咨询师的课程中，听到一个故事。简单来讲，蓝色男同学与蓝色女同学，互相爱慕数年，却因为两人都是蓝色，谁都不愿先开口。最后，两人之间的情感无疾而终，抱憾终身。

为什么蓝色性格明明感觉到别人对自己有意思，自己也那么喜欢别人，却不好意思开口，一定要等到别人来捅破窗户纸呢？

解读如下：

◎ 第一，万一表达出爱意，而对方没这个意思，伤了自尊。

万一自己表达以后，对方拒绝或不置可否＝自己很没面子＝尊严受损，蓝色这种天生的等式思维，会让蓝色闭上金口。

蓝
色
性
格

由于蓝色内敛含蓄，在成长过程中，蓝色很少主动追求女孩，喜欢"被主动"的他们大多恋爱经验不丰富，蓝色也不太懂怎么讨好对方。他们如果主动和对方互动，那么一定是觉得对方对自己有兴趣，而蓝色很难对"拿不准"的事做出果断的决定。所以，在这个过程中，蓝色可能会通过一次又一次的试探，确定对方到底是否喜欢自己。比如，对方如果第一次先请蓝色吃饭，请他吃完后，下次蓝色会打着"回请"的旗号再约对方，如果对方拒绝，蓝色很可能就此打住。经历了一次次的反复确认后，待蓝色十拿九稳后，才会主动明确自己的心意。假设一次次的互动后，蓝色始终得不到这个十拿九稳的感觉，蓝色很可能会主动放弃，因为蓝色觉得既然你不欣赏我，而我也不可能短时间内改变，那么还是算了。蓝色需要有进有退，能很好地维护自己面子的安全感。

由此看来，"饿死事小，失节事大"这样的话，只有可能是蓝色圣人发明出来的。

◎第二，蓝色说不出，只能做，可惜对面的人儿看不懂。

以蓝色的敏感、细腻、浪漫，他们当然有自己的法宝去传递爱意。通常，不动声色地传情是蓝色最擅长的好戏，可落到实处，最后还是要将纸捅破。这时需要的却是勇气，而非技巧。

一个红色的学员年轻时在英国留学多年，在课程中，她这样回忆自己的一个蓝色性格追求者：

迈克是我的同班同学，明知有各路强有力的竞争对手，却从来都假装不知道。每天上午11点都会特别不经意地问我，中午大家要不要一起吃饭？每次问得都非常准点，都要说明还有谁谁谁会一起。像我这种单身没什么事的，一般不会拒绝，如果有别的事，就会说明天一起吃。也许是我从来没说过"改天"这种含糊的字眼，所以，迈克似乎认为我可能也对他有点儿意思。

一个学期过去了，温暖的迈克基本等于好朋友的角色。我生病没去上课，收到他的短信："天气转凉XX度，注意添衣。"收到时的感觉就像是群发。班上大家都在开他和我的玩笑，我都忍不住笑了，他却一本正经地说"别理他们，他们不懂"，特别认真，这可把我搞得很困惑。不过基于追求者有点儿多，我忙于应付，也未曾多想。谁料这哥们儿一追就是3年之久，从没有任何多于普通朋友的行为，无非从4个人一起吃饭变成3个人（还有我闺密），最后变成两个人，而每次吃饭必有理由（包括愚人节也要成为吃饭的理由）。最终毕业了，也没从他嘴里听到任何一句对红色的我来说感觉有任何暧昧的语句。

我生日那天，迈克特意跑了很远，送了我一本哆啦A梦的漫画书和钥匙扣。知道我的心情吗？我实在好奇，英国有无数好玩的东西，亏他想得出来送这种日本书籍给我。我短信问他，为什么送这个礼物给我？他回答我："有次你说如果有机器猫该多好。"我当时觉得他如此贴心，必定是我永远的朋友（永远不可能是男朋友）。我认为男女之间可能还是存在友情，就是在那时深刻根植的观念，也影响了我今后处理更猛烈的追求者，哪怕是我也喜欢的，都可以采取平静似水的方式。

我是不是只能用井井有条来形容这种追求呢？不过蓝色的爱，回过头想想，就像温柔委婉的宋词，读到深处，纵然有弹落眉间的闲愁，也不得不轻叹，怎一个等字了得。

蓝色做什么事，都要有理由，有了理由，蓝色貌似就能"理所当然"地请客，殊不知这样的理由，其实就是需要那种有进有退的"自由度"。如果这个蓝色的追求者看到他追求的姑娘是这么理解他的，不知会吐多少血。

蓝色性格

除非蓝色暗示的是那些性格大大咧咧、不介意主动表达的女孩（话说回来，这种女孩不需要暗示，也会自己主动表达的），否则，矜持的女孩心里的想法是：我就算能感觉到你对我的好，可你如果不捅破，我只能假装不知道你到底是什么意思，否则我的矜持不就没有了吗？难道你就不能直接些吗？干吗要让我直接呢？

在这点上，蓝色远不如直截了当的黄色性格，他们最擅长捅破窗户纸。

盖因黄色的思维很简单，谈恋爱就是为了共同扶持、相互成长、结婚生子、传宗接代、安家立业、稳定后方……所以，打一开始，黄色的目标就无比明确，唯有目的胜过一切。黄色开宗明义直奔主题，黄色知道自己干什么，上来就说："我就是为了和你睡觉而来的，不是为了睡一觉，是为了睡一辈子的觉，因为我爱你！"若你说："哎呀，我已经有男朋友了啊！"黄色会说："没结婚前，都是公平竞争。"为了自己的幸福，黄色极尽能事地争取。即便你跟他说"我已经结婚了"，那又算得了什么，对不达目标誓不罢休的黄色而言，结了婚也是可以离的。在黄色眼中，幸福要靠自己去争取，一切形式都可打破。

黄色进攻的招数不如蓝色细腻，但人家黄色目标明确，不在乎脸皮，只在乎目标是否达成；可怜蓝色有的是感情和心思，就是最后那一步，怎么也跨不出去。

看过本书的前一本《色眼识人》，你必定熟悉黄色性格要面子，无比在乎输赢的特点。可在示爱这件事上，因为黄色看重最终结果，他们会主动出击，他们完全不会觉得如果表白被拒绝，就会没面子；但蓝色却认为，如果我先说"我爱你"，万一被拒绝，那是面子大大受损，毫无尊严。蓝色在心里告诉自己，如果他（她）愿意先向我表达，我一定会用我一生加倍的爱来回馈他（她）！

对蓝色来说，走出痛苦往事的难度，和他直接表达情感的难度，几乎不相上下。

沉溺

沉溺: 往事并不如烟

　　蓝色常因过于追求默契，不愿主动把爱说出口，而导致明明互相爱慕，硬是生生错过。更悲哀的是，当蓝色失去一段缘分，会长时间沉溺于往事，不能释怀，活在过去。蓝色一面接纳这种遗憾，认为人生果然是有缺憾的；一面会沉浸其中，让内心长期郁郁寡欢。

　　蓝女小芸喜欢上一个阳光的红男小峰，他们在高中相差一届，因参加文学社而认识。他俩都喜爱文学，区别是当小峰看完一本书，会兴高采烈地和小芸分享；而小芸只是往自己的日记本里添上一段文字，或写一篇看似毫无关系的文章。小芸心思细腻，当小峰说到他喜欢一首歌，小芸会细心地找到那张 CD，送给小峰；当小峰心绪不宁时，小芸会静静地陪在他身边，听他絮叨；当小峰因成绩不佳而烦恼，小芸会独自一人去寺庙替他求签保佑。

　　然而，小峰只把小芸当作知己，他虽然知道小芸温柔敏感，可自己更喜欢开朗善谈的女孩，总觉得这个女孩内心太过悲哀。

小峰早一年念大学，到大学后，小峰依然什么话都和小芸说，包括他的恋爱经历。他会兴奋地和小芸分享那个女孩的事情，当两人闹矛盾吵架，他也会找小芸倾诉。更多的时候，两人畅谈文学、音乐，在精神世界里取得共鸣。小峰所不知道的是，那个默默陪伴他聊天，与他一起聊着风花雪月的小芸，将两人的聊天记录保存并排版，打印成一本5万字的书。但这本书，小芸并没有想过给小峰看，只是作为一种回忆，夜深人静时，自己打开品读。

直到小峰大学快毕业，小芸知道他又换了女友，很快要出国读研，之后怕是不能像之前那样在网上畅聊了，于是将自己那本5万字的"书"付之一炬，慢慢和身边追求她的男生接触，开始了自己的恋爱。

两年后，小峰回国，很巧，两人又在一个城市，小峰约小芸吃饭，小芸踌躇再三还是去了。当小峰开心地和她分享国外趣事，并和她说："我们又在一个城市了，好开心。"小芸微微一笑，心里想的是："我们最接近的时候，却还是你在大学、我在高中的时光。"小峰告诉小芸他的新手机号，小芸心里想的是曾经那个默念过无数遍、倒背如流的号码，眼睛看着手机通讯录里的新号码，顿感陌生。

当蓝色遭遇情感打击后，很难走出来。但我们极少看到蓝色流露情感，是因为他们会把往事放在心里咀嚼，平日里极力自我约束，让自己正常行事。所以我们可以用"理智"来形容蓝色。

在四种性格中，情绪自控力最强大的是黄色，但黄色应用"理性"形容。和蓝色的区别在于，黄色是真的忽略自己的感受，同时也很少顾及他人的感受，黄色的眼睛永远朝前看，无论曾经遭受过多少痛苦，黄色都会觉得一切是为了将来的成功。他们目标坚定，宁死不退。黄色不论遭遇情感冲击，还是事业上的挫折，对他们来说，都是过去式，把握现在和迎接未来才是更重要的事情。

蓝色不同，眼睛盯着前方，小心谨慎；同时也时刻注视着后方，追忆往事。因此蓝色活在过去，时常被记忆触动心弦，表面却不动声色。

有一位学员告诉我，一个蓝男离婚后，专注于工作。一天，拜访客户时，发现客户桌上合影里的女性是自己的前妻。当时他仍把项目谈妥，一如对待正常客户。但回公司后，立刻和上司商量，将后续工作转交他人。由此可见，蓝色的"理智"并非完全不被情感影响，只是面对当下事务，仍能镇静处置，之后才开始品味内心的折磨。

剩下绿色和红色，绿色很少沉溺往事，因其内心稳定，痛苦感太小，小到令我怀疑上帝造人时少给绿色添加了痛感神经，致使绿色太不在乎，事事无所谓。

容易深陷痛苦的是红色。我们身边整日倾诉难过的，几乎无一例外是红色；因情感挫折连续 3 个月萎靡不振的，也大多是红色。因此，很多红色性格误以为自己是蓝色，因为他们认为，自己也会在痛苦中停留很久。但深入体会两者内心，却有天壤之别。

第一，红色的痛苦感强烈，但持续时间短。他们以为半年的痛苦期已经漫长得不得了了，殊不知蓝色可以持续一辈子。读者须知，性格的奥秘，在于对比！

第二，红色的内心空白易被填补。我们经常看到失恋后哭得死去活来的红色，号称此生再找不到真感情，但令人惊讶的是，下一次恋爱开始，红色依旧神气活现，好像非此人不嫁，上段恋情的阴影早就抛到九霄云外。如果红色说，"不，我依然生活在上一段情感的阴影中"，原因很简单——他（她）

还没有找到合适的接替者。但蓝色不同，蓝色即便重启一段情感，之前的阴影犹如在心灵深处挖了一个小坑，埋下一个盒子，虽然他从不会和别人提起，一旦因一件熟悉的小事勾起回忆，内心便会隐隐作痛。

　　第三，红色容易好了伤疤忘了疼。红色遇到挫折后，捶胸懊悔，大喊会牢记一辈子，但当红色恢复如初，他很容易忘了之前的难受事儿。盖因红色太喜欢追求快乐，习惯性规避痛苦。因此红色经常在同一个坑里栽跟头。蓝色不同，经历过一次挫折，他便会时刻牢记，告诉自己再也不犯，并坚决保持行动和思想一致。

　　因此遭遇痛苦后，蓝色是四种性格里最难释怀的，若不接触真正的蓝色，恐怕难以理解。

　　红色阿乐的前女友是蓝色，两人在同所学校读研究生。蓝女轻言细语，柔情款款，但她所要求的一切都让阿乐窒息——吃饭不能发出声音，坐姿要端正挺直，对卫生的要求，更是超过了阿乐所能接受的程度。偏偏阿乐又是红色，为了得到女友的认可，不遗余力，累得半死。当面临研究生毕业时，阿乐自觉二人性格不合，已有分手之意，恰好也因为个人发展，选择了去外地工作。最后送别那天，阿乐说："我们不在一个城市，你如果遇到不错的，就再找一个吧。"蓝女说了声"哦"，再不接话。阿乐自以为表达过分手意愿，对方既然不反对，就是默认分手，遂蠢蠢欲动，不久后开始了一段新恋情。

　　过了半年，蓝女给阿乐打电话，问候道："你现在还好吗？"
　　阿乐："还好啊，怎么了？"
　　蓝女："怎么那么久都不联系我呀？"
　　阿乐："你也没有给我打电话呀。"
　　蓝女："其实我想打给你，但不知道该说什么。"

　　至此，阿乐的背脊上一滴冷汗掉下来，隐约明白蓝女并没想和自己分手，只好硬着头皮说："其实，我又找了个女朋友。"

　　"啪"的一声，对面的电话挂断了，从此蓝女再不和他联系。奇怪的是，此后，阿乐偶尔会接到一个陌生号码拨打的电话，询问半天，对面毫无声息。阿乐查找来源，正是蓝女所在的城市。此后很长一段时间，这个号码再打来，阿乐接起后便和对面一起沉默，等着对方挂断。

　　起初阿乐误解了蓝色女友，以为自己表达了分手意愿，对方就接受了，却不知蓝色那一声"哦"，隐含的真实意思是："你所表达的意思我该怎么理解呢？我需要好好想想。"半年中，蓝色反复思量，只觉得有千言万语要说，却不知道如何说起。而阿乐的不联系，更是让她的心始终悬在那里，足足沉默了半年，她才终于拨通了电话。当知道阿乐早已生活在另一温柔乡，蓝色所能做的，只有暗自神伤，偶尔拨打那个熟悉的号码聊以自慰。

　　在理解蓝色的内心世界之前，不少人会被这种静音电话吓得毛骨悚然，以为对面装神弄鬼，报复自己。尤其是健忘的红色，当他早已把这段情感丢到脑后时，突然接到静音电话，想破头也无解。但如果你真正理解蓝色的郁结难解，会明白一段感情对于蓝色而言，是首永远萦绕心头的乐曲，循环播放，永难止息。为了略微满足心中的思念，她打来静音电话，自己不想说，却仍旧希望对方报出自己的名字，并且主动要求挽回这段情感。

　　对蓝色来说，走出痛苦往事的难度，和他直接表达情感的难度，几乎不相上下。那句"曾经沧海难为水，除却巫山不是云"，无异于是写给蓝色的最好注脚。

蓝色对于默契有种近乎变态的执着，他们总是强烈期待别人知道他们所想，期待别人能做他们所想。

猜心

收件人：
××的内心
寄件人：匿名

猜心: 你到底能读懂吗?

学员写信给我:

昨天被朋友拉去大吐苦水,她的蓝色男友离她而去了,如果我不知道性格色彩,我想我没办法理解他们争吵的原因。恋爱半年时,蓝色男友买了一处房子,快装修完,提出分手,理由是女友不关心他,没有一起生活的打算。我这个女友很是惊讶,说怎么也没有看出该男有进一步发展的愿望,问其原因,该男说:"我都带你一起看房子了,也让你选窗帘的颜色了,难道这些暗示你都不懂吗?!"女友当场晕倒。女友十分不解,认为他变态!生活中不同性格间的差异还真是个大问题,有机会让女友去听听性格色彩培训,应该能减少很多她现在的痛苦。

参加过性格色彩基础课的朋友应该明白,蓝色喜欢用暗示而非明示的手法向对方传达情感,他们不愿通过语言表达爱,认为那是不真诚与肤浅的表示。遗憾的是,对红色而言,这令人无比沮丧。

站在蓝色的角度,说句公道话,如果你不是蓝色,你永远无法理解当蓝色在

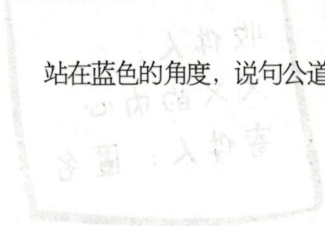

乎的人无法理解蓝色内心所想时，蓝色内心痛苦的状态和程度。我一直在揣摩，很多蓝色长期和一个不够细腻的红色生活在一起，是有多么无助和痛苦。

很多时候，蓝色不说，是因为觉得语言的表达实在肤浅。

《荆棘鸟》中，帕迪的妻子菲奥娜和她其中一个孩子斯图，给我的印象尤其深刻。菲奥娜深爱着生命中那个不属于自己的男人，却默默无闻，严守清贫的生活，留在帕迪和孩子们身边，直到自己老去。而斯图更甚，他在教会学校中，一直沉默寡言，因为思念家和家人，他用绝食的方法来表达，却不用语言。直到那些修女激动地问他是不是想回家，他才微笑着说"是"。对于蓝色，"猜心"是他们的拿手绝活儿，而对于其他性格来说，实在难似登天。

网友"我爱我家"曾和我探讨：蓝色在表达自己的需求时，的确喜欢"猜心"，用这种让人费解的方式，其实是想要得到真实的信息。因为蓝色知道自己的需求自己不说出来，别人是没办法知道的，如果对方正好又做到了，那么结论只有一个：对方正好也是这么想的，绝没有曲意迎合自己的成分。这样的意义是通过这种方式间接证明了自己的价值——不打折扣的价值，对方是打心眼里重视自己、在乎自己的，所以他才能想到和感知到自己的需求。

另外一些时候，不是蓝色不说，故意要旁人去猜，而是蓝色性格觉得：我说的和做的，已足以显现自己的意思，其他性格你们不能罔顾自己的粗心和不愿留意，一味觉得我是故意要让别人去猜，全部归罪于我的不明示。

可蓝色不明白的是，在"猜心"这件事上，另外三种性格的反应是：红色——很想猜，可怎么猜也猜不到；黄色——不想猜，你想说说，不说拉倒；绿色——还要猜啊？多累啊。哦，好的，你想让我猜，那我就猜吧，不过猜不出，你不要怪我哦。

因此，不同性格的思维根本不在一个频道。

因为蓝色的含蓄，蓝色同时有非常强烈的"即使我不说，你也能够理解我"的愿望。对人际关系的默契，蓝色无比向往和看重，当蓝色一旦认为对方是能理解自己的人，他的心立刻就被吸引过去。因为蓝色是完美主义者，他们常为别人对自己的偏见和不正确评价而苦恼，这就是为何曾国藩在杀了几万名太平天国投降的俘虏，落下"曾剃头"的绰号后，要写下"倚天照海花无数，流水高山心自知"的诗句。

蓝色这种"猜心"的游戏，并非谁都有资格参与。蓝色自己也知道这种"猜心"游戏的要求是苛刻和不现实的，所以，蓝色会给自己的既定目标以暗示，而其他的人则不会得到任何暗示，蓝色也不希望其他人知道自己心中的真实想法。

正因为在开始的时候，对既定目标有过严格的筛选，蓝色对于默契有种近乎变态的执着，他们总是强烈期待别人知道他们所想，期待别人能做他们所想。蓝色认为如果我先对你表白，就意味着打破了对于默契的期待！

回到蓝色的含蓄，蓝色这种伴含蓄而来的细腻，在罗大佑的前妻身上得到了精准的呼应。

在《超级访问》中，有罗大佑的自白如下：我有一首歌叫《爱的箴言》，爱这个事情讲出来很肉麻，在我的歌里面，绝少提到爱这个字，我觉得有些东西讲出来就太不含蓄。我一辈子好像比较少讲"我爱你"，对女孩子也是这样，我觉得爱是要靠行动把它做出来的。像我前妻李烈，我后来发现，其实她对我蛮好的。后来不幸跟她离婚，因为我到后来，结婚以后我发现，不只结婚后，在结婚之前我就发现这件事。我们每天睡觉前，我的床头都有一杯水放在那边。它就是简简单单的一杯水，可是我觉得那是个心意，它是靠时间来证明的。

当你傍晚坐在房间里看书，蓝色会进来默默地帮你把灯打开，让你有充足的光线保护眼睛；当你在做事时，蓝色会站在旁边一声都不吭。此刻你可要小心，很有可能你做事的方式并不是最好的，他是在暗示你，会有更好的方法来完成，他们只是不愿意指出来，希望你自己明白过来，虽然他们早已知道最好的方法是什么了。

蓝色和相爱的人在一起，对方一定是通过了蓝色的"考核"，对这样的爱人，蓝色自然很希望对方能持续地爱自己。同时蓝色坚信，只有自己变得更好，才可能赢得别人更多且持续的爱，蓝色愿为此付出，也坚信这样的付出一定会有回报，因为蓝色的天性里认同这样的平等原则。

蓝色会什么都不说，默默做很多事情，这可能就是所谓的"细腻"，比如"床头的水"。这样的付出，对蓝色而言是幸福的，因为他在表达爱，可问题是，蓝色在乎"平等"，如果这样的付出，蓝色看不到对方的回报——"更爱"，蓝色就会开始抓狂，开始无法接受！进入这个阶段的蓝色，绝不会说出自己希望对方"回报"的想法，因为蓝色会觉得这样就变成了交换，蓝色向往的爱，是彼此默默付出，而绝不是交换。更重要的是，蓝色最不喜欢的就是委屈自己，讨好别人！

琴课后写了封信给我，她一直对于蓝色性格耿耿于怀，她从未放弃理解蓝色性格的强烈愿望和企图。这种强烈的心情，是基于她的委屈和不知所措。多年后，她开始真正向正确地理解蓝色迈了一大步。你我中的大多数人都以为很理解他人，其实，绝大多数人都和琴一样，一切只是刚刚开始。

谢谢你，乐老师。我一直表现得像个极没有感恩之心的人，我几乎很少正式对别人说谢谢，但我要好好谢谢你，帮助我打开这扇通往人性探索的门。我不知道还可以走多远，但这一路过来，你带给我的力量和感悟都让我铭记在心，或许有天我可以像你一样去帮助别人，这是我很大的愿望。

你常说的一句话，"你想了很久也不明白的问题，也许在课程交流中别人的一句话就可以点醒你"，现在，我终于明白了。

我一直耗费生活中绝大多数的时间去空想为什么蓝色性格会这样？有什么事情直接说出来不就行了？为何一定要憋在肚子里让别人去猜呢？对我这样的红色来讲，简直是种折磨！这就好像饿了吃饭一样正常，想要什么，想怎么样，说出来不就行了！不管做到做不到，又有什么关系呢？

我极不爽地四处寻找对象发问，试图破解蓝色性格为何要如此对我？直到那个蓝色性格的同学看着我，认真地告诉我说："是的，真的很难受。就好像，你逼着我把我的内脏放在桌面上，然后还要我告诉你，这是我的心，这是我的肺……"我是在那个瞬间，读懂了蓝色！原来他们对于说出来一件事情的看法和感受，原来真的如此痛苦。说出来，对红色而言轻而易举，但对于他们蓝色来讲，真的是这么这么难！

过去学了一点儿性格色彩的皮毛，好像感觉自己很有悟性了。了解得越来越多，才发现自己是多么肤浅和可笑。也才感慨在过去的日子里，你花了多少的时间和精力来研究性格色彩这门学问。即便是站在你的肩膀上，前面的路也还有好长好长……

我想来想去，回了她一句话：你说得对，蓝色性格用嘴说出自己感受的痛苦和红色性格忍住不说自己感受的痛苦，在级别上，是相同的！是相同的！！是相同的！！！（重要的事情说三遍。）

两种性格的确都有可能说一样的话，但他们的出发点，他们的动机和他们想要传递的真实信息却大不相同。

规则

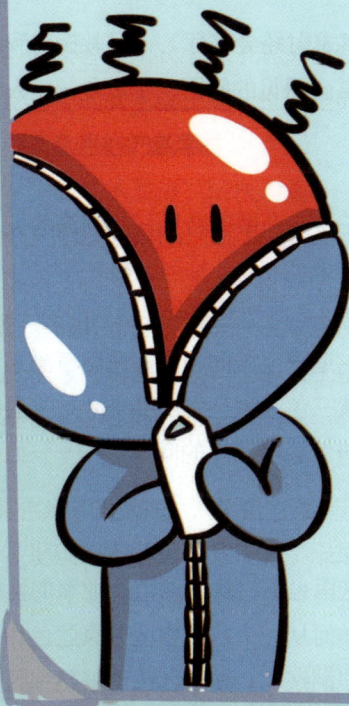

规则： 区分真假蓝色

多年前，做客温州电视台《马津龙财经会客厅》，马教授与我对谈时，曾提出一个刚接触性格色彩的人们常会遇见的问题，那就是——人们常会把表面的行为等同为真实的性格。

马教授提到，奔腾公司的董事长是一个做事特别仔细严谨的人，记者去他的办公室，拉开抽屉，从钢笔、圆珠笔到铅笔，排列之整齐有序，令人惊叹。更不用提做事很有计划条理，似乎应该是典型的蓝色性格。而另一位企业家，美特斯邦威的老总同样是做事细致、追求完美的类型，可脾气激烈，有很强的支配性，这样看来岂不成了蓝红黄三色并举？到底哪个才是主要的性格色彩？这个问题正好是性格色彩进阶研讨会中解决的问题之一——如何洞察复杂行为混杂的个体？

现场我没回答马教授的问题，这里也不打算为两位企业家的性格做全景扫描。从此事中，想到一个话题，如何从一个故事中区分真蓝色和假蓝色？这在性格色彩的专业术语中，称为"洞察"。如果你已能够熟练区分不同性格的表象，本文将带你更深入地了解不同性格的内心动机。

　　性格色彩进阶课上曾经讨论过一个案例如下：

　　小荣和她典型的红色老公说好自己18：30下课，让他在教室楼下接她回家，一直等到20：00，小荣才下课出来，老公说："你怎么现在才下来，我等了这么久，这里不让停车的，交警都过来说我好几次了……"而这种说法，居然和来接小雯的那个蓝色老公说的话差不多！小荣极其困惑，她开始怀疑自己的老公到底是红色还是蓝色？

　　初学者不理解的是，两种性格有可能说同样的话，但却不知，他们想要传递的内心感受却大不相同。

　　蓝色性格注重时间规则，他们讨厌他人不遵守时间，更讨厌有了变化又不事先告知。蓝色最痛恨的是，明明你错了，可你还不认错，反而觉得自己有道理。蓝色在意的是对规则必须遵守，并且要求所有人对承诺都要看重。他会指出这件事上对方的错误，并且希望下不为例。

　　而红色说这些话，在意的是"你看我等你等得多么辛苦，你看我受了多大的委屈，你看我对你多么好"，简单地说，就是在自我表现，寻求对方能赶紧给他巨大的认可和安慰。

　　同样的情况不仅在婚恋中，在工作中每天都会上演。当对方的性格不一样时，你采用的应对方式就应该不一样。性格色彩的专业术语，称为"钻石法则"，也就是根据不同的性格需求，用不同的方式应对。在性格色彩的四大专业功力中，这属于"影响"。

　　本案例中，具体方式如下：

　　第一，如果你的老公或工作伙伴是蓝色性格，假设你和他原来约定好见面时间，你无法按时赶到，解决的方法是：

1. 真诚地表示自己的歉意。蓝色性格不能允许明明是你打破规则，但说话的口气上，你却还是振振有词，强词夺理。

2. 如果万一预估自己会迟到，请务必提前告知蓝色你无法按时赶到的理由，并且重新预估时间。如果无法提供准确时间，宁可说明"到达时间不详"。蓝色很痛恨那些预估系统并不发达的人浪费他们的时间，所以总是考虑问题过于简单化的红色，请务必自我训练，提高自己的预警意识，宁可算宽松些，也不能满打满算，搞得自己最后不留余地。

第二，如果你的老公或工作伙伴是红色，遇见这样的情况，必须要向他强调，你是多么地在乎他，并且对他能够有这么大耐心等待这么长的时间，对他给予你的等待和关爱，回馈以巨大的认可。

抓住"自我表现"这一核心点后，我突然想起演讲师课程时，广州的健铭讲过一个案例：

公司高管内部开会讨论如何处理一桩违纪事件。这桩违纪事件的后果是前来视察的投资商对公司印象糟糕，导致合作的项目作废。会议中，一人愤然说道："我早就说过，电梯不好，应该及时修理；我早就说过，仓库里不要堆放自行车……"健铭很明确地知道此人是红色，但在当时，他还不能从理论上想明白这个人说这些话到底跟红色性格有什么关系。此刻，将这两件事联系起来一看，其中的关键点同样在于他需要"自我表现"。其核心在于，表达自己的先见之明、自己的高明，还是应了那句话——红色，渴望成为众人关注的对象。

有趣的是，生活中最喜欢说"我早就说过"，喜欢翻旧账的，恰恰是公认记性不好的红色，而并非蓝色。

那么蓝色是否也会翻旧账呢？会！但蓝色的翻旧账，并非红色的这种反应。经常听到蓝色的老板对下属说："你不是说三天内就可以完成的吗？"或蓝色的妻子对丈夫说："你不是说 5 点半打电话给我的吗？"蓝色的旧账，是历历在目地记在心里，必要时会翻出来核对，但绝非为了表现自己，即使在表达时，也会把对方推到主语的位置，"你怎样怎样"，因为蓝色不愿成为引人注目的焦点。不像红色是把自己的感受放在主语的位置，"我怎样怎样"。

在蓝色看来，违背自己的承诺，是一件让人很有压力的事，所以，蓝色在布置工作时，往往让下属自己定完成时间，他们觉得这个压力能有效帮助结果的达成，可殊不知这样的压力对于红色毫无约束，红色可以轻易地找出一堆借口解释其实都不是自己的原因，蓝色对于这样的推卸方式，永远都无法接受。

在你刚完成性格色彩基础课，迈入进阶课学习前，辨析性格上最大的困难，就是红色和蓝色的混淆。有很多红色在后天由于种种原因染上了蓝色的特点，披上了蓝色的外衣，故而无法洞见真正的自己，也无法洞察清楚别人。如果你暂时没有机会参加系统学习，只能留待未来在性格色彩四大功力最重要的核心著作《洞见》《洞察》《修炼》《影响》中了解。

蓝
色
性
格

挑剔：　"作"功两种

　　江浙语系中，"作"（发音 zuō）字用来形容女性居多。然而，以性别而言，"作"男的力量丝毫不亚于"作"女。"作"的定义是什么，各家自有说法，以性格色彩而言，两种"作"的典范分别是红色性格和蓝色性格。黄色性格和绿色性格的情感相对另两种不够丰富，不太容易被人们形容为"作"。

　　"作"意指情感中的折腾，这是红色性格与蓝色性格的专利。虽然它们"作"的方式不同，却各有巧妙之处。如果你认真审视《红楼梦》，其伟大之处正在于通过宝玉和黛玉反复纠缠的爱情故事揭示了"没有折腾就没有灿烂人生"的真理，对"作"给予了极高的评价。《红楼梦》二十九回"痴情女情重愈斟情"早已指出：人生要在"情"上无休止地折腾，这样人生才有意义。恰在此回，曹雪芹老先生重火力描写了贾宝玉和林黛玉之间的爱情折腾。宝黛相爱，从不说清道明，而是真真假假、似有若无地折腾。小事当大事折腾，无事便找事折腾，正是精彩人生的诱人之处。整本书中充满贾宝玉和林黛玉这两个擅"作"青年反复折腾的无数精彩回合，使迷恋折腾的凡夫俗子们如痴如醉。

　　那么到底"作"功的两大门派——红"作"与蓝"作"的差别是什么呢？

1. 红色更多地表现出"折腾"，蓝色更多地表现出"难伺候"。

2. 红色"作"时，内心强烈期望别人对自己关注和重视；蓝色"作"时，强烈期望别人理解自己的内心想法。

3. 红色"作"时，行为上容易颠三倒四；蓝色则是语言上的反复，但行为上保持一致。

需要特别注意的是：以沉默持续的长度而言，红色终其一生，也无法匹敌蓝色在负面情绪中滞留的时间。

这样讲过于抽象，下面用具体事例来说明两种不同性格是如何呈现"作"的。

因为"作"是红色和蓝色与他人情感交流中的常态，是平时会高频率出现的行为，但这种行为却很容易被黄色性格所鄙视和打压，更不能被木讷又不解风情的绿色性格所理解。故而，会"作"的性格面对绿色时，经常无奈；会"作"的性格面对黄色时，经常愤怒。而在红色和蓝色两者彼此互"作"时，因为他们对"作"的定义不同，常常失之交臂，也无法互相理解。

下面，你将看到两个详细的案例阐述不同性格的"作"的手法，在对比中，你会从她们的语言和互动中发现差别。

◎红色的"作"

张兰休息在家，与老公约好下班一起外出吃饭。下班前，张兰打电话给老公问他："你几点回家？晚上吃什么？是不是外出吃？"老公答："可能我会晚些，要加班，你想好了到哪里吃什么就告诉我，在那儿直接碰。"

　　于是，张兰想呀想呀想呀想呀，吃中餐还是吃西餐呢？如果吃中餐，吃什么好呢？找来黄页，挨家挨户翻找，查了半天，不是觉得交通不便，就是觉得菜不对味，要么就是价格太贵，再有就是自己喜欢的老公不喜欢，老公喜欢的自己又不喜欢。想了半天后，决定还是吃西餐，西餐简单。想好后打个电话给老公："我想了半天，要不我们还是吃西餐吧，中餐没找着合适的。"老公说"OK"。

　　挂了电话，张兰又想，平时老公也不太爱吃西餐，是不是不合适？再说附近也没什么好的西餐馆，等老公下班已经很晚了，西餐还要慢慢等。老公岂不要饿死？于是，又否认了这个决定并打电话通知老公。老公答复："OK，只要你决定吃什么了，告诉我就行。"这时，小姐妹打电话来问有事没有？没事一起吃饭。张兰想，老公要加班，不知道还要等他多久，不如和小姐妹一起吃，最多帮老公打包回家。于是张兰又电话老公："算了，你加班，我就不等你了，我的小姐妹约我一起吃饭，那我们就吃完给你打包好吗？"老公再次答复"OK"。

　　张兰转身又想，老公会不会不开心呀，他在加班，我倒和小姐妹一起吃饭去了，就算打包回来也是冷的，也不好吃啊。于是，张兰又决定不陪小姐妹吃饭，还是在家等老公回家一起去吃。这一次，张兰没再打电话给老公，而是自己在家默默等，边等边想，到底吃什么好呢？实在决定不了就想算了，还是等老公回来一起商量，再选择一个大家都喜欢的饭店去吃。

　　为了陪老公一起吃，张兰一直忍着饥饿，没敢吃东西，想着老公回家看到家里空无一物，找不到吃的东西，一定会明白老婆没去吃饭，也该想到自己的老婆是多么珍惜和老公在一起的机会，甚至还会因为老婆为了陪自己一起吃饭，居然饿着肚子忍到这么晚而感动。想到这些，张兰无比自豪。

蓝色性格

　　老公加班很晚才回家,进门就说:"我回来了,快饿死了,你吃好了吗?"张兰心想,还用问吗?看一眼家里的情况不就会明白我吃没吃?难道你认为我是一个只顾自己的人吗?于是回答:"我吃过了。"这时,她看到老公直冲厨房并打开冰箱门。张兰想,这下你该看明白了吧?没想到老公看到冰箱里空无一物,转而又在厨房扫视了一圈,还是没有看到想要的,于是很不开心地去书房了。看到这个场景,张兰想,你也不想想我是不是真吃了,就不管我,我等你等了半天一直饿到现在,你居然还看不明白,你生的哪门子气啊?于是,她也赌气回了房间。

　　张兰在房间等啊等,等了半天,没发现老公有动静,于是出来,走到客厅,打开客厅的电视(已故障多日,没有图像只有声音),反复换频道。心想,我在厅里看没有图像的电视,你总该知道我生气了吧?发现老公还没动静,于是又回到房间,拉了被子,赌气准备睡觉,睡不着又起来,再次跑到客厅,打开故障电视,心想这下你总该明白我为什么要反复看故障电视了吧。这时她发现老公取出饼干筒,正在吃饼干,张兰想,你难道真的不管我,自己就这么吃饼干了?于是走过去也抓了一把,试图通过这一举动让老公明白自己也饿着,也没吃。没想到老公还是不吭声,并且很专注地边吃边看电视。

　　这难道还看不明白吗?于是,张兰过去一把抢过遥控器说,我也要看,老公看了她一眼便说,那你看吧,我上网。张兰手拿遥控器,心里却有说不出的委屈,便故意不停地调换频道,并且把音量放到最大,试图干扰老公上网,从而转移他的注意力,结果发现老公还是目不转睛地盯着电脑。于是,张兰又一次起身来到老公面前。"我也要上网。"老公说:"你怎么也要上网?你平时又不上的。""对,我今天就要上。""那好,再等一小会儿,我马上就好。"张兰说:"不行,我现在就要上。""好好好,我让你。"老公再一次离开电脑去看电视。张兰又坐到了电脑前。可是,张兰压根儿就是个电脑盲,平时从不上网，也上不了，坐了一会儿，便再一次起身回房间，可是回到房间后发现自己还是在生闷气，并且不被老公理会。于是再一次出来，站到老公面前，怒视着这个木讷老公，居然这么"不懂人情世故"，这么"不会体察人心"。

越想越来气，张兰便再一次起身，抢过老公手上的遥控器："你看什么看？你不要吃饭，也不管别人吃不吃？""奇怪吧，你不是说你已经吃过了吗？""我怎么吃了？还不是为了等你一起吃，我都回绝别人了，你倒好，就顾自己。""你说了你吃过了，我怎么知道？我还在想你说打包的怎么也没打？""你还好意思说，我都嫁给你这么久了，你还不了解我？我是这样的人吗？我是个只顾自己的人吗？你太小看我了！""好好好，别说了，那我们吃饭去吧！""吃什么吃，气都吃饱了，这么不理解人。""好了好了都是我不对！走走走，现在吃饭去，早说你没吃，也不会等到现在啊！"老公起身拉着半推半就的张兰，两人离开家的时间已是半夜一点。

在理解张兰行为背后的动机时，你有可能做出的最大误判是：张兰不愿把她自己的想法直接说出，这不正是标准的蓝色性格的"作"法吗？于是，你会得出张兰是蓝色性格的结论。

现在，让我们回到基本点和上篇文章，蓝色性格天生并不喜欢打破既定的计划。从开始约定好吃饭，到后来不停地改变约定，你足以发现一个典型红色性格的折腾和反复（可对照阅读本书红色性格之"善变"）。

另外，在最后一段对话中，你分明可以看到张兰同学已经无法忍耐老公的麻木，这就是我前面所言，在时间的长度上，红色"作"的时间长度不够长，也不够有耐性，最终，红色还是主动说出自己的想法，其实只是希望让老公知道自己很在乎他，所以，请你也要在乎我啊。

◎蓝色的"作"

作为一名医生，母亲在住院期间对卫生状态的苛求，展现得淋漓尽致，而在此种状态下最令她放心的"护卫"便是我蓝色的老公。每次住院治疗，蓝色的老公会一丝不苟地帮母亲清理床位，比如先用清水擦洗桌面、板凳、床架、床头柜，再用酒精对如上物品一一进行消毒，最后，用我从美国买回的大张保鲜膜覆盖并包裹好所有母亲有可能会触碰到的地方，然后才取出个人用品一一整齐摆放。每次看到母亲满意的目光，我都会欣慰能为母亲完成这些事的是我老公——这个平时不被家人看好的"冷漠人"。

某天，母亲又要住院接受治疗，恰恰碰上我和老公都没空，于是黄色的大姐陪同前往。

雷厉风行的大姐三下五除二就办妥了所有相关手续（包括一次性的资金注入），当提着起居用品进入病房时，黄色大姐的短平快风格引起了蓝色母亲的强烈不满，她们之间的对话如下：

"哎，桌子还没擦怎么就放东西了？"
"护士都擦过的。"
"你怎么知道擦过的？那有多脏啊？"
"脏什么，每个病人出院都擦过的。"
"那……那谁知道已经有多久了，再说也还没有消过毒呢。"
"哎呀，医院都是消过毒的。"
"那谁知道？你又没看见。"
已经有点儿不耐烦的大姐道："医院有规定的，你自己是医生也应该知道的。"

"那这里现在住的都是病人呀。"
"你自己难道不是病人啊？！"

蓝色的母亲顿时无语，心不甘情不愿地看着大姐把东西一股脑儿地就位了。

晚上，想到母亲又住院了，身边又有需要陪护的父亲，我和老公一起，购买了一些饮料和点心送往医院。

到医院后，发现母亲一脸的不悦，不知道又有什么令我一向挑剔的母亲不开心了。

"妈，你怎么样啊？好不好啊？"
"唉！就这样，有什么好不好的，今天你姐把我送来的，她忙，已经走了。"
"哦，我知道。"
"上次小顾（我老公）送我来时都帮我安排得好好的。"
"那姐姐今天不是也帮你都安排好了吗！"
"嗯，是，不过小顾这个人做事就是心细……"

母亲絮絮叨叨地跟我说了半天今天的入院经过。想到自己和老公今天都很累了，我也便没再搭腔，只说了些安慰的话。

8点50分，眼看护士要来催促熄灯了，我取出饮料、点心放在床头柜上。

我说："妈，这个给你和爸爸明天饿了吃，我先走了，明天再来看你。"

看着我很疲惫的样子，母亲说："你快走吧，早点儿休息。"

因为不忍心对我发火，她转而冲着父亲说："桌上东西这么乱，也不知道整理一下。"

父亲立刻上前把桌上的饮料和点心往床头柜里塞。

"里面全满了，塞什么塞啊？都给你塞乱了！"母亲生气地说。

父亲说："那我先拿回家，明天再拿来。"

"拿回家，拿回家你明天吃什么呀？"

父亲一听又取了出来放桌上。

"怎么放在这里？蟑螂不会爬的吗？"

"那我还是放起来。"父亲边说边又拿起点心准备往床头柜里放。

"不是告诉过你床头柜都放满了吗？还放什么？拿走，拿走，看着我就烦，烦死人了！"

父亲说："好好好，我拿走。"又准备装包。

母亲又说："干吗要拿走？拿走了，明天有人来，拿什么招待？"

于是父亲又从包内取出放桌上。

母亲接着发怒："放在这里，明天护士不要骂吗？堆那么乱。"

父亲这一次实在忍不住，怒吼道："那你说，到底是拿走还是留下，你到底什么意思？"

母亲一下没了声音，停顿之后没好气地说："走走走，都走吧，让我自己一个人……"

站在边上的我，猛地意识到母亲"作"了半天，想表达的意思是嫌床头柜没有清洁，又碍于面子和客气不好意思说。于是我悄悄跟老公说，你帮妈妈把她周围所有用具再消一遍毒，弄不好，她是嫌桌子脏。

当看到我老公主动上前，把东西一一归类，用酒精消毒，用保鲜膜覆盖，再把东西一一重新摆放时，母亲的眼神立刻平缓下来，似乎连呼吸都在刹那间顺畅了，并一改刚刚还在发怒的眼神，转而变得很温和起来，冲着我说："我有点儿冷。"我忙帮她把被子掖了一下，发现她下意识地躲开，我再掖一下，她又下意识地躲闪。当我把被子掀开看时，发现母亲穿着的病号服压根儿就没扣，是敞开着的，而医生因为伤口的缘故不允许病人穿内衣。这一次我似乎又明白了母亲为什么会说冷，为什么被子不愿盖严实的真实原因。于是，我告诉母亲，马上下楼给她买成人尿布用，这样她便可安心穿上病号服了。

解决了如上问题，终于看到母亲真正释怀了的面部表情，她非常温和地对着我们说："快走快走，又弄太晚了，回去好好休息。"

结合本章前文，蓝色的"猜心"，此处不再点评，你自然看得懂。核心的关键就是语言的反复，内中透露出的难伺候，左也不行右也不行，其中只有一个原因——就是你说了半天，做了半天，你还是没有真正知道我到底要的是什么。

◎切记，最重要的规律是：

红色的"作"更多的是——折腾！ 这种情况下，凡是经过哄、呵护和说好话，红色自己很快就会忍不住，把内心真实的想法说给你听，你只需要找到其中可以认可的地方，认可就行了，除非你自己想引发战斗，当然战斗的时间也不会持续太久。

蓝色的"作"——更多的是难伺候！ 他们坚定地秉持"如果我说了，就是我很肤浅，不是你很肤浅"这样的信念。你只有经过不断试探，才能知道他们内心深处真实的想法，如果你揣测不出来，千万不能着急，你的着急上火，只会让蓝色更加郁闷和愤怒。

以上奥秘，各位慢慢品味。■

FPA®性格色彩

第四章
黄色性格

我的黄色老爸

孩童时写作文，写到最多的就是"我的爸爸"或"我的妈妈"，长大后因为忙碌，好似我们关注最少的就是自己的父母。我有一个很霸道的父亲，还有一个对父亲言听计从的母亲，在我们这样的一个三口之家，我的父亲自然成了名副其实的一家之主。

◎敢于接受挑战，求胜欲强

父亲从小喜欢下棋，4岁时，奶奶为他找了老师；5岁，父亲就自己看棋谱，摆棋对弈（自己和自己下）；6岁，父亲拿了上海市青少年象棋冠军。后来父亲在文体单位供职，在总工会他又开始下象棋，在安徽省，他曾保持过10年不败的纪录。

有一次，一个外省下象棋很出名的人，来找父亲挑战。

父亲知道他是怪咖打法，为了应战，在自己阁楼上待了两晚没睡。不出所料，父亲将对方PK（淘汰）掉了，而且是3∶0。对方不服气，回到自己的城市发誓，第二年，他要是不给我父亲一点儿颜色看看，就把自己的名字倒过来写，并且从此不再下棋。

第二年的挑战赛，父亲和他打了一个平手。于是到了第三年，他们继续比赛。

备赛前，父亲在阁楼上待了整整五天没有下楼。偶尔上去送饭的时候，一开门会发现，小屋子里烟雾缭绕，烟灰缸里大把的烟头。五天后，父亲从阁楼上下来，嗓音嘶哑，可精神很好，眼里放光。

第三年挑战赛，父亲以 3 ：0 完胜，对方从此不再下棋。

一起下棋的棋友都说父亲是"不败神话"，他却说自己不是全胜。父亲有一次和我提过，当年平局的战绩一直在他心里，直到他 3 ：0 再次扳回。

> 对黄色性格来说，平局，意味着自己没有赢。没有赢，就是输了。

◎要求无尽，只认第一

我 3 岁开始接触英文的启蒙教育，4 岁上小学。这些都是父亲一手安排的。而且父亲对于我学习好或不好的评定，永远是只看成绩（不管老师是不是表扬我），只要考试和比赛是第一名，就是学得好，不是第一名那就惨了。父亲不会打骂，只是那种忽略你的感觉，让人从心里发凉，惴惴不安。

记得有一次，我上小学四年级，英文书写比赛只得到三等奖。在这之前，从二年级开始参加比赛和各种考试，我一直是第一名。我妈都把奖状贴在墙上。回到家，我怯怯地把三等奖的奖状拿给妈妈。当时我自己也很不开心，但是小孩子心理，觉得有个奖也算不错了（内心深处想让妈妈安慰自己）。

结果父亲一把把奖状拿了过去，什么话也没说，拿透明胶要贴奖状。在这之前，我拿奖父亲从来不会说很棒或者夸奖我，更不用说帮我贴奖状了。我瞪大了眼睛，不知道父亲要干吗。

没想到父亲把三等奖的小奖状，贴在了所有一等奖奖状的最上面，然后指着三等奖的奖状对我说："我贴在最上面，是要告诉你，这是你的耻辱。"我当时眼泪就流下来了。

从小，我一直就是这样被父亲鞭策着走的。他一直都是批判式的教育，哪怕得到了第一名，我也还是需要做到更优秀。得了第一名还可以拿到更高分，得了全市第一名还可以参加全省的比赛，拿到更高分。

对于黄色性格而言，没有停止和尽头的概念，只有不断地创造更好的历史。

黄色对自己和他人严格有两个原因：第一是黄色永争上游，永远会找到更高的目标前进，从不存在像红色那样走到半山腰歇一歇的思维；第二，黄色居安思危，不管有多大的成就，都可以看到危机四伏，看到竞争对手的威胁，看到环境的不断改变，从而更不会放松警惕。因此当黄色看到红色觉得还不错的时候，往往会以批判的方式敦促并推动红色，从结果而言或许是有益的，却在无形中剥夺了红色需求的快乐。

◎情感简单，目标明确

我很理解母亲对爱情的想法。爱上一个人的时候，眼里、心里全是他，要告诉他我爱你，要和身边的人分享恋爱的喜悦与幸福。直到现在都是父亲走到哪儿，母亲跟到哪儿。（典型的红色的情感需求。）

母亲每天都会向父亲表达自己的心情，或者对父亲撒娇，但是父亲从来都没有对母亲表达过什么情感。每当母亲生病，父亲照看的时间是很少的，

黄色性格

口头的关心也比较笨拙，更多的时候是找个 24 小时的看护看着，住院住的是最好的病房。

母亲生病住院的时候，在医院躺病床上喊疼撒娇，父亲会表现出极少有的耐心，安慰母亲。他说："生病都是会疼的，你再怎么叫也是疼的。叫也没用，好好歇着吧。"我妈听完直接一扭头说："你走吧，我好休息。"我爸就真走了。

有一次，母亲在单位大扫除擦玻璃，橱柜上的一扇玻璃门倒下来，砸到了她的腿上，瞬间血流不止。当时大家拿着纱布压着那条血流不止的腿，送母亲去了医院。同时也有其他的同事去通知了父亲。通知的人找到正在科室中准备象棋比赛的父亲时，父亲第一反应是抬头问："现在情况怎样了？"得到回复是送到医院了，正在缝针。父亲说："那好，一会儿我把这里处理完后去接她。"（说完接着下他的棋。）

想想这么严重的情况，父亲只是问了两句，然后要等到比完赛了再去接母亲，我觉得在他心里，比赛比母亲还重要，他根本就不重视母亲。如果是我，我爱的人受伤了，不是无法脱身的事情，我一定第一时间赶到医院去看情况啊。

不过父亲对母亲的爱是不一样的，记忆里每年过年的时候，父亲都会带母亲去买衣服，买最新最贵的衣服，或者去吃父亲觉得好吃的，也是特别贵的美食。因为一分钱一分货，到了今天父亲也一直这么认为。

> 在黄色看来，对待亲人最好的方式就是努力工作挣钱，把自己能给予他们最好的东西给他们。但当红色需要关心照顾、需要甜言蜜语的时候，黄色并不能体察。当家人出现伤病，黄色确认已获得妥善处置，便会将目标转移回工作，他们很难理解身体的伤是容易治愈的，心灵的伤是需要用情感来抚慰的。对黄色而言，如何兼顾效率与感受，将是他们一生需要学习的功课。

那时我觉得父亲特别自私霸道，又不是母亲喜欢吃的，我就觉得他还是给他自己买的。

直到我结婚后，有一年年底，我和父亲有一次长谈。我终于壮着胆问父亲，究竟爱不爱母亲？为什么会结婚？喜欢母亲什么？在我答应不告诉母亲后，他和我说了关于母亲的故事。

在那个年代，16 岁的父亲被下放，一人孤身到了安徽，无依无靠。当初他刚进纺织厂，是一个小工人。有一天，车间里的一个工人发现自己的搪瓷缸不见了，他找到领导汇报，说是我父亲偷的。领导听了就把父亲叫过去，直接先劈头盖脸骂了一通，并且惩罚他在厕所面壁。领导给的理由是："你出生在这样一个资本家的家庭，整个车间，能怀疑的就只能是你。"对于根本没偷东西的父亲来说，这是巨大的耻辱。

第二天晚上，父亲堵在那个工人回家必经的后山小山路上，等着那人下班后，把那人暴打了一顿。同时撂下一句话："明天如果有领导找我，后天会比今天还精彩。"后来那人回去就和领导说自己的搪瓷缸找到了。

这样背黑锅的事情有很多，所以当时父亲的想法就是找一个当地的、条件好的、家里成分好的人结婚。当有人介绍了出身于两位老革命家家庭的母亲时，父亲当时就下了决心要搞定这个姑娘。而且他还做了件在那个年代无法让人接受的事——先上车后买票。（所以我是未婚先孕的产物。）

对黄色性格而言，有一个稳定的他可以把握的婚姻好好过日子，最为重要，没什么爱不爱的整天矫情。

◎意志坚强，从不气馁

2010 年的 6 月，父亲脖子的左边忽然长出一个小小的肿瘤，一周的时间，那颗瘤子从 2 厘米长到 7 厘米，严重影响了他的吞咽系统。大家束手无策，连续跑了几家三甲医院的门诊，医生也都查不出个所以然。

在我们大家都彷徨不知所措时，父亲把我拉到床前说："你给你三姨打个电话，明天一早我要去她的医院打营养针，这样不吃东西我没有体力，得先活着。"这句话无疑对不知所措的我和母亲是一剂强心针，那几天我来回接送他打营养针和检查治疗。持续了一段时间，我在瑞金医院的一位朋友给我消息，说找了最权威的 B 超医生再帮父亲做一次检查。我们万分欣喜，只要能查出病因，我们就可以知道下一步怎么走了。

检查那天，我陪着父亲一块儿进了 B 超室，结束时医生给我们递纸巾的时候长叹了一口气说："你很可能是我从医 30 多年来，见到的第一例未分化癌。""未分化癌"这个陌生的词语让我们都蒙了，但从医生的口吻不难判断，一定是非常严重的癌症，我本能的第一个反应是先把爸爸支出去，再细问情况。父亲可能猜测到了我的想法。他一把拖住我，对医生说："你继续说清楚。"

医生说："现在的情况很像未分化癌。如果确诊，应该最多还有 30 天的时间了。"听到这里，我再也抑制不住我的眼泪了，但坚强的父亲却面无表情地扶着我往外走。在我们将要离开的时候，医生忽然叫住我们，他希望如果确诊可以让他知道，因为他也没见过这样的病例。我当时都蒙了，我想父亲已经病成这样了，确诊了你还要我们通知你，你有没有人性！

父亲拉着我，更准确地说是扶着我，开始报他自己的电话号码。医生写完了之后，问我："姑娘，可不可以再留一个你的电话？"父亲直接打断说："你就留这个电话吧，我一定会亲口告诉你不是的。"然后他拉着我离开了。

　　B超检查结束第二天，我们便转战肿瘤医院了，并且顺利住进特需病房。主治医生估计是个蓝色性格，医术很牛，脾气很怪，话很少，做事非常讲究规则。他要求父亲每天都要按照他的要求做好所有的常规检查和治疗步骤。

　　但是入院时，肿瘤已经影响父亲的呼吸和吞咽系统了，我们当然都希望先能够将这个讨厌的家伙切除掉。很可惜，这位我行我素的医生坚持要看了切片之后才能确定是否要切除。父亲入院时是周五，而甲状腺科的手术时间是每周四。这样算来，我们还需要看着这个肿瘤将近一周的时间。对于我，这已经不是一种煎熬，而是一种恐惧了。

　　我本能地以为是红包的原因，所以从周一开始的每天早上6点，我雷打不动地等在医生的办公室，带着准备的礼物，希望能够说动医生提前做这个手术。但是医生拒绝收礼，拒绝手术，最后拒绝我进办公室。

　　当我落寞而无奈地回到父亲病床边时，父亲命令我："明天你别去了，我不会死在医院的，这没什么不能忍。"

　　终于熬到了周五，切片手术后很快就出了结果。诊断结果让大伙儿欣喜不已。父亲并不是甲状腺癌，更不是什么恐怖的未分化癌，而是毒性比较低的一种恶性淋巴瘤，只需要通过化疗便可以有很不错的治疗效果。

　　开始化疗的第一天，我看着父亲给那位B超医生发去了短信："我很幸运不是未分化癌，现在治疗顺利，正在恢复中，谢谢。"

> 对黄色而言，疾病是一个待解决的问题，也是一个需要为之战斗的目标，此时所有对疾病的担忧都会成为让他更有动力去战胜的理由。黄色，与天斗、与地斗、与人斗、与病斗，其乐无穷。

父亲在病痛的时候，并未因身体的状态而影响他的判断力，不慌不乱地坚持自己的想法，大家事后都说，其实这次是父亲自己拯救了自己。

对黄色性格而言，病痛没什么可担心的，有自己的意念，就一定能得到自己想要的结果。

◎ 责任感强，有掌控力

从小我就是一个安静听话的乖孩子。3岁学英文，4岁进小学，5岁练字……我的学习、生活都完全是父亲安排好的。

直到我大学毕业，我忽然希望自己掌控自己的生活。于是我打着工作的名义，进了一个演唱组，而且是唱 Hip-Hop（嘻哈乐），主唱 Rap（说唱）。当时 Hip-Hop 的风格家长们都不太能够接受，我每次唱完都要卸妆、洗澡、换好衣服再回家。

四个月后的某个工作日，我们演唱组去给老人院做慰问演出，我做了一个非洲姑娘那种满头小辫的造型，中午结束后我一路想快点儿回家洗澡、卸妆、换衣服。很可惜，事与愿违，父亲那天因为肠胃不舒服，中午就回到了家，我一推门看见爸爸坐在沙发上，瞬间脑袋又空白了。我不打自招地告诉了父亲我不是在广告公司实习，而是参加了演唱组。父亲很生气地强调，他从小到大如此培养我不是为了让我去做"戏子"的。当时父亲建议，如果我喜欢从事文艺方向的工作，可以去电视台实习，但是我一定不能再去演唱组，去唱去跳那些"有伤风化"的舞蹈。

我当时觉得父亲瞧不起我做的事情，在我成年后还继续想掌控我的人生。我要为自己的生活斗争一次。于是我第一次和父亲顶嘴了（在自己无法养活自己之前，我真不敢顶嘴）。最后是我生气地摔门而出，然后被父亲反锁在家。

那一周，我和父亲没有说话，但是他一直没让我出门。后来我才知道，他自己去了我的经纪公司，找了我的老板解雇我。

一周后，我去公司，老板告诉我，我不适合留在他们公司，还是回去比较好。

我们演唱组的其他成员送我的时候告诉我，我父亲上周去公司找老板谈判，谈了很久。最后父亲赔了老板几万元的损失费，解除了我的合约。当然我知道这在父亲心里不算大的损失，他的目的达到了。

> 黄色的特点是，当他认为他是对的，他会迫使你按照他的方式去行事，当他认为他是对的，他会无比坚持，此时你的哭闹撒娇全都没用，因为他认定了的事很难受到他人影响。因为他们强势的态度，即使他们的决定是无比正确的，对于他们所希望帮助的人而言，就像一口苦药一样，令人难以下咽。

这件事情过后，我受到很大的打击，我知道我的演唱梦想就这样破灭了。从那以后，我更暗暗开始反抗父亲的安排。可是最后我都没有扛过父亲的掌控，很长一段时间，我失去生活的动力，觉得很不开心。当然在我越来越了解他之后，我理解了他对我的掌控（但越来越叛逆）。当我把好的结果呈现给他时，他的批判会少很多。父亲现在总会说："你不要以为我年纪大了就管不了你。"我也不顶嘴，只是继续做自己想要做的事情。

对黄色性格而言，只要我认为是对的，那你就去执行；如果我错了，你用你的结果证明给我看。

这就是我的父亲，一个敢爱敢恨、行事果断霸道的男人。我很感激这几十年来父亲的很多决定和安排，至少他让我知道什么叫"山至高处人为峰，海到尽头天是岸"。而他的坚定、果决和不认输的精神也是我一直学习和自我激励的榜样。

主动

黄色在寻求医生治疗上是四种性格中最积极主动的。

主动: 癌症病房众生相

我认识黛安是在和她们公司初谈合作的 2002 年，那时的她咄咄逼人，给人巨大压力，典型的黄色性格。而我自己刚好也算是进攻型选手，大家商谈合作，这个女人却在谈话时拼命挑衅，问出很多不敬的问题，让我心生不爽。

再次见她，已是四年后。见面前，听她的同事说，她已为人母。待她走到面前，方才发现，黛安换了个人，面露慈祥，语缓行迟，可骨子里的坚定依旧深埋在表面的安静之下，与先前张牙舞爪的她判若两人。我以为那是她升级当娘的原因，于是觉得当母亲真好，居然能有这么大的蜕变，等我当爹了，我也会松弛柔顺，平和没杀气，看上去一定会像个真和尚。

后来才知道，完全不是那么回事。黛安年轻时发愤图强，把自己当牲口用，有了问题向来都自己一个人扛，突然有那么阵子，精气神儿陡然消减，去体检时，被医生确诊为癌。黛安被宣判的那一刻，刹那间顿悟成性。正应验了：一念愚即般若绝，一念智即般若生，一念觉即是佛，一念迷即凡夫。

我听她自己道出这个事实，胸口顿感窒息，长时间没缓过来，倒是她镇定无比，似是描绘别人家的事，与自己无甚相干，让我好生看轻自己，又觉得给她添了很多负担，其实我是完全不知怎样去安慰别人，觉得有点儿笨嘴拙舌，却不知，黄色性格最痛恨人们的怜悯和同情，她本也不需要你表达同情，那会让她非常反感。

聊天中，她分享给我在寻医问道的漫漫长路中，运用性格色彩在病房里观察到的现象。

有幸体验了一周的住院生活，百无聊赖，在病房倒是见到了不同性格病友的表现。

◎红色病友

第一天入院较晚，才到床边，旁边就有位病友过来跟我交谈，不到10分钟，从问病情到年龄到工作都直问到底，自己也主动告诉我她的情况，还一个劲地安慰我，让我不要担心，跟我介绍照片中科室的各主任，俨然主人家的姿态。她因为总是站在病房门口晃悠，可以看到来往的探病者，一会儿就听她向房间里面旁边床的汇报：你们家谁谁到了。看得出她跟人家都烂熟了。我转进其他病房后，她还不时巡过来聊上几句，说起要见我家小孩，我告诉她什么时间可以看到，她回头就忘得无影无踪了。

◎蓝色病友

靠窗口有位中年人在医院里住了有阵子了，因为话不多，我们也不知道他确切是啥病，也不太好问。只知道即便住在医院里，他每天洗漱、吃饭、作息也都很有规律，病号服穿在他身上都显得清爽整齐，床边上的物品归置得整整齐齐。时间久了知道他姓陈，大家都叫他陈老师。

平日里无论红色病友在边上说得如何口吐莲花，他最多也就是礼貌性地接几句茬，从不会加入绘声绘色的讨论中。时间长了，红人也不太往那个角落去转悠，知道不太会有期待中的共鸣发生。但是他偶尔发表一些意见，无论是对于时事的评论，还是对于疾病治疗，甚至医院管理的看法，都逻辑严密、滴水不漏。

有一天，陈老师突然对来输液的护士说："你给我挂的这个针挂法不对。"看到护士一愣，陈老师不急不缓地说："我看了这个药的说明书，说是一天要打两次，那就应该是每隔 12 小时打一次啊，否则当中不是有一段时间药物浓度会不够吗？你们上午给我挂完一袋药以后挂了一瓶 500 毫升的其他盐水，接着又给我挂了一次这个药，这就算两次啦？才隔了三个小时啊。"护士说我们这里这个药都是这样挂的。陈老师说："我上网也查了一下，你们这么用确实是很普遍的，但是普遍的不等于就是规范的。"小护士无言以对，随后护士长进来又做了一堆解释，最后给陈老师改成了用静脉泵注射，早一次，晚一次。打那以后，大家对陈老师更加尊敬了。

◎ 黄色病友

刚转进病房时，就听见 4 号床的病友冲一位医护人员嚷嚷："别人还没走，你怎么就把别人的东西搬走呢？"住院期间，常听她告诉邻床的病友，其他床的人怎么护理溃疡的地方，发烧怎么做。护士给她打针都是她在指挥，俨然就像一个医生（后得知她在一个地方医院工作）。很多时候，她告诉医生哪里有问题，要开什么药，都是盛气凌人。我后来请的护工偷偷跟我说，这里个个都很讨厌她，她总是命令人家这个那个。我黄色的妈妈来看我，她好心提了些建议，但是语气却让我妈觉得很不爽，差点儿顶起来……我因学习过性格色彩，明白她是个好心的黄色性格，从不和她起冲突，对她的意见很尊重，和她相处融洽。她后来发现，我好像知道一些她不懂的疾病知识，对我也变得越发客气。

开始入住的是加床，护士们说等病房有空的时候自然会帮我转，让我等待。黄色的我绝不会坐以待毙，上午查完房就去找主任。旁边医生告诉主任有空病床，已经留给某某了，主任马上当着我的面把它换了过来，于是我就转入病房了。过程中据说有两个病人在等这张床，过几天看到加床那几个人都动过窝，心里庆幸自己下手快。

黄色性格总想自己的命运自己掌握，开始打针时，打的药很多，药单一长串，按照4号床黄色的建议，我把打针的药名、分量、顺序都记录下来，每次护士过来换药的时候，都问清楚是什么功效的。后来有位实习护士过来，给我上一瓶应该隔四小时后才滴的解毒药时，我提出了质疑，她去问了以后，就跑回来取掉了。黄色有时候的不放心还是会保护自己的，结果又激励了黄色继续操心，越发不相信他人。

◎绿色病友

三床是位非常和蔼的绿色阿姨，很有亲和力，子女和老公每天轮流来看她，带饭菜和汤水，他们跟她说话就像跟小孩子说话一样，问她想吃什么，得到的答案永远都是"随便"。这样的回答屡屡让家属气馁，他们总想让她多吃一些，她应承着，却吃得不多。晚上没睡好，白天都在睡，很少离开床，看上去很懒，住院那么久，我仅仅见过她出去散步过一次，就那一次，还是因为护工用消毒水拖地，气味太大，大家都受不了，统统跑到门外去了。

通过这些现象，可以碰撞出有价值的关于黄色性格的几大特质。

● 第一，黄色喜欢别人拿他当专家，讨厌别人告诉他该怎么做。

黛安的描述："黄色病友提出建议时，比较直接而且语气不客气，我妈自认在住院和照顾病人方面是能手，对方把她当菜鸟一样'教导'，让她感觉很不屑也不爽。吵倒不至于，不过我妈当时回了句不客气的话，把对方噎住了。"

根据以上黛安的回忆，我们可以确认一个重要的道理——黄色喜欢自己被当作专家，不喜欢别人告诉自己该怎么做。黄色喜欢支配别人的感觉，不喜欢被人支配。

● 第二，黄色与蓝色一样，都不容易相信人。

从感受上说，黄色指正别人的错误，会感觉自己很英明，很有成就感；蓝色则会担心如果自己不提出这个问题的话，后果是不是会很严重。思考良久，觉得护士实在不靠谱，每次还是自己盯紧点儿好，最好找护士长问一问她们的流程到底是怎样的。

从行动上来说，黄色觉得有问题就直接说出，嘴巴的反应速度会很快，但没有自己停掉输液；蓝色可能会等护士走了以后，自己停掉输液，想想觉得确实有问题，再按床铃请护士过来。

● 第三，黄色在寻求医生治疗上是四种性格中最积极主动的。

通过观察不同性格的患者对于治病的态度，我们轻而易举地可以发现这个事实。

红色：乐观的红色，会愿意把自己生病当作"中大奖啦！"来告诉自己的朋友，在朋友的嘘寒问暖中获得快乐和满足。悲观的红色，生了大病会被打击得一蹶不振。但典型的红色性格，只要生病的话，就会告诉朋友，如果大家都来关心，会很高兴；如果大家都忙，没人理会的话，会一个人哭得很凄惨，觉得自己被这个世界遗弃了。

蓝色：医生说，得癌症死的人，有一半是吓死的。估计这一半吓死的人中以蓝色性格居多。

绿色：不用想那么多，有办法医生会用的，不好也就这样了。绿色不会反复找不同的医院和医生来诊治，通常待在一个地方就不动了。医得好最好，医不好也不怨了，就是不想麻烦。

黄色：我一定要找出正确的治疗方法，搞清楚自己还有多少时间，想想该做的事先做了，要问问医生什么时候能出院才行。黄色在寻医方面比任何人都要积极。一位黄色朋友前几年长了子宫肌瘤，在公立医院看了多次，因医院看病的人太多，看了几次都没说法，后来朋友介绍了家稍有名气的私立医院，同时自己又去暗访，最后决定到那家私立医院去看。到医院后，找了位稍有名气的女医生专门为自己看病，为使那家医生能用心为自己治疗，经常用一些私人的沟通办法（你懂的）……经过半年的治疗，黄色朋友的病基本好了。

在性格色彩图书中心出版的性格色彩书系《色界：活得舒坦并不难》和《色界：说话说到点子上》这两本书里，许逸曾经写过两篇关于如何认识医生和患者的性格的文章，堪称目前为止最为详尽专业并且极具深度的"性格与医患关系"分析，有兴趣的读者可去参详。

世上没有永恒的敌人，只有永恒的利益。

目的：如何与敌人做朋友

做人，比较忠义和简单的模式是"朋友的朋友是朋友，朋友的敌人是敌人，敌人的朋友是敌人，敌人的敌人是朋友"。因为简单，故而显得忠义；而从政治技巧而言，无疑是幼稚的。

如果你不是那些能和敌人做朋友的人，显然你还不知道它的好处；而且你即使知道，也可能学不会，因为这种高超的政治技巧不仅需要天性，更需要驾驭天性。

作为女人，希拉里并不受到男人的广泛吹捧和欢迎，她的强势也并非所有男人都可以消受的，当然你如果希望自己的事业飞黄腾达除外。她做事的确漂亮得没话说，单凭当初克林顿因为莱温斯基事件而四面楚歌时，希拉里当众挺夫昭告世人的魄力就值得称道。

作为政治家，希拉里绝对值得尊敬。尽管奥巴马第一次竞选总统并最终赢得胜利，希拉里却比美国历史上任何一位女性都更接近于赢得总统宝座。在迄今为止的美国政坛，还没有另一个女人可以像她走得这么远，这样毫无保留地站在聚光灯下。那么她是如何做到的，对于我们又有什么样的启发呢？

● **第一步，首先需要学会，如果你的目标高于你的情绪，让情绪去死！**

希拉里的性格在《色眼识人》中，我花了一处笔墨做分析。那日，加油站的小厮调侃她"你的命真好，居然嫁了美国总统"，她回应道，"小克算个屁，我嫁给你，你也是总统"。这话我初看时，内心一抖，今天再看，还是厉害。所以，后来报纸纷纷盛传克林顿做心脏搭桥手术时，希拉里将他痛扁一顿，我毫不奇怪。家庭暴力中如果女方将男方搞得鼻青脸肿，估计女方都是黄色性格为主。

在希拉里回忆录中，她首次袒露小克震荡白宫的婚外恋带给她和女儿的深深伤害，并且坦陈："我这一生最艰难的抉择有两个：是否与克林顿维持婚姻关系，是否竞选参议员。"当莱温斯基最初被曝光，希拉里接受了丈夫"编造的故事"并且信任了他。六个月后，当克林顿收到大陪审团的传票后，希拉里也认为丈夫是陷入了共和党政敌们的圈套。

接下来，你要仔细观察政治家们的官方语言，标准的语言如下："自克林顿承认以后，他们冷战了好几个月。克林顿做证后，带着妻子外出休假。但即使是在风光秀丽的度假胜地，希拉里唯一的感觉还是无尽的悲伤、失望和难以抑制的愤怒。经过很长时间的痛苦折磨，希拉里发现自己依然爱着丈夫，'虽然作为妻子，我恨不得拧断他的脖子'，希拉里最终还是决定原谅丈夫。"

拧断脖子的想法自然不假，关键是即使希拉里对克林顿爱意依旧，她凭什么力量让自己能够原谅他？力量就是——我要做参议员。它的吸引力远比此刻的愤怒要大得多。所以，"拧断脖子"的想法去死。

黄色性格

如果你想达成你的目标，你要学会第一招——"如果情绪没有意义，让你的情绪去死"。

● **第二步，世上没有永恒的敌人，只有永恒的利益。**

能够自由转换朋友与敌人角色的人，必然是了解人性普遍规律的人，深知他人所需，又懂如何攻击其弱点。历史上背弃信义的事件很多，如刘邦两次背信弃义，大破秦军，追杀项羽。有人说，军事上的欺骗不能用道德标准进行评判。那么政治呢？千百年来政治文学的经典主题之一，就是描述一个人如何处心积虑地应对过度的权力、野心和欲望。在热播剧《纸牌屋》中，许多事例都向我们演绎了或明或暗的背弃信义——弗朗西斯（Francis）夫妇为了达到目标不择手段的剧情，也展示了如何与敌人做朋友的精彩片段。

当与总统沃克关系最近的富可敌国的商人雷蒙德受到调查时，总统已经发现弗朗西斯想要削弱他的力量，为自己2016年的总统竞选铺路，于是总统找弗朗西斯谈话，给予最严厉的警告；与此同时，在总统的授意下，下面派人找到雷蒙德，让他在法庭上把一切矛头都指向时任副总统的弗朗西斯，作为交换条件，事后雷蒙德可获得总统赦免。

而老谋深算的弗朗西斯早嗅到这一步，所以团结了一切可团结的力量。弗朗西斯夫人甚至为了团结曾经在电视节目上公开批判她的处于重要"党鞭"位置的杰姬，放弃了一项耗时耗心、耗力已久的法案提议，只是因为杰姬不喜欢此法案。而且她还低声下气、卑躬屈膝地向杰姬道歉，只为了扫除一切有可能的障碍。最后，弗朗西斯不惜自践，以无比真诚的口吻给他痛恨已久的总统写了封信，里面附上自己签名的认罪书，告诉总统随时可拿出来，他准备好为他承担所有的罪责。此时的总统心软了，告诉马上就要上法庭的雷蒙德，法庭上不能把矛头指向弗朗西斯，两人之间的交易取消。于是乎，剧情急转直下，雷蒙德在法庭上公开承认罪行，并承认总统也知道。最后总统沃克没有别的办法，发表了辞职演说，并让弗朗西斯当上了第46届总统。黄色性格这么多年的努力终于如愿以偿……

对于弗朗西斯夫人克莱尔来说，杰姬当着全国观众骂自己虽然令人愤怒，但是在需要她的关头，再大的让步也可以。让我们重温一下这个故事。

《纸牌屋》第二季中，克莱尔和她的丈夫弗朗西斯希望能通过联署法案，却遭到了杰姬的反对。为了法案能顺利通过，弗朗西斯安插了眼线在杰姬周围，搜集到她和敌方势力同床共枕的证据，并警告她法案势在必行。

此后在弗朗西斯竞选总统的关键时刻，杰姬不但向媒体爆料克莱尔有婚外情，而且还致电电视节目，当着全国观众的面，公开指责克莱尔："我觉得不勇敢的是克莱尔，她逃避了这场辩论，她是懦夫。她处理丑闻，避开媒体，她是可耻的，因为没有什么比临阵脱逃更可耻。"

看着电视节目中杰姬对自己的羞辱和指责，想到这件事情将会带来的大量的负面舆论，克莱尔心里明白，这将对自己正处于竞选关键时刻的丈夫产生致命的打击。他们夫妇俩几个月来日日夜夜所做的一系列努力，可能都将化为泡影，这一切，都是因为杰姬在捣乱，都是因为她造成了这一系列负面的舆论。在那一刻，克莱尔是愤怒的，但她的理智并没有被这份愤怒所掩盖，相反，她很清楚弗朗西斯正处于政治上的紧要关头，必须化敌为友，团结一切应该团结的力量，特别是位于要职的"党鞭"杰姬。于是，克莱尔主动找到杰姬，冷静地展开了一场以退为进的谈判：

克莱尔："我不是来这里吵架的，我是来结束争论的。"

杰姬："法案投票后就会结束的。"

克莱尔："不会投票了，我会收回法案。你之前说的话是有一定道理的。早些时候你提议坐下商议折中法案，而我决定设下底线。而更勇敢的做法应该是收敛我的傲气，坐下来和你谈。如果你依然愿意谈，我愿意重新来过。"

杰姬："你和弗朗西斯有什么阴谋吗？"

布莱尔："我们只想要一部能通过的法案。"

杰姬："他让秘书监视我，他把我的私人生活……"

布莱尔："弗朗西斯习惯了获胜。他会做任何事达成目的，尤其是对我重要的事。"

杰姬："我不知道，克莱尔，我有疑心。"

克莱尔："我们很抱歉那样对待你，我们想重建我们之间失去的信任。你觉得这有可能吗？"

杰姬没说话，但典型的防备动作，环抱的双手慢慢放下，神情也不再紧绷。显然，克莱尔成功化敌为友。

试想，如果克莱尔在那一刻没有控制好自己的情绪，而是直接和杰姬撕破脸大吵一架，结果会如何？情绪是发泄了，但是杰姬作为重要的党鞭一角，必定会导致克莱尔的丈夫在通往总统的仕途上障碍重重，丈夫奋斗了这么多年的理想，也很有可能因为她的一时冲动而夭折。

是自己发泄一时的情绪重要，还是丈夫的事业理想重要，黄色的克莱尔非常果断地做出了选择——她及时控制住自己的情绪，冷静地找杰姬谈话，表示愿意让步。这个让步，表面看是克莱尔的妥协服软，但其实却为她拉拢了一个重要的人物，将原来的敌人变成了现在的朋友，帮丈夫完成了当上总统的理想。

而对弗朗西斯来说，敌人就更可以是朋友了。

美版《纸牌屋》编剧曾担任希拉里的资深竞选顾问，其中一句男主角的心声道尽黄色为达目标而不惜牺牲一切的特点："For those of us climbing to the top of the food chain there can be no mercy. There is but one rule: hunt or be hunted."（对于爬到食物链顶端的我们而言，绝不能心慈手软。我们的世界只有一条规则：弱肉强食。）

想要达成目标，你就要学会第二招——"世上没有永恒的敌人，只有永恒的利益"。

●**第三步，对你的敌人，以德报怨。**

这个需要有大智慧、大宽容、大心胸，当然这绝对不是绿色性格那种天生的宽容，而是黄色性格把它作为达成目标的必要手段，学会一种技巧——以德报怨。

当年，克林顿与布什家族弄得如此热络，并非毫无所图。2008年美国大选，其老婆是民主党头号种子选手，而希拉里当选的一大障碍，是她和布什一样，是个分裂国家的人物，恨她的人与爱她的人几乎一样多。对被右翼描绘成是自由派最极端代表的希拉里来说，如果自己的老公和最右翼最保守的布什家族交情日深，人们可能就会越来越不相信右翼对她的妖魔化，中间派选民就会被争取过来。

不管成败如何，克林顿夫妇对通过性丑闻把自己搞得声名狼藉的右翼，开始实行"以德报怨"，超然于党派仇恨之上。这种政治技巧，就是"爱你的敌人"，比起戈尔和克里来，显然更有大将风范。美国时间2008年6月7日，希拉里发表了退选演讲，承认自己的竞选失败，通篇演讲词令人荡气回肠，她对自己参选的意义，总结得非常漂亮。希拉里对奥巴马的赞美之词，简直无以复加。谁又能想到几个星期前，两人还在互相攻击。不能不让人感叹政治家的灵活和瞬间转变，而这种事情只有黄色性格做得最为漂亮。

想要达成目标，你要学会第三招——"要对亲娘好，但对你的敌人要比对你亲娘还好"。

所谓"没有永恒的敌人，只有永恒的利益"，真是妙啊！如果有人打你的左脸，把右脸也伸过去让他打，绿色做得到，黄色更做得到。不仅如此，黄色还可以自己打自己，来让你解气，如果他认为有必要的话。像希拉里这样的女性，在政坛上，这种能量必将释放出无尽的才华，而在家庭生活中，如果一味不加克制地释放能量，或许会适得其反。

搞定

在出现状况时，黄色通常不关心问题是怎样发生的，而只关心解决问题的方法。

搞定：我不关心问题怎么发生，我只关心问题怎么解决

因我在央视一套曾做过访谈节目《首席夜话》一年的主持，其中一期采访了董明珠，对董明珠意志之顽强颇有感慨。

初做销售员的董明珠，到了安徽市场，碰到的第一件棘手事就是追债。在合肥有家经销商拖欠了格力 42 万元的货款，虽多次催促但仍迟迟未还。董明珠先去讲理，对方知道来意后，爱答不理。但董明珠还是天天去，待在人家办公室里不走，人家不给沏茶就自己倒。一段时间后对方开始回避。董明珠依然天天去，终于有一天堵住了对方。没办法，对方只好答应让她去库房看货，但又说保管员不在，暂时看不了。董明珠就又天天等着保管员，连对方的女员工都开始同情她。被董明珠缠得无可奈何，对方终于领她去了库房。一进库房，董明珠看到产品像废品一样乱放，决心要把货拉走。对方答应董明珠第二天可以来拿，岂料第二天，这家公司关门休息，董明珠被耍了。董明珠又费了一番周折终于见到了对方负责人，于是说："你要么还钱，要

么退货。否则从现在开始，你走到哪里，我跟到哪里。"这回对方终于答应退货。董明珠生怕他又反悔，就雇了车，早早来到那家公司，亲自动手，一台一台往车上搬，累得不行也不愿歇一下，直到装完车、关好门、车发动后，董明珠才放下心，她打开车门对他喊："从今往后，再不和你做生意了！"然后立马对司机说："直奔珠海，路上不要停。"司机说："珠海离这里有 2000 多公里，你是要把我累死吗？"

这件事，让我知道原来"软磨硬泡"就是这么来的。亨德尔曾为《圣经》中的以下精神做了极为感人的咏叹调："我知道我的救赎主活着，末了必站在地上。我这皮肉灭绝之后，我必在肉体之外得见上帝。"（《旧约·约伯记》第 19 章）。无论承受多么巨大的打击、陷入多么绝望的境遇，都不可放弃希望和信仰。

当年普京上台执政，他体现出的最大特点就是以解决问题为目的，以俄罗斯现实为坐标，对各种思想兼收并蓄。在"9·11"后，普京根据国际形势变化，明确指出"对抗的时代已经过去"，确定了外交政策"务实性"和"全方位"这两个主要特点。强调一切从俄罗斯的国家利益出发，衡量"伙伴和盟友"的标准是"能否给俄罗斯带来实际利益"。

"能否有实际利益？到底有什么用？说了这么多，有什么好处？到底怎样才可以把问题解决？"黄色对于结果与实用性的关注，总能让他们在最快的时间里解决问题，而不是任凭问题继续泛滥或恶化。

出任董事长后的董明珠也并非一帆风顺。当年两淮高管串货，涉嫌私下对员工和经销商集资，引发全国动荡。她前往调查后立即召开董事会，宣布高管出局。董明珠前脚刚走，第二天这个高管就和几个股东召开"临时董事会"罢免了财务部长，召回所有的销售，将董明珠派去的工作人员困住。董明珠立刻再赶回现场，混乱不堪中，她先给律师写委托书，冻结资金。银行提出必须提供董明珠的委托书和公证书，并出具国家金融管理局的通知，且截止时间是"下周一下午4点"，而接到消息时已是周五。之后，董立刻返回珠海，办理公证，在报上声明，废除高管的公章，终止所有授权。周一上午拿到国家金融局的通知后，立马将所有材料交给银行，并派律师拿着委托书前往淮地公司仓库，阻止货物被提走。

在出现状况时，黄色通常不关心问题是怎样发生的，而只关心解决问题的方法。在很多公司里，黄色老板的口头禅永远都是："好了，我知道了，这些不重要，重要的是怎么把这个问题搞定。"的确，我们有时会为他们极度糟糕的耐心而摇头，然而正是因为黄色永远将焦点放在结果和解决方法上，我们的世界才得以前进。

在《纸牌屋》第三季第一集，弗朗西斯当上总统后，曾对自己的团队说了句霸气的话："我不要折中，我要大展宏图。作为总统，我选择了这支团队，你们为我工作。我要拿到5000亿美元，给1000万民众工作。我不管这有多具争议性，你们的职责就是找出办法；说服国会和美国人民是我的工作，你们的工作不是向我推销你们的妥协方案。"大意就是说少解释理由，赶紧解决问题。

让我们再来看看危机突发时，黄色是怎么处理的。

有一家公关公司的经理，负责汽车宣传，而媒体评测必不可少。但因并非新车型，媒体不愿重复评测，千辛万苦才谈定一家媒体。联络好客户与媒体后，留了双方的手机号，约定了次日的提车时间。可一件突发的小事导致了巨大混乱。

交车的前一晚，客户的手机损坏。清早，媒体与客户分别在生产地和销售地两处等待。双方苦等两个钟头，却未如约碰面。这时，接到客户投诉，认为是欺骗，扬言拒付。同时媒体的评测员也通知，不愿再继续，并将原定版面取消。更为麻烦的是，客户在按捺不住的情况下，和媒体通了电话，双方最终激烈大战。如果你是这个公关公司的经理，你会如何解决呢？

看看这家公关公司的黄色经理描述当时自己是如何在繁杂阻挠下，找到方法达成目标的。

在此阶段，我要先把自己从混乱中剥离，且以专业身份协助客户解决问题。

第一，联系客户，让客户知道起因是他的手机，事情也正在解决中，同时怒斥媒体，矛盾转移。

第二，询问媒体，向负责人施压，你们的人与我们共同的客户发生了冲突，广告将受到严重影响。

第三，立刻与其他媒体联络，制定备用方案。

半小时后，客户说只要保证原计划就可以了，但是媒体以今天工作已满为由表示拒绝。我非常明白这只是借口，于是计划迅速改变为：与客户沟通，争取将评测压后；和媒体谈判，必须在当天完成评测。

客户沟通非常顺利，因为客户已把对我们的不满完全地转移到了媒体身上。我亲自给媒体的评测员打电话，非常诚恳地表明了我们的意愿——我们需要在本期刊物上看到结果，这样，必须在当天完成评测，希望他可以协助我们完成；同时询问他目前最困难的问题是什么

（因为他不可能说出是因为客户和他发生了争吵，从而让别人知道他有报复嫌疑）。

他的答复是：没时间取车，而且马上要办其他事，时间上不行。

我迅速做出如下回应：第一，我们会尽全力配合你，只要可以今天完成评测；第二，车辆交接我们负责，并将车辆送至你的指定地点；第三，我们也可找其他人办理，只需你到时看一下报告，并做出修改即可。

评测员说需要考虑，我当然不能给他时间再找借口，于是立即通知另一个同事，迅速去客户那里提车，并赶到评测员目前的地点。麻烦的是这位同事是个典型绿色，他以不会开车为由想推托此事。我直接建议：去路边拦出租，支付司机费用，让出租司机进行车辆取送；如不愿去路边拦出租，我可提供出租司机电话，让司机直接到客户那儿等待指令，而你立刻打车到客户那儿会合；将之前的评测报告，发送给我们自己的撰稿人，修改报告后，务必于当天完成并发送给我。

同时，我再次给媒体负责人打电话，表示了强烈不满，并要求其必须解决，否则将会投诉到更高级主管。这时评测员电话进来，说已外出，并表示当天实在不方便。我很坚定地回复："车辆正赶往你那里，我的同事也会全程现场跟踪，和你广告部的负责人已说好，有问题你自己和他们联系。"

最终的结果如下：评测员接到指令，勉强完成，拖延了时间，但刊发评测报告没有受影响，客户表示满意。

整件事情解决得干脆利落，从出事到搞定花了90分钟。无论当中出现多少波折和障碍，可以看到黄色性格表现得煞是英勇，任何一个不可能或者问题出来，都会立即激发他的迅速反应。

工作上需要黄色的决断，生活中也是一样，有时生命就悬在一线间。小红对于她黄色的老公在当年救她性命的事件中所表现出来的那种黄色的决断力一直记忆犹新，她告诉了我她自己亲历的故事。

我和老公多年未育，当我通过试管婴儿的方式怀孕时，却患了卵巢过激综合征，造成大量腹水而住院治疗。可是腹水越来越厉害，直至有一天下午腹水增至胸部，造成胸部积水直接影响心脏功能，呼吸急促困难，面色苍白。医生偷偷地把我老公叫去，事实上那时是开了病危通知单。我看见他们说话，就问他医生叫你去干什么。黄色的老公轻松地说："没什么，医生说马上就要没事了，很快可以出院了。"

医生建议第二天抽胸水，因为当时已经下午5点多了，医生基本下班了，且妇产科医院是没有其他专科医生的，需要第二天联系专业医院。黄色的老公看着我难受的样子，毅然决定说："不行！必须今天，必须马上，如果到了明天还不知道会怎样，一切以我老婆为重。医生下班没关系，我可以帮忙一个个去找回来，要用多少钱都可以，要车可安排车，要人可安排人，无论如何一定要把所有的人叫上，必须马上进行，我老婆不能等到明天，只能今天！马上！……"

在他那么有立场的坚定语气里，任何医生的解释和推托都没有力量，容不得任何人反对，他督促联系了其他医院并找到专科医生，联系好已下班的B超医生共三人，以最快的速度将我送到了专业医院，如此通过很多破例的方式，终于于当晚开始为我抽胸水。抽完胸水后，人一下子感觉舒服了。从专科医生那里得知，如果再多一个晚上，有50%的概率我会去见阎王。

虽然老公不会特别温柔地关心我，却用他硬朗明快的方式让我感受到他对我深深的爱。

在健康的黄色眼里没有什么事不能办到，只要他们想要去做。由于黄色先生的立场坚定使太太小红能够转危为安。在危急关头，黄色表现出来的临阵不乱（镇定地安抚病人的情绪）、快速决断（马上找专科医生）、坚定不妥协（不管需要什么代价都可以，但是必须即刻解决问题），的确让人敬佩。

相比之下，很多红色家属的慌作一团，蓝色家属的愁眉苦脸，绿色家属因为不愿意麻烦医生实在强硬不起来要求别人，都有可能贻误战机，若不幸酿成终身大憾，怕是一生都不会原谅自己了。现在知道了，下回遇见这样的情况，多点儿黄色，没坏处！

黄色对于目标的执着让他们认定逆境是一个伟大的教师，他们笃信那些一生都走平坦大道的人是培养不出力量的。黄色通过逆潮而非顺潮游泳，来培养自己的力量，也许这也就是所谓的越挫越勇。

求胜

"报复"是因为黄色性格只想赢，这是他们为了赢而采取的一系列行为。

求胜: 我报复，是因为我想赢

黄色天性具有竞争性，因为他们把焦点放在胜利上。他们认为自己只不过是接受挑战，并没有击败他人的意图，而事实上，他们随时随地地想击败他人，让他人臣服于自己的脚下。当黄色发现自己被击败时，他们觉得自己受到了伤害，颜面无光，脸上无彩，面子上大大地下不来，这对于黄色来讲，是天大的事。为了维护至高无上的面子，他们会反戈一击。而通常，这一击的分量一定要超越前面他认为自己被伤害的分量。黄色认为，只有这样才能显示自己的强大；只有这样才能杀鸡给猴看，"我胡汉三回来了，看你们谁以后还敢惹我"；只有这样，才能让你们知道我的厉害。对于这样的行为，人们称之为"报复"。

人们一直将"报复"置于道德败坏的层面来予以鞭挞和批判，事实上，升级到道德层面的批判，被批判者会本能抵触，无助于解决问题。从性格层面分析，只有一句话，"报复"是因为黄色性格的内心缺乏对自己"想赢"的欲望控制，而引发出的行为。

◎初级 "报复"

初级 "报复"在生活中随处可见，譬如下面几例。

黄色老婆早上出门前正冲洗太阳镜，老公开个玩笑，在后面偷拍她一下，老婆大概被惊吓了一大跳，当场火冒三丈："这个眼镜很贵的，坏了你再给我买吗？"于是就狠狠地打了老公几下作为还击，然后去房间涂防晒霜。想想还不解气，在老公出门上班时，又在他背部狠狠还击了一下，把老公吓得公文包落地，这样她自己心里才感觉舒坦些。

黄色司机在高速公路夜行，有人在后面打算超车，拼命打远光灯，反光照射，让人眼花缭乱。黄色司机内心愤怒，将车道让开，待后面的车开到自己前方，然后尾随，打开远光灯直照。从苏州到南京的三个小时，一路跟车，始终保持15米距离。潜台词，我让你刚才不守规矩。差点儿没把前面的司机弄死。后来我听说了一个更厉害的版本是，另一个黄色司机采取的做法是，在汽车后面改装了两个超级无敌的大灯，晚上谁要是敢用远光灯照他，他便按下按钮，反照过去……

初级 "报复"的特点是，只要我感受到你败给我了，那就算了。因为我"赢"了，所以我就原谅你了，算了，放过你了，瞧，我大人大量吧。

◎中级 "报复"

上升到中级阶段，那就不仅仅是我舒服了，除了我舒服以外，必须要让你难受。那么前面"挨打的老公"和"被照的司机"难道还不难受吗？我必须提醒你注意的是，因为在你看来的"难受"，在黄色看来并不觉得"难受"。黄色感到"痛苦"的阈值比其他性格都要高得多，因此，黄色根本没觉得有什么。下面的中级阶段，也许黄色自己也会认为算是重锤。

张君，苦孩子出身，17岁开始闯荡江湖，22岁赚了第一个百万，但因一次操作失误，被广东皮包公司尽数骗走，几次上门讨债，都被对方赖账。张君杀机顿起，回到四川家乡后，举债8万，临走时告诫妻儿老小，此次不成，便与对方同归于尽，家人哭天喊地仍无法拦阻。张君来到欠债人面前，拉开衣服，身缠雷管，"要么还钱，要么同上天堂"。对方为其黄色气势所吓倒，只好妥协，以一辆奔驰车另加现金30万，偿债了事。

此后张君卧薪尝胆，开着奔驰在广州人才市场找工作，抓住刚兴起的中介行业，从2000元底薪开始从头来过，拼命三年赚了200万奖金。之后毫不犹豫地离开广州，带着从广州请去的人才到山东协助自己创业。

同去山东的人中有一位大姐长年做行政，文笔、谈吐和形象甚好，为其所用，后因张君兑现不了承诺，此大姐不辞而别回到广州。张君无法忍受他人弃己而去，多次邀请大姐归队，无效。于是他飞到广州，好礼和好言恳请，大姐仍是不从。突然，张君当场下跪，痛哭流涕表示悔改并哀求大姐务必返回，否则长跪不起。大姐动容，为他真情感动，返回山东。不料，三个月后，张君公告，开除大姐。旁人不解，问何故如此。张君不动声色道："宁可我负天下人，不可天下人负我。"

后张君生意越做越大，三年赚了5000多万，但因平日压迫民众颇为辣手，遂被亲信举报，因偷税漏税及非法经营等罪名被而拘留，只能倾尽家财摆平。出来后，四处寻找当年举报人寻仇，据说后来又赚了些钱，但举报的仇家也越来越多，最后的结局便不得而知了。

如果曹孟德先生九泉有知，不知是否会觉得后继有人呢？假设曹先生做事比照张君的风格，恐怕猛将千员谋臣百名，没一个可以网罗到麾下了。单凭此，孟德君很有可能大怒："张君小儿，成大事者，不拘小节，何须计较须臾得失？当年小关欲离我而去，想想我是怎生待他，最后方逃得华容道一劫。似你此等作为，念我名句，毁我声誉，罪无可赦！……"

如果说张君只是为了证明自己厉害，黄色更甚者，却要置之死地而后快，得饶人处绝不饶人，典型的代表人物如慈禧。

对于那些她认为负了她的人，西太后决不吝惜报复的手段。在西太后眼里，最大的负心人就是戊戌以后的光绪皇帝，对于这个她从小拉扯大的皇帝，她理所当然地认为对他有说不尽的恩义。戊戌事变后，西太后不仅将谭嗣同的事算在光绪头上，而且越发恼怒，不得不发动政变，重新拿回权力。在西太后谋求废掉光绪，遭到督抚和洋人的反对无法实现之后，身为皇帝的光绪就成了世界上最可怜的人，不仅衣食不周，而且要不时地忍受无休无止的精神折磨。

连宫里的演戏活动，也成了西太后折磨光绪的最好方式。政变之后，宫里最爱演的戏是《天雷报》，这是一出养子中状元之后，不认养父母，最后遭到雷劈的戏。戏在宫里演的时候，西太后特意要求加到五个雷公和电母，狠狠地劈那不孝子，同时将不孝子换成小花脸的小丑模样。面对这样一出明摆着是讥讽的戏，光绪必须得陪着西太后从头到尾地看，一边看，还要一边发表意见，痛骂自己。对光绪的怨恨，西太后至死未消。在光绪37岁生日前一天，西太后特意安排演出三国戏《连营寨》。这出戏满台白盔、白甲、白旗，气氛极其压抑。其实，平时在宫廷演戏也是很讲究吉祥寓意的，而在皇帝生日的"前三后五"的庆贺期内，演这种哭灵戏，无疑是一种别有用心的诅咒。此时的光绪已经病入膏肓，经这番刺激，几个月后便撒手归西，而连续拉稀拉了几个月的西太后，却终于熬过了比她年轻三十几岁的光绪，在光绪死后第二天，才咽下了最后一口气。

对于慈禧能熬到光绪走后第二天才咽气之事，我一直保持着莫名的景仰。你想想，要内心里一直提着"战胜对方"这口气坚持到死，那需要多大的决心和毅力啊。

作为领导者，黄色颇有盛气凌人的风范，他们对于等级的观念和权威的意识是那样根深蒂固，他们时时期待属下保持着谦恭的心态，而不允许有丝毫不敬。

◎高级"报复"

中级阶段已经让人"白刀子进红刀子出"了，竟然还会有高级阶段？难道还会有更恐怖的结局？没错，理论上，中级阶段的结果已经达到了"反攻击"的最恶后果；不过，我们忽略了另外一种情况，当报复者的力量尚不足以强大过对方时，黄色为了战胜对方，或者出心中恶气，会采取最后一招"玉石俱焚"，运用"既然你不让我活，那我也不让你好好活，要死我们一起死"的策略来进行毁灭性打击。

希腊神话中有个伊阿宋盗取金羊毛的故事。但是很多人不知道，帮助伊阿宋从父亲处夺得金羊毛的女子美狄亚，却是比伊阿宋更为传奇的人物。美狄亚为了爱情，不惜背叛父亲，她拿着宝物与爱人逃奔时，又带走了她的亲弟弟。

父亲追近时，她就把弟弟杀掉，一块块地丢下弟弟的碎尸，让悲痛的父亲忙着收拾儿子的尸体，以此阻慢追兵。美狄亚后来成为伊阿宋的妻子，生了两个儿子，但是伊阿宋移情别恋，娶了科任托斯城的公主。被抛弃的美狄亚悲痛欲绝，决定要报仇。

　　她首先让两个儿子带着沾了剧毒的衣冠，送给自己的情敌，科任托斯公主穿上这一身毒衣，立刻被剧毒焚烧惨死。美狄亚知道伊阿宋一定会来找她算账，在伊阿宋尚未到达之前，亲手把自己亲生的一对儿子杀掉。因为她知道伊阿宋最宠爱这一对儿子。把儿子杀死，是对自己痛恨的丈夫一种最大的报复。

　　这个为爱情而杀弟叛父，后来又杀戮亲生儿子的母亲，究竟是个什么人？这个狠心和悲哀的女人，没有一个女人比她的哀伤更重，最后她双手滴着儿子的鲜血，独自走上完全失落的归途。当美狄亚决定要手刃儿子的时候，她说："一切都已经决定，再也没有回头的路。我决不能让心爱的儿子落在他人手上。我给了他们生命，就让我把生命取回。"

　　我从希腊神话中得到这样的启发，那就是，高级阶段的"报复"，那是人类真正的悲剧。遗憾的是，"我得不到你，谁也别想得到"的思维和话语，在影视剧，在报纸、杂志，在现实生活中仍旧经常可以耳闻目睹。

　　健康的黄色，他们明白"胜者为王，败者为寇"，他们尊重强者，同时通过公平的竞争让自己成为强者。他们努力取得胜利却不将敌人的尊严踩在脚下，他们给予宽容却避免猛追穷寇；不健康的黄色，他们单纯追求赢的感觉，却丝毫没有觉察到自己的攻击性，而粉饰自己只不过是直截了当而已。

　　健康的黄色具有深层的爱，他们保护他人，并且给予力量，利用他们旺盛的精力和天生的权威，为他人和社会中的黑暗而战斗；不健康的黄色是愤世嫉俗、硬逞威风、破坏规则、手段强硬的人，他们体察不到别人的感觉，而是利用力量、谎言、操纵或暴力去达到自己的目的。

　　健康与不健康，一线之间！优势与过当，一线之间！

黄色性格

控制

黄色作为父母，总是很容易强迫身边的
一切都按她的意愿和想象进行，包括设
计孩子的未来与希望掌控孩子的一切。

控制：史上最绝的病历卡

2008年"5·12"汶川地震之后没几天，百丽集团的李昭去了灾区，她在洛川的废墟上一路行走，在废墟中捡出一封信。回来以后，将此信交与我，此信从未公开。故事说的是洛水中学的丹丹走了，从书包里发现她写给母亲的一封信，在书包里放了一年，也没敢给妈妈。现在，我把它原封不动地放在这儿，供天下黄色性格的父母阅读。

妈：

我们真的应该好好地沟通一下，我并不想和你吵，或许你看见这封信会吃惊，但是我还是要把心头想的说个明白，憋得太难受。为什么每次闹矛盾，不管是和爸爸还是和我，你总是要居高临下呢？难道你就不会有错吗？只允许你说一些不顾及我们感受的话，我们就不得不忍受是吗？你可能会说"说者无心，听者有意"，你可能现在会想说什么了。就拿今天你说的那句话："多你一个不多，少你一个不少……"你知道我哭了多久吗？我承认昨天不该对你大吼大叫，和你"顶嘴"，但我今天中午回来就打算认错，你不在家。晚上回来，我不打算生气，你却先指责我。而我认错反而让你更加严厉地批判我，不依不饶的，得理不饶人，和我先前猜测的完全不同。我以为你会认识到自己也有错，不该不分青红皂白不讲理地骂我，但你的反应让我心灰意冷。可能是我让你真的很生气，请原谅！

　　我知道我火气大，我也有压力，学习成绩一直不好，而你们对我一直抱有希望。我害怕拿分数给你们看，怕你们说我没出息，讨厌我，怕你们说我只知道用钱不知道收获。如果连我的家人都这么想我了，我感觉像一只"无家可归的丑小鸭"。高中真的好累，每次分数的打击，我觉得快要没有信心了，甚至出现了"厌学"的倾向。我怕你们看见我的分数后会把你们的希望打碎，我每天都在想你们看见最后的成绩单的时候会是什么样，然后不敢往下想。这是我真正想说的："妈，你的脾气真的该小点儿，发脾气对身体不好。"至于为什么放学不可以等人一起回家，我真的不明白，为什么必须回来得比穆莎娜早，我也不明白，你能好声好气地给我回答吗？（给我一个合理的理由。）我知道你关心我，但有时你的关心让我压力好大，何莹今天告诉我用写信的方式写给大人，大人会理解。我曾经想过，但没写，那是我"有心没胆"，今天我无论如何也写了，我怕以后会把房子吵翻。好了，开个玩笑！

　　晚安！

你的女儿：丹丹
2007 年 1 月 22 日

　　很早之前，这封信我就放在了本书的初版中，我的牙医小路看完本书后，因为这封信，给了我一份神奇的病历，故事大概如下。

　　牙医小路人很热情，可惜说话没耐心。我忧心忡忡地赶去医院，本以为就算多问些废话也情有可原，可她每次硬邦邦的回答方式，总让我感觉自己的问题很多余。于是非常怀念从前的蓝色医生，那种认真负责、细致耐心的感觉，让人安心、放心、省心。

可没办法，当时也换不了医生，拜该死的牙所赐，总要隔三岔五地去找她，每次见面就普及一些性格常识给她。聊的时间长了，终于发现，原来多年来，她一直被黄色母亲所压迫，导致个性变化。小路发现自我后，喜悦得痛哭流涕，为拯救天下千万仍被黄色父母"镇压"和"控制"的兄弟姐妹，尝试为自己的母亲做了些许诊断，病历如下。

性别：女
年龄：58
职业：大学教授

一、主控诉
儿女都想离开我，我很爱他们，把我认为最好的都给了他们，为什么？

二、现病史
儿子已经离开身边，女儿出走预谋中，我开始老了。

三、性格色彩
黄 （约70%）＋红 （约30%）

四、最令人无法忍受的特点
1. 她是永远不会犯错误的国王，她就是真理。
2. 只要她认为对的，就认为是真理，不管表达方式对方能否接受。
3. 她总要求身边的事情都按她认为对的方式进行，包括孩子的未来与一切。
4. 不会温柔，粗线条。

五、闪光点

1. 非常爱自己的孩子，太爱了，为他们安排好了一切。

2. 逼迫孩子上进，促其成材。

3. 能干有远见，常力挽狂澜。

六、诊断

1. 她最大的心理需求：控制的需求（总觉得我无力过好自己的生活，觉得只有她自己才有足够的力量掌控一切，包括我生活中的一切）。

2. 我就像她手中的一块蜡，用手随意捏成她喜欢的样子。其实略带调侃地说，这简直就是"淫威"。

3. 也许她做爸爸会更好。

七、子女的应对方式

1. 鼓励她继续上课，并且养条狗，她可以在学生和狗狗身上，尽情宣泄她过剩的热情和控制欲。

2. 不停地对她服从、认同她的英明决策，让她很有成就感。

3. 和她耍赖，让她无可奈何，因为握紧的手是抓不住水的。

4. 适时在她面前显示弱态，让她觉得你需要她。

5. 三十六计走为上。虽然我爱母亲，她对我也好得没话说，但我想要的是"自我"。

八、处方

处方一：抓得太紧，最后什么也得不到。

处方二：母亲你越想抓我，就越抓不住，最后我只好逃走，虽然我也矛盾和痛苦。

处方三：握紧双手你手里什么也没有，摊开手掌，你拥有的便是整个世界。

九、并发症

对我的影响：

1. 虽然我很不喜欢她的处事方式，但悲哀的是我总是或多或少地像她（有其母必有其子），我很痛恨自己的某些像她的特质，我正在试图抹杀它们。

2. 虽然我不是很推崇她的性格，但是见到类似她性格的人，总是很有亲切感。

3. 公众场合异常活跃的我，私下里会很好静，喜欢独处，我把活跃解释为：自我的释放。

4. 多么希望母亲黄和红的色彩对调。虽然红色相对不太有责任心，但是不会给人太大压力，宽松的环境会让我很放松和愉快。我最喜欢红色的人，而适当的黄可以约束红的散漫，鞭策我不断努力。绿色为主可能更适合我，更能容忍我，然而太多绿色会让我失去成长的机会和动力。

十、病史小结

母亲：你虽然不够温柔，但你很称职。我从不掩饰内心对你的不满，但我还想表达发自心底的对你的深深感激和爱。我会常回来看你的。再见！

病史整理者：永远长不大的女儿

霸道

黄色不会让情绪影响工作，所有的情绪都要为目标让路。

霸道: 自割子宫的女汉子和自断前程的哈佛校长

黄
色
性
格

建议各位读者, 如欲深刻了解黄色性格的女性, 必看影片《穿普拉达的女王》。影片中的女主编正是一位典型的黄色女士, 这部影片是不折不扣的性格色彩中黄色性格的教学片。

从她和下属的关系中, 我们可以看到她无处不在的黄色性格特征:

1. **黄色让周围的人紧张**——她从不大声呵斥, 但是从已获知她将提早到办公室这一消息的瞬间, 公司全体员工就极其紧张地开始化妆、换鞋、收拾办公桌、准备会议资料;

2. **黄色死不认错**——她记错 (或者压根儿没花心思去记住) 新到任助理的名字, 在助理纠正之后, 只是看了眼助理, 仍然按照自己的意愿想怎么叫还怎么叫;

3. **黄色一意孤行**——在因为风暴而导致所有航线取消的前提下, 强行要求助理替她安排回程飞机, 在她看来, 窗外的狂风暴雨只不过是一点点小雨;

4. 黄色不停地设定目标——助理想尽一切办法仍然无法完成她所要求的找到回程航班，因此耽误了女主编去参加自己双胞胎女儿的公演，为此，女主编提出了更高难度的任务，要求助理搞到还未出版的《哈利·波特》原稿给自己的双胞胎女儿，否则就将失去工作；

5. 黄色表达欣赏的方式是工作地位的提升——当助理幸运地完成了她安排下的所有几乎不可能完成的任务之后，她有小小的惊诧却没有给出任何赞美之词，她给予的最大奖赏是带助理去参加巴黎时装周这一时尚界最高盛典。

然而她在处理危机时的果断，也不得不让我们叹服：

1. 黄色毫不情绪化，以可掌控的事实作为谈判筹码——当她的下属无意中得知女主编将被撤换而想尽办法去通知她的时候，她表现得完全不动声色，而实际上她早就已经得知自己的职位即将被另外一个人取代，面对这样突如其来的状况，她悄无声息地列出了一张由她带出道的时尚界重量级人士的名单，冷静地放在了她的老板的面前，告诉老板，如果她被替换，这些人已做出承诺将追随她而去；

2. 黄色直接给出解决办法，并且为了达成目标，会忽略他人感受——同时，为了替老板解决接任人选的新去向问题，她在没有给予当事人任何预先告知和安抚的前提下，把已经确定给下属的工作机会在宴会上突然宣布给了下属原先的竞争对手，而这个忠心耿耿跟了她十多年的下属只能自我安慰说，到了合适的时机她一定会弥补我的。

是人总有感情，但黄色的情感真的不怎么丰沛。

黄色不会让情绪影响工作，所有的情绪都要为目标让路——这样一个女魔头在经历了一次婚姻失败之后依然埋头于工作，使得她的第二任丈夫也终于忍受不了她对于家庭的疏忽而提出了离婚。一贯强悍的女魔头终于在酒店内，在已获信任的助理面前流露出了一丝的脆弱，而这一丝的脆弱也并非因为失去爱人，更多的是出于对双胞胎女儿的愧疚。然而当助理刚刚被打动企图安抚她的时候，她却将话题又切回到了晚宴的座位安排上，情绪转换不超过一分钟。

◎ 自割子宫的女汉子

在现实世界中，女魔头到底是怎样的？从前，只在武侠小说里听说，有高手为练葵花宝典而"挥刀自宫"，对于男人来讲，为得到这样的身手，要付出这般的代价，内心实在佩服，因为知道机会即使来到面前，也未必有勇气尝试。

很多年后，得知东方不败后继有人，他的超级女粉丝正在身体力行，更重要的是这位步东方不败后尘者，以前是商界炙手可热的人物，2015 年又开始投入参选美国总统，这不得不让人好奇。据可靠消息，惠普公司前 CEO 卡莉·费奥瑞纳曾为工作将自己的子宫割掉。先前只是知道此人做派强硬，因为这件事情，我开始了从卡莉的人生结局分析黄色性格，让我们看看从当年《财经文摘》中我们可以读出的信息。

"我是凡人，我也会犯错，但我从不后悔。"这是卡莉在台北发表演说时，被问到她在惠普首席执行官任内有没有让自己懊悔的错误时的答复。不过若现在问她同样的问题，不知她的答案是否依然如一，因为这位曾经拥有无数头衔的明星首席执行官，在众人的惊讶声中被惠普董事会给请下了台。

> 假设你现在问她，答案我敢打赌还是一样的，因为典型黄色从不认错。

黄
色
性
格

2005年硅谷送走了美国高科技行业最勇敢的豪赌者之———惠普公司主席兼首席执行官卡莉·费奥瑞纳，她因业绩不佳而被迫辞职。

1999年卡莉凭着她坚决果断、如钢铁般的意志入主惠普公司。但她那过于突出的坚强个性，不断地与这家年届花甲的科技公司原有的企业文化产生激烈冲撞。一旦人走茶凉，突然，以前她身上那"超凡、大胆甚至迷人"（美国《财富》杂志语）的特点似乎消失殆尽。现在，她所获得的评价跟以往大相径庭。许多人的看法是，事实胜于雄辩，既然卡莉不能为惠普带来更好的业绩，她以前表现出的"迷人"个性就一文不值。

> 这篇报道里所有对她个性描述的用词令人惊讶，清一色全部都是黄色的特点。

然而，这位铁娘子在遭到董事会驱逐之后，还坚忍无比地对外界宣称："我与董事会的关系非常良好。"简直是坚忍到了天真任性的地步。卡莉最初是在美国斯坦福大学攻读古代历史，对于高科技行业来说，她并非科班出身。但她的坚忍个性把她一步步引向商业世界的权力中心。

> 任性是一定的，天真却是未必！以黄色来讲，在别人没有给自己台阶下的时候，自己给自己台阶下非常重要，如果她承认了董事会和自己的关系不好，岂不是承认自己是被炒掉的吗？由此看来，不管外人看起来多么光鲜亮丽，不管你是谁，骨子里的本性就是红蓝黄绿。

当时，美国《商业周刊》资深记者伯罗斯在《逆火：惠普女总裁的权力之路》中对卡莉的经历、个性、处世以及她的成才之路，做出了极为生动的描述，并且冒天下之大不韪，在两三年前就公然"唱衰"这颗红极一时的商业明星。仅从书中记载的几个细节，人们就不难窥见这位曾经的惠普铁娘子的非凡个性。当卡莉还在中学念书时，她就被同学们认为是喜欢独立思考、外柔内刚的女孩："当大家往一个方向走时，她一定会采取相反方向的观点。起码可以证明她比大家更理性。"或者说"她总喜欢挑战常规的智慧"。

　　《逆火》评论道："这种对从众思维的厌恶后来也是她职业生涯中一个重要特征。在惠普的头三年，她接连两次去测验被她所从事的行业广泛承认的一个常识：'高科技企业的合并行不通。'不管是夭折了的，在 2000 年以 180 亿美元的价格收购普华永道咨询业务的企图，还是惠普跟康柏的合并交易，都公然不顾过去几十年中无数高科技企业合并中途夭折的历史经验，以及惠普公司本身在合并方面惨痛的教训。"

> "不唯上，不唯书，只唯实"在这里得到的却是过分的体现，可惜黄色的卡莉小姐误解了这句话的本意，相反，为了验证她的个人英雄主义和也许是对盖洛普《打破常规思维》的无限支持，最后沦落进"人有多大胆，地有多大产"的泥潭。

　　卡莉终结跟前夫托德的婚姻的方式也引来了争议。评论者认为，卡莉变得越来越对商业着迷——那种智力上的挑战性、成功之后的颤栗感，以及巨大的金钱回报。评论者表示："她把全部身心都投入工作中，她变成了一个枯燥乏味的单向度的人。任何对她的商业生涯没有用的东西，她都不感兴趣。"这对夫妇分手前，卡莉这样对托德说："我受过的商业管理训练让我得出一个结论：'生活中还有一些东西我没有得到。我必须下定决心，采取我相信是正确的行动。我就得这么去做。这就是我的理由。'"

> 在黄色的优势中，我集中阐述了黄色具备的焦点精神，让他们能够在单一时间聚焦单一目标，不受任何外界影响而达到成功。遗憾的是，以整个生命的角度俯瞰，他们显得是如此单薄而欠缺生命的宽度和丰富性，似乎除了工作本身以外，其他的一切都是不必要的。

　　《逆火》分析说："……情感这东西，在商业分析示意图中，是不加以考虑的。然而，她头一次婚姻的情况却很能说明卡莉这个人的变化，那次离异当然说明不了所有问题。但这绝非巧合：离婚以后，她在同事和旁观者眼中完全变成了一个意志刚强、不达目的誓不罢休的女人——不管是销售一批产品，还是赢取一份职位，或推进一项合并交易。"

> 对于黄色而言，因为他们的理性，他们可以完全把情感和目标分离，这样自然最不容易受到情感的困扰和打击，这相比其他人群更加容易做出理性的判断，而始终关注在自己要达成的目标上。然而也正因为他们在剥离情感上的能力过于绝决，使得在人们的心目中，他们是冷酷无情的，甚至被喻为冷血动物。

书中还记载了离婚听证会期间的一件有意思的小事。卡莉的朋友莫琳声称，卡莉在不同场合多次把她称为最好的朋友，并希望她在听证会上帮她一把。"托德知道吗？"莫琳问道。卡莉说，她已经告诉过托德，而且他并不反感让莫琳为她做证。然而，这不是真的。这一点，莫琳从她走进法庭做证那一刻托德脸上的痛苦表情里就意识到了。伯罗斯评论说："放在大背景下看，这算不得什么罪过——或许仅仅是那些野心勃勃、努力进取的人会偶尔为之的一件小事。然而，莫琳那种被欺骗的感觉，却是很多跟卡莉有过生意上往来的人都不陌生的，大家都有过相似的经历。他们起初是被她给迷住了，被她打动了，高兴地报以热忱和忠诚。而她也声称会报答他们。而一旦维持这种关系已经变得无利可图，卡莉就会翻脸不认人，弃之于不顾。"

> 很多成功的商业领袖在追求成功的过程中，都曾经在"变幻莫测的道德领域"有过冒险，伤害过很多人。对于黄色来讲，他们也许认为很多事情都是小事，在通向他们成功的道路中，所有前进和成功的阻碍都将被他们扫除，在扫除的过程中，因为他们过度考虑自己而忽略他人的利益，更重要的是忽略他人的感受，这使他们非常容易伤害他人。另外，他们过度注重利益化而忽略情感，很容易被人们认为黄色"过河拆桥"。

几年来，卡莉更是和惠普传统的崇尚平等和情感纽带的企业文化背道而驰，购置价格不菲的名车和商务飞机，雇请私人保镖，偏好以金钱鼓励员工，有意拉开管理者跟普通员工的距离，还多次为自己加薪。她还在知名媒体上频频露脸，使得个人声望空前高涨。而公司内外对她的不满和抵触情绪也与日俱增。最终，有着耀眼个性光芒的职业经理人卡莉，在跟惠普传统的激烈交锋中败下阵来，辛苦忙碌了几年，却落得员工不认可、股东不满意、董事会不合作、华尔街不相信的下场。

> 黄色注重结果的本性让他们即使在管理上也乐意用简单的办法来完成，他们坚信"有钱能使鬼推磨"，这样，物质奖励和加官进爵自然成了最行之有效的方法。他们觉得，对所有人来说，金钱和那些能够看得见的物质鼓励就足够胜过一切了。

卡莉究竟犯了哪些错？五年半前义无反顾支持她的董事会，何以最后却翻脸赶她下台？

自卡莉上任以来，她明星般的外表，名家设计的发型和服装，空中飞人般全球穿梭拜会、演讲，一直是聚光灯的焦点以及众多企业家的典范。然而有不少批评也指出，卡莉对惠普的管理"予智予雄"，自视甚高而不肯虚心听从他人意见，对元老重臣提出的忠告不屑一顾。公司大计只和身边的少数人士商量就悍然推行，让惠普员工怨声四起，也令她招致"刚愎自用"的批评。

> 她那种事必躬亲、直言不讳和决不妥协的管理风格可能损害了她与员工的关系。卡莉是以局外人身份入主惠普的，在那以前，惠普管理非常松散，而卡莉性格刚毅，管理很严，有时让人感觉独断专行，部分员工对她敬而远之。而对于黄色来讲，让人们畏惧他们远比让人们觉得他们是可亲可近的要重要得多。这是马基雅维利早在他的《君主论》中无数次强调过的理论，刚好与黄色的风格是那样匹配，怪不得我所认识的大多数黄色老板的口头禅就

> 是：我不想让人们喜欢我，我只想让人们尊重我！我们不得不承认，名著的确有名著的力量，15 世纪的政治思想家就已经可以预测出来绝大多数政权或者企业的开创者都是由黄色把持，真的不容易啊！

　　然而她的改革既未取得相关共事者的支持，全凭一己权力推行，手段又纯粹是中国法家式的：下属达不到要求目标就"提头来见"，不但在员工内部累积不少反弹声浪怨声载道，公司绩效也不进反退。2000 年秋天，惠普获利比预期目标还低 25%。第二年，惠普的员工有 86% 共同艰难地签署了减薪同意书，但即使如此，公司在随后不久又宣布再裁员 6000 人，是惠普史上最大规模的裁员行动。许多惠普的员工都认为公司背叛了他们，一位惠普实验室的员工当时曾说："卡莉如果不是接受了一个烂建议，就是她打算激怒大家。"

> 卡莉在 1999 年跃升为惠普首席执行官，以为得到董事会支持就可放手一搏，却无视和她朝夕相处的员工的感受，不纳人谏而招致人怨，庞大的反对势力最后终于逼她下台，其情节真如一千年前王安石变法的翻版。

　　卡莉改造惠普的模式，完全采用"外功"，雇请外界管理顾问诊断，并接受其改造组织的建议，不太考虑内部人员的意见，因而她的改造是——为改造而改造。相对于 GE 的韦尔奇、IBM 的郭士纳引进外人、刺激公司内部改革派抬头，进而激发全公司改革意识的做法，卡莉的改造却像"文化大革命"——用全盘翻新的手法，挖掉惠普的根，集公司所有资源重新打造一个模糊而不真切的惠普。

> 卡莉在大学的主修专业是古代历史，我们可以推断，因为黄色的卡莉同学非常刻苦，业余钻研了很多中国历史，尤其是"文革"历史，对于当年"破四旧"的举动很有心得，于是"全盘东化"，要彻底破除惠普的旧思想、旧文化、旧风俗、旧习惯。

对于卡莉动辄以砍人立威，却不反求诸己的作风，惠普员工也颇有微词。在 2000 年获利不如预期时，长期服务于惠普的首席财务官库金哈姆就成了挡箭牌，财报公布后数天就被卡莉撵走。但身为公司实际掌舵者的她，却从不见有为公司业绩不佳而"下诏罪己"的认错之举，反而是在当年要求董事会将她年薪提高到 7000 万美元，这种"朕实无罪，罪在众臣"的做法，更让员工对她越来越反感。

> 典型黄色过当的表现，"我是不会错的，要错只会是你错"。黄色过当时，有将错误归咎于他人的严重倾向，有好的表现都是领袖英明，成绩不佳就是下属无能。

根据《华尔街日报》报道，惠普的员工在听到卡莉下台的消息后，"开香槟庆祝"；惠普的员工也不再掩饰他们的愤怒，不断在公司内部留言板留言辱骂卡莉，逼得公司不得不关掉内部留言板，可见卡莉在惠普员工心目中的地位。

> 黄色的可悲之处在于，他们最有能力来完成一些壮举，但是如果过度暴政和严苛却会在历史的结尾落得不得人心的下场。

非但在政界和商界，在相对单纯的象牙塔中，也有黄色性格的管理者因其过当严重而不被信任，最终众叛亲离。

◎ 自断前程的哈佛校长

2005 年 3 月 15 日，哈佛大学文理学院的教授们对自己的校长萨默斯投了不信任票，把哈佛推向了危机。

萨默斯走到这一步，显然有更深刻的原因。从个人层面看，他年轻气盛、恃才傲物，在文人相轻的知识分子圈内，容易引起嫉恨；从政策层面看，他经营大学的方式，越来越背离教授治校的传统，威胁

黄色性格

着教授们的权力，使大学越来越像个企业，把自己变成一位独断专行的企业总裁。

> 即便是在大学校园里，黄色也追求权力和控制，如果可能的话，萨默斯大概愿意像管理军队一样管理学校。

　　萨默斯是个才能卓越又一帆风顺的学界领袖。他在麻省理工学院获得科学学士学位，随即到哈佛经济系攻读博士；24岁，当了麻省理工学院经济系的助理教授；29岁，刚刚拿了博士学位才一年的萨默斯，就成了哈佛历史上最年轻的终身教授。

　　治理哈佛这样的学术重镇，既需要崇高的学术权威，又需要高超的政治技巧，更需要敢想敢干、敢于突破传统校长的行为和规则的勇气。能满足这些要求的，除了萨默斯几乎再找不出第二个人来。萨默斯上任后，马上就表现出与众不同的政风，直来直去，敢于和既得利益碰撞。然而，也正是因为如此，他频频给自己惹下麻烦，最终陷入了自己的人格陷阱。

> 在黄色性格心里，规则和权威都是浮云，如果这世界上有权威的话，那么就只能是他自己。但直截了当、敢于挑战的黄色，常因为触碰既得利益而得罪他人。

　　他首先引起全国注意的，是和哈佛的黑人教授韦斯特的冲突。韦斯特是非同寻常之人，他是哈佛大学仅有的十几位校级教授之一，著作等身。同时，他的声望早已经超出了学术圈，成为社会明星，在学术之余，从音乐到政治，无所不干。他在哈佛上课，从来是学生爆满，据说打分也颇为宽松。在萨默斯看来，韦斯特也许集中代表着哈佛的许多问题。比如，哈佛的分数膨胀严重。2001年6月竟有91%的本科毕业生获得了"毕业荣誉"，成为优秀毕业生。真正出类拔萃的学生，靠成绩反而看不出来了。另外，哈佛的教授常常是社会明星，一旦拿到终身教职，就常常周游世界，参加各种活动，忽视本校的教学工作。更有些不务正业的教授，搞一些流行的东西。所以，萨默斯特别约见了韦斯特，要求他带头治理分数膨胀的问题，同时多从事一些严肃的学术活动，性格火暴的韦斯特勃然大怒，立即中断谈话，扬长而去。

> 黄色性格对人严格，他们认为给你高标准才能促使你进步。黄色性格对待工作极其认真，在工作时间从事其他社会和娱乐活动，是不可容忍的，工作就是工作，来不得半点儿虚的。然而黄色性格不明白的一点是，其他三种性格并不这么认为，只会认为黄色不近人情。

但这仅仅是危机的开端。韦斯特和几个从事非洲和非裔美国人研究的同事，认为萨默斯不仅对韦斯特不恭，而且对他们的整个学科不恭，纷纷扬言离开哈佛。哈佛的对手闻风而动，立即向这几位教授示好，结果是不仅韦斯特去了普林斯顿，其他几位教授也另谋高就。哈佛一个本来在世界范围领先的学术领域，由此受到沉重的打击。这次提出对萨默斯不信任案的，也正是从事非洲和非裔美国人研究的人类学家马托雷。可见萨默斯与非洲和非裔美国人研究集团的冲突，已经根深蒂固。

> 黄色过当对他自己最恶劣的影响，就是可能众叛亲离。黄色性格的批判性和攻击性过于强烈，很容易让下属觉得难以接近，甚至主动远离。到最后黄色发现自己已经是光杆司令的时候，为时已晚。

接下来，萨默斯又动用校长权力，否决了两个文科学者的终身教授职位。此事虽然没有引起媒体的风暴，但对哈佛教授的心理影响恐怕不小。美国大学评终身教授，最体现教授治校的原则。萨默斯一次竟砸了两位教授的饭碗，而这两位教授，都是系里的教授以压倒优势支持的，这就造成了校长和教授们的对立。萨默斯的理由是，哈佛总是雇用一些名气大却已经没有创造力的教授。他认为，人的创造力有一定时限，学者一般在成名前是创造力最旺盛的，等成了名、上了年纪时，常常江郎才尽，只能靠吃老本。哈佛不是养老院，要雇用的是正当年的教授、不是躺在功劳簿上吃饭的教授。这两位教授，都过了50岁，恐怕已经过了创造的高峰期。

在某些性格过当的黄色眼里，下属只是一些工具，你有用的时候我待你彬彬有礼，等你毫无利用价值了，就一脚踢开。不可否认优胜劣汰是社会的规律，但这一行为让重视情感交集的红色极为愤怒，他们重感情、念旧、心软，所以经常用"灭绝人性""残酷无情"等词来形容黄色。

更糟的是，萨默斯频频放出话来，说终身教授制度可以考虑取消。只有打破了铁饭碗，教授们才不会固步自封，一些改革才能推行。要知道，首先，西方国家的大学有好几百年的历史，终身教授制度是这一悠久历史的结晶；这一制度，首先保证了教授的言论自由，可以让教授大胆批评社会、批评自己的大学。其次，终身教授使教授免于饭碗之忧，能够以十年磨一剑的精神，潜心于学术，这对一些出成果较慢的人文学科来说特别重要。萨默斯是经济学家出身，在他眼里，似乎哈佛的教授就是华尔街的股票分析师，必须在市场上挣扎才能有效率。这就破坏了教授们最基本的安全感。

> 效率！效率！效率！在黄色眼里，一切都为了工作效率服务。我们知道竞争产生效率，黄色常常不遗余力地制造竞争气氛，在团队内部他也支持部门及个人间相互较劲。然而，这种商业战场奉行的原则，并非哪里都适用。尤其是其他三种性格都不喜欢剑拔弩张的环境，即使喜欢新鲜和变化的红色，也希望有基本的安全感。更何况当黄色试图打破旧有模式时，势必触怒既得利益群体，他们以为自己具有改革的魄力，殊不知别人早就怒从心头起。

教授们真正的怨恨，是萨默斯的傲慢无礼，他不把教授当学校的主人来礼遇，而是当仆人来恫吓；而且他自以为是，常常跑到自己的专业以外自作聪明，觉得别人都是白痴。萨默斯犯的最大错误，是有意无意地把自己放到了一个教训他人的地位，处处树敌，破坏了校园的和谐气氛。在制度上，他对哈佛最大的威胁，是要像经营企业一样经营大学，自己当总裁，居高临下，以老板的高压手段执行他的政策。这是大家都怕的，也是最恨的。

> 黄色性格笃信职位有高下之分，当他们坐上管理者的位置，就觉得下属的言听计从是理所应当的。过当的黄色不懂得随着环境和文化的变化改变管理风格，依然推行强权统治，这必然会触犯众怒。

　　萨默斯渐渐明白自己的错误。他虽然是哈佛出身，但毕竟在哈佛执教不足十年，对在哈佛充当领袖的游戏规则并未参透。他的恩师、前财政部长鲁宾，他的前老板、前总统克林顿，都在调教他如何应付这样复杂的政治局面。他在这之后，便放下了架子，反复表示虚心学习，一再道歉。在一次学生家长会上，一个家长站起来说："人们都说你是混蛋！"他则谦卑地说："大家可以这样说我，但请一定不要这样彼此说对方。"但是，这些姿态，似乎已经为时太晚。

> 黄色性格厉害的地方在于能屈能伸，当他发现硬着来不行，知道使软可以得逞时，会毫不犹豫地弯下腰经受胯下之辱。只是黄色这种见风使舵的特点，常为他们带来"虚伪"的名声。

　　在这场持续了近三个月的风波中，董事会一直明确支持萨默斯，然而，美国大学一向讲究"教授治校"。在一所世界级的私立大学里，教授对校长投不信任票还是前所未闻的事件。萨默斯不辞职，这场危机很难轻易化解。董事会可以和教授对立。但是没有教授的支持，哈佛就会面临三大很难承担的风险。

　　第一，校园分裂，损害哈佛的公共形象，影响哈佛的募捐活动。

　　第二，强化了哈佛企业化的形象，长远利益会受到致命的打击。

董事会虽然权力甚大，但必须说服教授，否则，这个游戏是玩不下去的。

第三，冲突使萨默斯的一系列改革措施的讨论变得不可能，任何改革都难以推行。一个没有权威的校长如何治校？这是哈佛董事会早晚要面对的困局。

简而言之，这场争斗，实质是哈佛要继续成为一个学术共同体，还是转化为一个跨国公司的问题。萨默斯的企业总裁的风格，已经被哈佛的教授们所拒斥。

> 黄色的悲哀在于，很多时候，得民心比暂时的权力和地位更加重要，可他们往往忽视这点，以为只要自己站在制高点，就可以对下面随意发号施令。看来萨默斯需要来中国深造，了解一下"水能载舟亦能覆舟"的道理。

萨默斯最终在校内外的声讨中黯然请辞，在告别演讲中，他说道："我们中的一些人意见不尽相同，但是，我知道，我们的共识远远超越分歧。我心满意足地离开哈佛，感激你们给我机会领导这所杰出的学府。"然而，正是未能妥善处理这些分歧，才导致了萨默斯的离任。他是一个成功的学者和才能卓越的实干家，却是一个失败的大学校长。

> 黄色性格是不会当面承认自己的失败的，他们总认为自己会东山再起。

宋神宗时，王安石力主变法，但他以为有皇帝支持就万无一失，瞧不起任何不同的意见，招来士大夫群起抵制，终因反对势力太大，王安石遭皇帝罢官，满腔改革理想终究以失败告终。

当时宋神宗和大臣文彦博间有这样一段对话，神宗对文彦博说："自新法施行以来，老百姓交口称赞，都说对老百姓有利，为什么你们还那么激烈地反对？"文彦博答："皇上，您是用小民治理国家，还是用士大夫治理国家？"这句话正命中要害：任何改革纵有崇高理想，若失去相关共事者的支持，最终要失败。一千年前立志革新宋朝的王安石，与一千年后誓言让惠普文化焕然一新的卡莉，以及雄心壮志改革哈佛的萨默斯，虽然时间、背景不同，给人的教训却如出一辙。

我们今天要将"千年后的王安石"这一荣誉归于卡莉和萨默斯，他们的出现为我们树立了强硬黄色的绝佳典范！

强势

我 ♥ 你

对黄色性格的女性而言，爱是虚幻的没有实体的东西，因此很难衡量，她们对没有实体的东西很难有所感觉。

强势：恋爱中的女强人

朋友岚，女中豪杰，漂亮女人，是商场里男人见了就随时可能阳痿的厉害角色。真是见了鬼了，今天她打电话告诉我，说她正在看《色眼识人》。我正好奇这个黄色的家伙从来都没时间看书，今天怎么居然会偷得浮生半日闲？原来这位女英雄洗澡时摔断了两侧肋骨，每天只能坐着睡觉。之前我对她的建议是，学会放松，享受当下，从来被她置若罔闻，而她这次接通电话和我讲的前两句话绝非诉苦，只是笑眯眯地说"很痛苦啊"，痛苦的是："不能上班了，痛苦啊！"原来受伤之时，她仍旧只对工作有兴趣，皮肉之苦对她们来说算不得什么。接下来，她和我探讨了最近遇到的情感上的困惑。这个版本的故事，我在不同人的身上重复看过了几次，结果如出一辙。

总结以后，发现黄色性格的女性一旦恋爱，会有如下特点：

她们是炽热的。

传统意义上，男人要主动，在她们这里，可以被颠覆，她们对于自己喜爱的人会单刀直入。假设她外表出众，在从小成长的环境中也一直很优秀，她们固有的强势会使人们感觉冷若冰霜，孤傲不可一世；然而你越恐惧，你就越将丧失掉本来属于你的一切。她们在内心虽不像红色那样，有强烈的被呵护、被照顾的需求，但也强烈地渴望与人深度交流，她们需要找到她们的港湾休憩，她们藐视那些半途而废放弃的男人，所以如果你真的爱她，不要放弃。如果你中途放弃，她们会认为你太脆弱了。

她们快速反应。

她们不会像其他性格一样，婆婆妈妈，拖泥带水，当面对问题时，快刀斩乱麻，该解决就解决，该分手就分手，该和好就和好，不会"叽叽歪歪"。如果中途你移情别恋了，她们会根据实际情况：

1. 如果你不值得，就快刀结束，不懂得珍惜她是你的问题；

2. 如果你值得，就会反思问题在哪里，把你抢回来，好好经营感情。当然也可能抢回来以后，找机会把你甩掉。如果你是一个怕麻烦的人，黄色是最好的选择，她们不"作"不"闹"，非常清楚地结束关系。不过她们很少吃回头草，她们的眼睛只向前看。

如果你希望事业成功，找她们显然会比找其他性格更具经济价值和回报率，她们无与伦比的商业头脑会帮助你的事业高速成长。而假设你是红色，再找一个红色，看起来对工作并无什么特别益处，当然，纯艺术领域除外。你也许会觉得在爱情里加进一些利益因素，似乎不那么光明磊落，似乎她们为了事业的成功或外人的尊重，与自己并不爱的人结合，定有一场不幸福的婚姻。其实未必，因为她们的重心你不关注，而你关注的她们未必有兴趣。黄色不一定是专情的人，但如果婚姻有存在的理由，就算没有很深的感情，黄色也可以接受。可一旦黄色发现她要的不是这个了，她需要的生活是另一种类型，她会很快转变风向。但如果她觉得这个男人，就是自己想要的，她会和他在一起。结婚不是以爱不爱来衡量，是以这个男人是不是适合和我一起生活的人，和他在一起是不是我想要的生活来衡量的。

她们把她们的情感对象，当作学习的对象。

她们从不放弃汲取知识的任何机会，尤其当她们遇到强者时，她们好像干了的海绵，拼命吮吸对方身上的养分。这使得黄色通常在 30 岁以前，只对比她们年龄大很多的男人有兴趣，她们需要从对方身上感受到有可汲取、可学习之处，要能让她崇拜，因为同龄人远远不是她们的对手。

她们富有勇气。

如果你是一个名不见经传的穷小子，你的另一个竞争对手却腰缠万贯、地位显赫，你的自尊在这些对手面前由于你经济上的窘迫可能会被践踏得体无完肤。但只要你没有丧失对自己的信心，只要你坚信自己有朝一日可以鲤鱼跳龙门，她们仍会义无反顾地投资在你身上。如果你喜欢她，就以行动来表示，不要光说，说是没有用的，要用行动来证明。她们天性中内心富有的力量会使她们能抗拒任何外来的压力和舆论轰炸，即便是她们最亲近的家人也无法改变她们对你的爱。如果是她们决定的事，她们会做了决定后再告知家人。没有人可以改变她们的决定，除了她们自己觉得需要改变。

不过，如果你要痛斥她们，你的批判点可能会集中在：

她们的心是硬的。

硬到有时你会觉得不近人情，她们对爱的理解，有时是以结果来衡量的。对她们而言，爱是虚幻的没有实体的东西，因此很难衡量，她们对没有实体的东西很难有所感觉。感觉是不是爱一个人，她们总是用是不是觉得这个男人是最合适的，是不是想和这个男人在一起来衡量。

她们不认识"原谅"两个字。

尤其是如果背叛她们，让她们觉得是侮辱、是挑战，她们就会报复，狠狠地予以反击，或是不留任何余地地甩头走人。如果她们被你伤害，即便是个误会，但只要发生这样的情况，结局可能对你而言就是悲惨的。

她们不同情弱者。

感情结束了就是结束了，当她们已经决定不接你的电话时，你越密集热情地发短信，越痛哭流涕地祈求，越饱含充盈的泪水，换来的越是鄙视和不屑。只需要去面对、接受、解决，她们坚决不会因为对方的情绪失控而回头。情绪化的男人让她们鄙视，紧追猛打只会让她们更加燃起愤怒的火焰。你越呼天抢地地希望她们回头，她们越坚定地认为你这个男人是弱者，不值得爱。你在分手后的一切过度感性，只会让她们离你越来越远。

她们会很快忘记过去的一切。

显然当一段历史结束了以后，当你在那里顾影自怜、暗自感伤时，她们完全有能力把它作为历史尘封起来，并丝毫不为其所动。她们如果觉得和这个男人没有结果，就会快刀斩乱麻，世上没有过不去的坎儿，即便心里再难受，也很明白难受只是时间问题，如果是没有结果的感情，再有感觉都是假的，都是不值得继续的。

她们恋爱的方式是直接的。

如果你时不时用些调情、暗示或隐语来希望她们明白些什么，你很有可能被她们气死，因为她们并不喜欢拐弯抹角，同时她们也并不理解你在做些什么。她们不喜欢捉迷藏，如果喜欢你，会直接告诉你；你要什么生日礼物，也会直接问你，帮你买。这样多简单省心，为什么要猜来猜去，两个人在一起就代表接受对方了，为什么对方会因为自己的直接而不快乐？假设你对这一点包容度不够，你无法体会和她们恋爱时的那种快乐。

她们可以完全忍住不和你通电话，你有时会觉得她们已经把你给忘了。事实上她们有控制自己情感的能力。

芒果是当年我的小助理，现在已是小芒果的妈妈。据她自己说，她没谈过什么恋爱，但说出来的话却显得幼功深厚。芒果对黄色性格女子的爱情见解如下：

黄色女子的需要，我并不了解，但是请相信每一个人、每一个女人都需要真爱，只是形式和程度不同而已。不过我了解一个女子，典型的黄色——《飘》里的斯佳丽。她真的黄，从小就争强好胜，一对碧绿的眸子里散发的美也是野性勃勃的。乱世中，她真的是一个绝代佳人，开过枪，照顾过全家，穿上窗帘做的裙子去诱骗老情人，甚至每一次婚姻都功利心十足。可是，事实上，她也需要爱。

很奇怪这样一个现实、功利、坚强的斯佳丽，却拥有一段痴迷的柏拉图情结（不过后来证明，那只是一种征服和拥有的欲望）。她爱的艾希礼是典型的蓝绿色，可是直到最终她才了解她其实爱的并不是他，而是同样为黄色的瑞德。全部倒过来了，你对黄色女子的控诉，可能是斯佳丽对艾希礼的怨恨和失望。难道黄色对蓝色也会这样吗？同样，黄色的瑞德也在斯佳丽那里遭遇了同样的心碎，他那样爱她，她却浑然不觉，只是利用，只是现实的算计。在《写给单身的你》中，我详细阐述了黄色女性需要注意的关键点在于：

1. **独立**，故而让男人觉得你不须依赖。
2. **强势**，故而能让男人在你面前阳痿。
3. **无情**，故而男人觉得对你来讲事业比爱情要重要。

所有的这一切，都和黄色女性对于"爱情"的定义有关。

到底"爱"对于黄色女性而言，是基于什么？在下文中，且听详解。

尊重

羊斤

八两

黄色性格的爱情务实而直接，对方一定要让她觉得值得尊重，至少旗鼓相当。

尊重: 我对你爱多少，取决于你值得不值得

性格色彩进阶课上，我提问："当一个极其温和的绿色性格的好好男人与女友热恋时，遭遇到父母的严厉打压和力图拆散，不同性格的女友此时会如何反应？结局分别如何？"众人议论纷纷。

● 问到红色女孩，对话如下：

问：如果你们非常相爱，此时外力逼迫你们分开，你会怎么做？
答：取决于那时我有多爱他。
问：很爱很爱他。
答：如果真的很爱很爱，没他不行，那就一起走掉呗。

● 问到黄色女孩，对话如下：

问：如果你们非常相爱，此时外力逼迫你们分开，你会怎么做？
答：如果他是值得的，我会带他走。

问：当然值得啦，我刚才已经说过啦，你们是非常非常相爱的。

答：如果真的值得，我会带他走。

如果你仔细审视并且思考以上对话，你会发现，**红色性格的语言关键点落在"爱"，而黄色性格的语言关键点两次强调都落在"值得"**。

由此看来，不同性格对于"爱情"二字的理解有多么巨大的差异！

对于黄色而言，如果值得做，就要去做，无论付出多大代价，但前提条件是，她必须觉得——这，是值得我去付出代价的！

在性格色彩中，对黄色性格而言，"爱"是虚幻的描述感觉的词汇，而"值得"两字暗含价值评判标准。由此可见，黄色对于虚幻的感觉类的词汇，毫无兴趣。在她们的评估体系中，事实大于感觉。

在拙著《写给单身的你》中，我对黄色的师侄说："你根本就不懂爱！"这让她极为愤怒，厉声斥责，定要我给她一个"为何说她不懂得爱"的说法。在她看来，她是最懂得爱的人，对我给予她的这番评价，她毫不留情地进行了最彻底的还击。这让我想起小崔。

我第一次在海南见到小崔，就知道这是个厉害的角色。交际活络，手法通达，说话滴水不漏，台面文章得体大方，攻守有度。小崔弱冠出道，直至今日，岛内声名显赫，绝非空穴来风。她的强者形象在我心中根深蒂固太久，所以，突然收到两条她的失恋短信，"爱都是短暂的对吗？""那么如何才叫爱？什么方式才叫爱？"无比惊讶于她突然间的示弱。让黄色的女性承认她们自己会有虚弱的一面，实在太难。

师侄和小崔两人把我紧紧夹击到必须讨论"爱的定义"这样高难度的问题。

　　我如果直接说她们不注重情感，她们必定和我翻脸；我只能给她们打个比方。我说，这样说吧，其他性格的女人如果爱上某个男人，你问她："为什么你爱他啊？"她们要么就画出具体的道道来，要么就故作娇羞，"这个我怎么知道呀，就是种感觉呗"。

　　而如果你问黄色性格的女性："为什么你爱他？"无论她嘴里如何回答你这个问题，内心深处有一点共通，那就是——这个男人一定要让她觉得值得尊重，至少旗鼓相当。如果黄色性格的女性不能从对方身上感觉到强大，她如果无法有尊重他的感觉，如果不觉得这个男人有让她值得学习的地方，换句话说，如果她无法觉得这个男人在某方面能镇得住自己，则无法产生爱的感觉。

　　她们的爱在内核深处，可以解读如下：

　　1. 我希望你的身上有值得我学习的地方。
　　2. 我希望你的能力或思想让我觉得有明显比我强大的地方，让我对你崇拜、欣赏、钦佩或尊重。
　　3. 我希望你最好可以足够强大，这样即使我们一起出去，我也有面子。
　　4. 我希望和你在一起的日子，大家可以深度交流，碰撞出许多更有价值的火花。

　　黄色性格的爱情务实而直接，她们鄙视弱者，她们可以和一个好脾气的绿色相处得不错，但这绝不代表她们会对你有爱。

　　记住，"爱"对于黄色女性而言，首先基于内心深处她对这个男人有尊重！

在黄色的字典中，"烦恼"更多代表"问题"，而不代表情绪上的麻烦或痛苦。

冷血

冷血：人生哪儿有那么多烦恼

2008 年，中国性格色彩培训中心与深圳福田区教育局合作，为数千名中小学校长、幼儿园园长及核心骨干教师做了演讲。之后为一部分老师举办了深度的性格色彩教育研讨会。那天在研讨会上，我们提到了黄色性格有没有"烦恼"的问题，雪琴老师在课后分享了一些自己的想法。

我曾经布置学生写作文《成长的烦恼》，当时班上有个令我头痛的学生，从他的种种反应看，应该是黄色性格。他交作业时，居然说自己没有烦恼，所以没写。我当时气得够呛，小小年纪怎么可以撒谎？启发了半天，未见结果，就用完成了优秀作文的其他同学的作业刺激这个孩子，还是没有反应……当乐老师听到这件事情后，给出的回应是："这个黄色的学生当时说他自己没有烦恼，可能是真的，并没有骗你。因为黄色更注重事情的本身，而很少关注人的内心世界。"

我当时听了乐老师的话，真的挺震惊的：因为就我认识的世界来说，谁都会有烦恼。以我从教多年的经验判断，我，乃至大多数的老师都会有如出一辙的做法——拼命读那些写得好的学生范文，找孩子耐心谈话，引导黄色的孩子如何写出自己的烦恼，却很少会从乐老师的角度去思考这件事。学了性格色彩之后，我是这样理解的：不同的人对同一个词和同一个句子的理解是不同的。在蓝色或红色看来，很容易有很多感受，写烦恼的感受很容易，但是，对于黄色孩子来说，可能在遇到烦恼的时候，会更专注于如何想办法去解决烦恼，而忽略了个人的感受体验。等到问题解决后，成功感反而会给黄色的孩子留下美好的感觉。所以，面对同样的事情，红色和蓝色更多的体验重点是在没有解决问题的烦恼过程，而黄色孩子的体验重点是在解决问题后的快乐。从这个意义上说——黄色孩子说他没有烦恼，是出自内心的真心话。

通过这个案例，我提醒自己——"不同的人对同一个词和同一个句子的理解是不同的。"在教学中要常常做"换位思考"，进行人性化的教育不要落在嘴上，而要落到行动上，减少出现"学生用笔戳穿本子"的现象。

烦恼人人都有，只是我们每个人对烦恼的定义不太相同。

黄色性格没有"烦恼"，不代表黄色性格不存在问题，只是问题本身只是问题，黄色不容易把问题和情绪混淆。问题本身只是一个客观存在的事实，而情绪则是主观上的感受，但对于其他性格来讲，问题本身势必带来情绪上的困扰、纠缠、波动、起伏。

我想强调的是，在黄色看来，"烦恼"＝"问题"，而"问题"＝"解决问题"。谁给我解决问题的方法，谁让我信服，谁让我觉得强大，我就佩服谁、尊重谁，这就是黄色的逻辑！对我自己来讲，只有解决问题才是最重要的，其他都不重要。当问题出现时，花时间去痛苦、去烦恼，不仅解决不了问题，反而浪费时间，完全没有意义。

所以，再重复一遍，**不同性格对于同一词语的定义完全不同**，在黄色的字典中，"烦恼"更多代表"问题"，而不代表情绪上的麻烦或痛苦。

从这个意义而言，所有伟大的成功学与积极心理学著作中都提到一句伟大的箴言，"你无法控制问题的发生，但你可以控制问题发生时你的态度"，这句箴言对于黄色性格是不需要训练的，他们的天性就容易做到。

如果你想理解黄色，你必须首先进入黄色的内心世界，并理解这套最基本的黄色逻辑。

黄
色
性
格

！ **注：下载"色友会"APP，可搜索"乐嘉演讲，因人而异，因色施教"。**

成功

幸福

对于黄色来讲，显然
"成功"比"幸福"
重要得多。

成功

成功：哈佛墙上的格言

　　需要事先声明，这些格言网传是贴在哈佛图书馆墙上的，不过后来，网上也有人辟谣，说这与哈佛没半毛钱关系。鉴于这些话的内涵，可以充分剖析和印证黄色性格的内心，姑且拿来一用，你认为是哪家的，就是哪家的。总之，格言很厉害，不管贴在哪个学校，这些话的目的就是，无论你现在多么软弱懒惰，你必须努力！当你离开俺们这旮旯儿时，你必须变得强悍。

　　这些格言的味道和《色眼识人》中比尔·盖茨那段对大学生演讲时的告诫异曲同工。遂决定用毛笔小楷抄写下来，贴在我家马桶正对面，每天自我激励。以下部分凡加粗标示，均与黄色的天性强烈相关。后面的括号部分是我的注释，里面的本质在《色眼识人》中都详细解释过。

　　1. This moment will nap, you will have a dream; But this moment study,you will interprets dream.
　　此刻打盹，你将做梦；而此刻学习，你将圆梦。

> 黄色对于偷懒的憎恨和对于勤奋努力的欣赏。

2. Has not been difficult, then does not have attains. Only has compared to the others early, diligently, can feel the successful taste.

没有艰辛，便无所获。只有比别人更早、更勤奋地努力，才能尝到成功的滋味。

黄色的努力勤奋。

3. I leave uncultivated today, was precisely yesterday perishes tomorrow which person of the body implored.

我荒废的今日，正是昨日殒身之人祈求的明日。

黄色对一切浪费时间的人或事本能地反感。

4. Thought is already is late, exactly is the earliest time.

觉得为时已晚的时候，恰恰是最早的时候。

黄色告诉你，永远不晚，请现在开始，朝闻道，夕死足矣。

5. Not matter of the today will drag tomorrow.

勿将今日之事拖到明日。

黄色痛恨拖延，喜欢高效率。

6. Time the study pain is temporary, has not learned the pain is life-long.

学习时的苦痛是暂时的，未学到的痛苦是终生的。

黄色对于人生需要不断成长，有内心深处的强烈欲望。

7. Perhaps happiness does not arrange the position, but succeeds must arrange the position.

幸福或许不排名次，但成功必排名次。

> 这是非常明显的黄色性格对于竞争的无限向往和对于输赢的无限在乎的最好缩写。对于黄色来讲，显然"成功"比"幸福"重要得多。

8. The study certainly is not the life complete. But, since continually life part of — studies also is unable to conquer, what but also can make?

学习并不是人生的全部。但，既然连人生的一部分——学习也无法征服，还能做什么呢？

> 充分说明黄色人生中贯穿一生的征服欲。

9. Please enjoy the pain which is unable to avoid.

请享受无法回避的痛苦。

> 堪称最为经典的黄色性格对于痛苦和感受的态度！！如果你躲不过，就请积极地接纳。

10. Nobody can casually succeed, it comes from the thorough self-control and the will.

谁也不能随随便便成功，它来自彻底的自我管理和毅力。

> 黄色的自控能力很好，不过这个特点在黄＋蓝身上呈现得更强。

11. The dog equally study, the gentleman equally plays.

狗一样地学，绅士一样地玩。

> 我怀疑后半句说的是红色，如果是彻底的大黄色，他们的格言通常是"狗一样地学，狗一样地继续学"。

12. The investment future person will be, will be loyal to the reality person.

投资未来的人是忠于现实的人。

> 首先说明黄色的现实性，不喜欢虚幻，喜欢抓得到的；其次，凸显黄色对于未来、长远和大局的看重，眼光上必须承认黄色的前瞻性强大。

13. Today does not walk, will have to run tomorrow.

今天不走，明天要跑。

> 黄色对于未来，最擅长运用危机恐吓法来自我激励。

14. Even if the present, the match does not stop changes the page.

即使现在，对手也不停地翻动书页。

> 黄色认为不进步＝退步，要居安思危。

在看完这段话以后，我将其发给了我在 DHL（敦豪速递公司）中国总部工作的黄色性格的朋友迈克（Mike），这兄弟在外企做高管多年，看完以后，他不动声色，找了份他在这家公司 10 年前做管理时对自己和下属的要求。我看完这份语录叹息不已，刻录了一批在木板上，发给我自己团队的同人，人手一块贴在办公桌前。现在摘录下来，供你一饱眼福。只说一句，相同性格的内心，所思所想都是相通的！

◎ Message to the self（给自己的话）

1. Success is never final, defeat is never fatal.
没有最终的成功，也没有最终的失败。

2. Do not tell me how hard you work, tell me how much you get done.

不要告诉我你工作得多么努力，告诉我你完成了什么。

3. Every wall is a door.

每一堵墙都暗藏着一扇门。（每一次碰壁都是一次机会。）

4. Competition is tough, thus it requires us to be tougher to beat them.

竞争很残酷，所以我们必须更残酷才能获胜。

5. Whatever roadblocks, it's our job to remove them. If not, we will be perceived as one of them.

看到路障就移开它，不然我们也会变成一个路障。

◎ **Message to the staff**（给员工的话）

1. If you want to be getting ahead whether personally or professionally, consider this list of "nevers". Never say: "They didn't get back to me," or, "they are getting back to me." Both are equally disastrous. Expecting someone to get back to you stops the action. Take the initiative all the time.

如果你想在人生和职场中超前，那么考虑一下这一系列的"永远不"吧，永远不要说："他们还没有回复我"，或"他们马上就会回复我"。这两句话都是灾难性的。期待他人回复给你，会让你停止你的动作，要一直掌握主动权。

2. "I thought someone else was taking care of that." Excuses

indicate a roadblock to action. Always ask questions/do things to keep things moving.

"我想这件事应该是别人负责的"，借口就像给自己设置了路障。永远要问问题或做事情，这样才能让事情处于被推进的状态。

3. "No one ever told me…" Let a supervisor hear you talk this way very often and you will have made a very clear statement about the way you work. You operate in a tunnel, oblivious to everything that is going on around you.

"从来没有人告诉过我……"一直让你的上级听到你这样说话，相当于你对自己的工作态度做了一个定位。你只懂得接受指令，但对你周身发生的事情漠不关心。

4. "I didn't have time." And don't bother with "I was too busy…" either. If you find yourself saying things like this, you are just saying this job is too big for you and you are writing your own employment obituary.

别说"我没有时间"，更别提"我太忙于……"。如果你发现你自己说了这些话，无异于表达了你的能力无法匹配这份工作，并且你在用你的行为给自己写辞呈。

5. "I didn't think to ask about that." An inability to see down the road may indicate that you don't have the ability to understand and grasp the relationships.

"我没想到去问……"说明你没有能力预见事态的发展，并且你没有能力理解和控制这个合作关系。

第五章

绿色性格

绿色老爸

作为父亲，也许他并没有给我的人生增添太强
烈的光彩，但却始终如一地尊重我自己的选择，
让我有机会成长为自己想要的样子。

我的 绿色老爸

爸爸是绿色，61 岁，刚退休，在家待着。他出生于革命家庭，爷爷奶奶都是离休干部。由于爸爸是家里最小的儿子，从小备受宠爱，几乎没吃过什么苦。他这大半辈子都可以用一个"安"字来形容，安于现状、安于平庸、安于稳定。红 + 黄的妈妈在世时，撑起了家里的大半边天，她常敲打不思进取的爸爸，爸爸依然没有太多作为，乐得在自己的小天地里舒坦。

◎喜静厌动，简单生活

据奶奶说，爸爸从小就是个乖孩子，说得好听点儿是好管，说得难听点儿就是反应迟钝。他走路还不稳的时候，奶奶要干活，没人帮忙看管爸爸的时候，就把他放在旁边的土堆上，给他一把米，让他喂鸡。爸爸就那么傻坐着撒米，撒完以后看着身边的鸡啄米，也不哭也不闹，直到奶奶忙完把他抱走。

后来爷爷奶奶日渐繁忙，爸爸就交由两个姑姑看管，她俩很宠爱他，爸爸衣来伸手、饭来张口，没怎么干过家务活儿。结婚后，红 + 黄的妈妈又特别能干，虽然成天唠叨爸爸，但每每看到他僵手僵脚地拿起菜刀，不知道怎么切菜才好，她宁可不耐烦地一把抢过菜刀，一边数落爸爸，一边自己手脚利落地把事情干完。

家里的水龙头坏了，滴滴答答往下漏水。老妈出差前嘱咐他去修，他觉得没有太大影响，懒得去修，就拿个脸盆接水。白天还好，晚上夜深人静，滴水的声音挺响，我哭闹嫌吵，他想了个办法，直接把总闸给关了，安心睡觉，第二天再打开。

操弄总闸一星期后，红 + 黄的老妈回来了，发现水龙头还在滴水，大发雷霆，大骂一顿，老爸才算是打电话找了人来修，却没去管。修理工不明真相，换了水表，没修水龙头……最后气得不行的老妈自己出马才把水龙头搞定。

在绿色老爸看来，做这些事情，烧菜做饭什么的，随便弄弄可以吃就好了，搞得油油腻腻还得事后清理，想想都烦。若是他一个人在家，就会用白水煮上一锅面条年糕，然后加入土豆、青菜、番茄或其他蔬菜，再打一两个鸡蛋，调点儿盐，就凑成一顿饭了，倒也自得其乐（他从不在意饭菜的口味）。这被我们戏称为老爹私房菜的大杂烩，可以算得上是他会做的最复杂的菜式。而对于我和妈妈做的饭菜，他都甘之如饴，从不批评挑剔，他总是看到我们的优点，包容我们的缺点。

> 绿色是出了名的怕麻烦，他既不想麻烦自己，也不想麻烦别人，随之匹配的就是对所有事物的要求和标准放低，"差不多"能过就行。与绿色一起生活是轻松的，因为当你情绪崩溃时，他会给你做心理按摩，无论你倒多少负能量垃圾给他，他都甘之如饴。

◎不喜冲突，息事宁人

爸爸亲切、随性、温和，我从小到大，从没见过他发脾气。记得我小时候，有一年过年，妈妈带着我下楼放烟火，一楼的邻居突然敲我家门，生气地说：

"你家小孩在阳台上乱放烟火，差点儿把我们院子里的东西给烧着了！"爸爸挠挠头，说："我家小孩没在家里啊。"邻居更生气了，说："看得清清楚楚的，居然还不承认，叫你家小孩出来！"爸爸丈二和尚摸不着头脑，也不知道如何解释，只是一个劲儿地重复："他真不在家啊……"邻居也没办法，最后骂骂咧咧地走了。

爸爸被骂得莫名其妙，跑到阳台上一看，原来是三楼家小孩子在玩烟火，一楼邻居看岔了。爸爸知道了原委，瞬间就释然了，啥也没多想，自己做事儿去了。等我妈和我回来，他已经把这件事忘了，也没说，直到过了几年，我们搬了家，有一次聊起从前邻居的趣事，爸爸才把这事儿告诉妈妈，妈妈问他，为什么当时不告诉她，为什么不去楼下说明白？爸爸慢腾腾地说，既然不是我干的，也没啥必要了吧。事实上，他除了懒得做事，还懒得解释。这要是换成红+黄的妈妈，几乎不可想象，面对邻居的冤枉，她必定一步不退，各种反击，等发现了真相，她肯定冲下楼去，把邻居狠狠骂一通以泄心头之愤。

> 绿色很善于给他人找理由，不管对方是委屈自己还是冤枉自己，绿色都会帮对方找合理的理由来理解对方。而且绿色的情绪长期保持平稳，不容易被激怒，因此绿色很少和他人发生冲突。但反过来说，由于绿色的宽容度太高，从他人角度来看，容易觉得绿色被欺负了还闷声不响，其实他的字典中并没有"欺负"这个词。

出门在外时，红+黄的妈妈脾气大，容易和人冲突。有一次一家三口在外吃饭，那家饭店上菜特别慢，点完过了大半个钟头，还有一道菜没上来，询问了一下，才知道刚开始做。妈妈脸色阴沉，等那道菜终于上来，她一把把菜盆子扣翻，丢下我和爸爸，头也不回地走了。爸爸愣了一会儿，堆着笑去和服务员赔不是，和值班经理说明情况，和他讲："她脾气大，等得久了就急了，真是不好意思……"结果值班经理没收那道菜的钱。回过头爸爸和我找到妈妈，告诉她情况，她气已经消了一大半。

这是妈妈不在场的情况，多数情况下，由于他过于息事宁人，没少被妈妈批判，总是说他胳膊肘向外拐。其实他啥也没做，只不过当妈妈和外人冲突的时候，他从不帮妈妈和外人对着干，在一旁傻傻看着，妈妈吵了几句，发现自己老公没帮着自己和别人干架，矛头就转向了爸爸，开始教训他，爸爸也不争执，乖乖听妈妈唠叨，她说累了，气也就过去了。

> 在绿色心中，自我的意识相对更加淡薄一些，绿色们忘我甚至是无我的状态，让其他性格特别是黄色看来，简直就是不可思议。绿色更加善于超脱世俗，远处旁观发生在他周围的事情，而不是从自我出发去观察世界，由于绿色的这种本能，绿色能够脱离情绪的束缚，在绿色身上，极少看到"早知现在，何必当初"的懊恼，因为，在绿色的心中总有一句话在回响：即便这样又能怎样？

◎缺乏危机意识，能拖就拖

尽管爸爸天性宽容，但我在内心深处有个心结，固执地认为妈妈的早逝，爸爸要负间接的责任。

妈妈为一家人操劳，无论对工作，还是生活，她要求都极高，凡事有自己坚持的标准和原则，绝不马虎。妈妈种的昙花能一气儿开出十二朵，桑树一直长到我家三楼阳台上，每年都能摘下十来斤的桑葚，仙人掌能有一米多高且开出几十朵不同颜色的花。她每天早起买菜，骑车七八公里路去上班，回家后又洗手做羹汤，安排晚饭。周末也不休息，总是备下一大桌美味佳肴款待家里人。而爸爸唯一帮忙做的只是煮白饭。即便如此，在我记忆中他煮的饭也没一次是完美的，不是干了，就是烂了，不过他是不会在意的，反正只要不焦不生就好。这和吃一顿饭为了保持汤的适口温度要热三次汤的妈妈形成了强烈对比。

年复一年，日复一日，妈妈终于病倒了，高烧不退，住进了家附近的一家小医院。爸爸每天都守在妈妈身边，可他什么也不会做，不用说做饭了，连买的水果也不合妈妈的心意。妈妈的眼里分明写着无奈，那时候还在上中学的我帮忙一起照顾，挑剔的妈妈才不至于要顿顿忍受医院的饭菜。

然而，更糟的事情还在后面。妈妈的病情一直也不见好转，舅舅希望把妈妈转到大医院去做全面检查，要强固执的妈妈却认为自己不可能有什么大病，只是疲劳过度，不愿转院。我那时候没什么话语权，要命的是爸爸也毫无主见，盲目服从，觉得多一事不如少一事，小医院离家近，探视制度又松，只当是疗养，还挺好的。就这样僵持了一个多月，妈妈的病开始恶化，这时爸爸才意识到事态的严重性，在舅舅的坚持和推动下，把妈妈送进了最好的医院，可是，为时已晚，妈妈被确诊为肺癌晚期，虽经全力抢救，还是在两个多月后就离我们而去了。

如果不是因为爸爸的无为，也许妈妈就不会过度操劳患上癌症；如果不是因为爸爸的缺乏主见，忽视现实，也许就不会延误治疗时机，悲剧也不会那么快发生。在学习性格色彩之前，我无法理解爸爸的行为，总觉得他要是多帮帮妈妈，他要是果断决定让妈妈早点儿转院，悲剧就不会发生了。现在才慢慢明白，家里都是红＋黄的妈妈说了算，爸爸总觉得妈妈知道该怎么办，既不愿冲突，又习惯等着事情自然而然好转，才发生了悲剧。

> 绿色和黄色相反，缺乏危机意识，看不到当下的 点儿小危险将来可能会发展成大问题，总是得过且过。因此绿色并不是完全无害，他们常常会因为不行动而丧失解决问题的机会。另一方面，绿色会把主动权和责任权交给别人，让别人来做决定，即使这个决定有隐患，绿色看到对方很坚定，也就不多说什么。结果该逆转时由于绿色的不作为而错过了机会。

◎安于现状，为人着想

自从妈妈走后，爸爸的生活状况发生了天翻地覆的变化。由于我忙于读书和工作，满院的花花草草不是送了人就是枯萎凋零，连养了十几年的画眉鸟也寂寂终老了。房间里的物件杂乱无章地堆放着，厨房里的菜总也不那么新鲜。他却总是乐呵呵地说："这样蛮好，挺自在的。"一来他是真的不计较、不挑剔，更重要的是爸爸怕我担心他，不愿意让我读书的时候总是分心回来看他。

人多的绿色性格不但使爸爸的生活质量下降，更险些让他自己送了命。有一次，爸爸好几天都觉得不舒服，可他一直忍着没有告诉我们，直到那天凌晨4点多，他实在撑不下去了，当我打120把他送入医院时，查出是脑梗并发脑出血，医生已经要家属签病危通知了，再稍迟一点儿，几乎天人两隔。可当他苏醒过来，对我说的第一句话居然是："都是我不好，让你担惊受怕，添了那么多的麻烦，还影响了你的工作。"这就是我的绿色爸爸，即使在自己生命垂危时，还是先为别人着想，不忍别人受苦。

◎缺乏主见，袖手旁观

妈妈的早亡，让我遇到难题的时候找不到人询问。高二时面临抉择，有的同学参军，有的同学考大学，我自问语文数学和体育成绩都不错，不知如何选择，向爸爸咨询。爷爷奶奶都是军队干部转业，我以为他应当了解一些状况，希望他指引我。可爸爸觉得做什么"都可以"，这可以算得上是他的口头禅了，看我自己喜欢什么。我更加迷茫了，因为当时喜动厌静，选择参军。到了军队里，才发现严苛的军旅生活完全不是我想象的那样，很不适应，后悔之前的决定，也责怪爸爸，觉得他即使没有想法，也应该多告诉我一些军队里的情况。

后来我努力重考大学，大二时面临一个可以出国的机会，心里蠢蠢欲动，去向爸爸咨询，他却说："你自己决定，出去也挺好，不出也可以。"由于去美国的名额竞争激烈，我最终决定去德国留学。到了那里才知道，德国的教育制度很严格，必须先读一年德语预科班，然后从大一开始重新读大学。就这样，我又多浪费了三年，才终于大学毕业，但是在德国找不到工作，只好回国。回来发现，在我参军和去德国念大学的日子里，当初一起读书的小伙伴们，有的是学术界冉冉升起的新星，有的创业几年，小有成绩，可我一无所有，仗着自己嘴皮子利索，从事婚礼司仪，混口饭吃。

> 绿色还有一大特点是"不做决定"，不但自己不为自己的人生做决定，当别人期望他替别人做决定时，他也迟迟不决，以至于让对他有所期待的人深深失望。其实他只是不想承担为他人做决定的责任罢了。

我内心埋怨爸爸，在我人生的十字路口，从不给我建议，从不和我多讲讲将来可能遇到的问题，让我做好心理准备，害得我浪费了几年时光，毫无成就。他也从未对我有过高期望，不管我是参军还是出国，是做什么工作，他都觉得"挺不错"。顺便说一句，"挺不错"也是他的口头禅。于是我的怨气也只好放在心里，从不当面怪他。绿色爸爸的无为真的让人说也不是，不说也不是。

◎与人为善，甘于平淡

学习性格色彩之前，我总觉得爸爸没有出息。出生于干部家庭的他，是同龄人里文化程度较高的。可他毕业后直接进了爷爷转业后待的单位，一待就是几十年，入党申请书都懒得写，到退休还只是个科级干部。由于他脾气好，据说在单位的时候没有和别人红过一次脸，同事间发生矛盾，总是找他这个好好先生从中调解。下属也很亲近他。他做科长的时候，器重手下一个下属，希望培养他将来接班。可那个下属是个不安分的红色性格，希望自己出去闯荡，在被提名担任副科长的时候，提出辞职。爸爸没有阻拦他，让他选择自己的路，从此后他俩就从上下级关系变成了好朋友。

爸爸退休以后，家里的客人络绎不绝，经常有人带些吃的和喝的给他。

他也乐得接待大家，只要有人说要来访，他从不拒绝。没有客人的日子，他也从不嫌无聊，看看电视，看看书，一天就过去了。想想看如果是红色性格，退休以后一定闲不住到处跑；如果是蓝色性格，退休也会操心家里上下事务；黄色性格退休一定有一段痛苦期，忍受不了没有工作的日子。而绿色爸爸喜欢悠闲的日子，觉得没事待着就挺好，有人来坐坐也很不错。我让他去锻炼，他偶尔去跑跑步；我给他钱炒股，他买了几只股票，就再也懒得管。有时候真觉得是皇帝不急太监急。我想如果我一点儿也不管他，他也能自得其乐地安度晚年吧。

关于我的绿色爸爸，我经历了一个从不理解到理解的过程。当我不理解他时，看到的都是他的碌碌无为，当我用性格色彩赋予我的一双"色眼"重新洞察他之后，我看到了他的温和、平和与耐心，看到了他在如此颠簸坎坷的人生中保持的那份平常心。作为父亲，也许他并没有给我的人生增添太强烈的光彩，却始终如一地尊重我自己的选择，让我有机会成长为自己想要的样子，无论如何，还是感谢这一世的父子之缘。

纵容

仁爱与善良，是人类最起码的道德，但仁爱与善良，要看清楚对象，否则必定费力不讨好。

粮食发放处

纵容: 仁慈是罪过吗?

在中国古代，"仁"字是个至高的荣耀。宋朝有个仁宗，在朝 42 年，和辽国不动干戈，休养生息，重用贤臣，国家安定繁荣。宋仁宗是个绿色性格，据说他外出口渴因担心侍从被骂，忍到回宫才喝水；他常被包拯指着鼻子批评，口水都溅到脸上，他擦擦脸，继续听老包骂。

后世对宋仁宗评价甚高，自视甚高的乾隆佩服的三个皇帝，其中就有他一个，另两个是乾隆的爷爷康熙和千古一帝唐太宗。

然而，别以为政治家只要仁慈就行，政治斗争无比惨烈，大多数绿色性格过于软弱，还未登高，就已在明争暗斗中夭折，早早走下历史舞台。

三国时期，绿色性格的刘璋面临同宗的刘备兵临城下，手握三万精兵，却说："我父子在益州二十多年，没有给百姓施加恩德，却打了三年，许多人死在草莽野外，只是因为我的缘故。我怎么能够安心！"开门投降。风水轮流转，抢了刘璋地盘的刘备英武一时，儿子刘禅却不顶用，在位四十多年稳稳当当，一朝被邓艾偷袭，明明还可以守上一段时间等人来救，却不知所措，在大臣建议下率众投降。

　　相比之下，黄色的朱棣被他的皇帝侄子削藩，还未面临生死关头就主动造反，借着"清君侧"的名号，把侄子的皇位抢了，堪称藩王造反成功的第一例。后来他残忍地诛杀反对者，但积极治理国家，勤政爱民，使得明朝经济发展走上顶峰。可见，你再仁爱百姓，你也得有手段，否则没等你有地位有权力，早就被人"咔嚓"了。

　　到如今，仁慈善良依然是美德，尤其绿色常把这一美德发扬光大，但他们不知道的是，他们也常常因此酿成祸端。

　　阿文是一家报社的副主编，负责一整个板块，几个版面，手下有几十号人。他对下属极其宽容，下属不能及时交稿他也很少指责。一些理应下属去做的事情，比如打印材料、修改错字等，看到下属忙，他不忍心给他们增加压力，便亲自去做。开会讨论方案，他很少管控下属，放任他们肆意讨论，一个半小时下来，有结果的方案没几个，他也极少做最后决策，只好延后再议。在他的管理下，下属们甚是轻松，都觉得自己的领导很和善。

　　然而，一年下来，他所负责的板块因效率低下，被领导几次批评，最终将他调离职位。下属们虽和他相处融洽，但也不愿意看到自己的工作出不了成果，一边对阿文的放纵政策心有不舍，一边热烈欢迎强硬领导的到来。阿文只好黯然离开。

　　阿文不知道的道理是，既然做团队的领导，对手下过于仁慈宽容，就是对整个团队的残忍。如果团队做不出成绩，上级不会原谅你，手下也不愿意待在这样一个没有前途的团队慢慢等死。你软弱，你就离开，这是社会的丛林法则。

软弱者被人欺，不单单在成人社会如此，就连孩童世界也如出一辙，照样是察言观色，以大欺小。一个学员在性格色彩进阶课上分享了如下的故事。

姐姐告诉我她两岁半的儿子与保姆在家中的真实故事，听后大吃一惊，与保姆李阿姨通了电话，结果更意想不到。

不知从什么时候开始，小侄子起床后就开始自行搭配自己的服饰，渐渐发展到只要和他生活在一起的人，都必须听他指挥。

一天清晨，小侄子穿好自己喜欢的衣服，突然将注意力集中到对他疼爱有加的保姆李阿姨身上，然后训斥阿姨穿的衣服不好看，家人批评了孩子的无理。由于父母赶去上班，小侄子却气势汹汹，阿姨见势不对，为停止孩子的哭闹声，就任由他。这时小侄子打开衣柜，为阿姨"精心挑选"他认为好看的衣服，看中了一件素雅的冬季毛衣，要让阿姨换上（据后来阿姨自己陈述，当时8：30不到），而重庆可是37摄氏度的夏季呀！中午姐姐回到家中（12：30），看到阿姨穿着毛衣，第一反应是阿姨生病了，问道："李姐，你是否不舒服，发烧了吗？"

"嗯。"阿姨并没多想，轻声回答，似乎没有表现出一点儿痛苦之色。但姐姐看到小侄子脸上洋溢着笑容。
"吃药了吗？"
"吃啦，没什么大不了的。"
"要不你先休息一下。"
"不用，没什么，还是让我来吧。"

之后阿姨仍穿着毛衣做饭，姐姐陪小侄子玩耍，阿姨同往日一样陪小侄子吃完午饭，14：00待他入睡午休，阿姨换下了毛衣，结束了长达5个半小时的不平凡的经历。当姐姐觉察到有些不对时，再次问到阿姨，阿姨才如实汇报，姐姐哭笑不得，不能理解阿姨怎能容忍儿子对她的折磨。

姐姐打电话告诉我一切，我做了采访："阿姨，你又为我家创造奇迹啦！"电话那头阿姨轻声笑了起来，我知道阿姨是在用平淡的微笑掩饰内心的情绪。

"感受如何？"我继续问。

"还可以，也不是很厚的毛衣。"尽管在学习性格色彩的过程中，了解到关于绿色的优势，但深知阿姨是用不在乎来掩饰在乎，为了避免冲突，违心地说出了这些话。

"为什么这么纵容他？"

"小孩子无所谓，只要他高兴不哭就好。"

我无语，想想如果当事人是我，他小子一定吃毛栗子。"还好，小朋友当时没看上棉袄，否则你就当场出痱子啦。"

"只要他快乐，没关系。"听到这里我无言了，只好选择放弃与阿姨的对话。

这位学员和姐姐彻底被阿姨的仁慈给打败了，她们尝试努力理解这位阿姨"无所谓"的人生，她们不知道如何让阿姨学会说"不"，不再惹火烧身，纵容小朋友的自我、无分寸、霸气、情绪化……试想家中如是一名红色、蓝色或黄色的阿姨，在高温下，能忍受小孩的无理取闹去穿毛衣吗？然后还无所谓？反抗对绿人来说，也许做不到，但不反抗的痛苦，非得在付出沉重代价后，才能学会说"不"，表达自己的立场和原则吗？

有一对绿色父母十分宠爱儿子，儿子想怎样就怎样，即使儿子犯了弥天大错，也会笑着问："知道错了吗？是错在哪儿了呀？以后可不能这样啊！"凡是任何人与儿子发生不愉快的事情，绿色父母也从不分析，一律说儿子是对的。在这种肆意骄纵的呵护下，儿子更加无法无天，最终身陷囹圄，锒铛入狱。类似这样的场景，在小说与现实中我们屡见不鲜，最可悲的是，走向末路的儿子却将愤怒的手指戳向自己父母的鼻梁："就是你们当初的纵容和不闻不问，才使我沦落至此，你们要承担全部的责任。"绿色，可悲！可叹！可怜啊！不过，这对绿色的父母到死恐怕也想不出为何自己会有如此结局，他们从未想过仁慈本身也会害人。

也许有人会说，骄纵当然不对，但如果不是溺爱子女，只是善待他人，该不会错吧？很不幸，你依然错了。

有一次，绿色性格的小凡和一前辈一同去外地出差，当地条件落后，没有出租车，只好坐三轮车去目的地。当时正值夏天，太阳当空火辣，眼看着十几辆三轮车排成一溜，其中有一个女车夫，脸被晒得黝黑，汗流浃背，小凡顿感不忍，本想找一位身强力壮的男车夫，没想到前辈径直走到女车夫面前，谈好价钱带着小凡坐上去。

一路上女车夫骑得极其吃力，尤其上坡时，骑不动，只好下来慢慢推行。小凡心中疑惑前辈的决定，到了目的地，终于开口询问，为何他偏要选一个女车夫，差点儿累死她了。前辈笑说："女人干这行本来就没竞争力，如果因为不忍心而不坐她的车，她迟早得饿死。"小凡这才恍然大悟。

所以，大爱之仁必定眼看长远结果，而不是只满足当下的仁慈心。一念之仁，可能一时宽容不争，长久却伤己伤人、包养祸患，甚至葬送整个团队乃至危害社会。想想秦始皇那仁爱的大儿子扶苏，因不愿违抗圣旨和大动干戈而自杀，却让胡亥、赵高等人为所欲为，滥杀无辜，导致秦朝只延续两代便灭亡。这恐怕是缺乏长远目标的绿色们怎么也想不到的。他们自己吃了亏，还以为造福了他人，哪知他人只会怪他们软弱，却不会夸他们善良。绿色以为的遍布善意、仁爱、和谐的理想国，也许只存在于他们自己的脑海中吧。

等待

绿色在爱情上是绝对的被动者，她渴望的是被怜被爱。

等待：进入仪琳博大的内心世界

来看看《笑傲江湖》中的两个女孩分别是怎么表达对令狐冲的爱情的。

任盈盈虽然生性害羞腼腆，但在爱情上，她是一个主动者，敢于向天下告白她的爱慕。所以她的爱情得到了圆满，最终她心满意足了。她对令狐冲的主动，使她最终抓住了令狐冲的手，感叹"想不到我任盈盈，竟也终身和一只大马猴锁在一起，再也不分开了"。

仪琳对爱情的看法则与任盈盈是两个截然不同的极端。一个说："从今而后，我只求菩萨保佑令狐大哥一世快乐逍遥。"另一个说："你日后倘若对我负心，我也不盼望你天打雷劈，我……我……我宁可亲手一剑刺死了你。"

仪琳在爱情上是绝对的被动者，她渴望的是被怜被爱。如果令狐冲倾心于她，她亦能像父母一样，"为了他，我便再犯多大恶业，也始终无悔"。然而她终究不敢努力争取，那么，便只能遥望令狐冲的背影，回味与他的那段短暂的幸福时光，成为她自己心中永远的相思风景。

为了让你更清晰准确地意识到绿色是多么被动，我们的性格色彩演讲师云南肾脏病医院院长沈博讲给我听的一个故事。

老庞是土生土长的重庆"仔儿"，但是自幼性格随和，种种机缘让大学同窗的我们有机会再次成为同事。作为大学一个宿舍的好哥们儿，看着快要30岁的他还总是一个人，心中不免有些着急。几个朋友合计，给他介绍个女孩认识。经过一番寻觅，终于在某个周末的晚上，我们把老庞和那个女孩一起约了出来，在KTV小聚。

整个晚上老庞虽和大家坐在一起，可是喝酒不见他影，唱歌不闻其声，整个人似乎透明一般。我坐到老庞身旁低声问他："兄弟，怎么这么安静，莫非不中意这个女孩？"老庞拿着已经握热的啤酒瓶笑着看着我说："没有呀，挺好的。""挺好的，你干吗一句话不说，你就不能去一起唱唱歌、喝口酒呀？""哦，好！"老庞回答道。不一会儿老庞终于拿起了酒杯，走向那个女孩，我们几个兄弟在一旁看得频频点头，心想这还算有点儿意思。结果没让我们高兴三秒，大家又真想捶他一顿。老庞看到女孩在唱歌居然又举着酒杯回来了。我问他："你干吗回来？"他居然说："人家在唱歌嘛。""那你不会坐过去呀？""哦，我看那边太挤了，我先坐回来，一会儿再过去。"就这样一个晚上，除了大家一起干杯外，老庞始终没有主动和那个女孩说一句话。很快到了晚上12点，大家准备散席，我们无奈地看着老庞，只能冲他摇摇头。

去停车场的路上，几个小孩冲我们跑过来，缠着我们买花，我们几个兄弟实在气不过老庞今天的表现，就故意作弄他，大声说道："老庞，快买花呀，再不买可没机会了。"老庞走在我们前面，回头看了看我们，有些尴尬，本来我们想他今天这么闷，肯定不会买。结果哪知奇迹发生了，老庞摸出了钱包，几个孩子立刻一拥而上，就这样老庞被"强卖"了七八枝玫瑰。我们几个兄弟在后面再次热血沸腾起来，等着看好戏。

　　老庞拿着花，快走了几步，追上了在前面走的几个女同胞，女同胞们也很配合地给老庞让出了那女孩身旁的位置。老庞拿着花和女孩走成了并排，女孩有些不好意思，可是很配合地停了下来。正当我们脑海中浮想联翩，老庞赶上去会立刻一个转身面对着女孩，并盯着她的双眼递上鲜花时，奇葩的一幕又发生了。老庞看着女孩停下来，他也和女孩并排停下，左手拿着花，低着头把花递给了身边的女孩，眼睛死死盯着地，就这么并排站着，像士兵列队一样，默默地说了一句："你拿着吧……"

　　绿色的结局在于：当他们得不到他们想要的东西时，他们往往产生不出来像蓝色一样悲剧的力量。因为天性中的逆来顺受和认命丫鬟的心态，让大多数绿色连争取都不愿意争取，他们期待的是自己的所作所为可以静静地感动对方。待到水流花落去，再找个理由安慰自己，他们一生中得到太多自己本不想要的东西，而真正想要的却离自己越来越远。

　　除了恋爱中缺乏主动争取的精神，对于恋爱中的分手，绿色也有一套自我安慰的做法。

　　如果恋爱中自己还处在投入期，而对方却已提出了分手，面对这个问题，绿色不仅没有任何埋怨，却反为对方寻找各种理由，并不停地暗示自己，"他和我分手，是为了我好"。这种不停地为他人考虑的厚道做法，普天下除了绿色性格，其他性格见不到。为阅读方便，以下姑且称这种类型的女性为"仪琳"。

　　在分手前后，"仪琳"克制自己的情感，不去主动联系对方，虽然内心很想要，但为了"不打扰他或不让他感到困扰"，她们通常采取忍耐的态度。"为了不让他因为我的难过而自责，所以我必须装作一点儿也不难过"，这样的想法，的的确确是绿色所独有的。这点，你只要看仪琳每每见到令狐冲与盈盈在一起时所有的心理变化便会知晓。

　　下面，我们就以"仪琳"的内心自白，来进入绿色女性的内心世界，让我们理解那些安静在旁、从不张扬的绿色朋友，探究她们真正博大的内心。不过即使如此，其他性格仍旧会觉得她们的想法匪夷所思，难以理解。

　　刚过 20 岁的年轻女孩仪琳，单纯而宁静，谈过两次恋爱，对方都是需要她去包容呵护的青涩男生，最终因对方的情感变化导致分手。此后，她渴望有可让自己停泊的宁静港湾。经介绍，仪琳认识了 40 岁的成熟男性，下文称为"老男人"。

　　在仪琳眼中，他是个成熟、智慧、理智的男人，刚开始他们只是在网上聊天，聊天的过程中他说喜欢她的简单善良，让他觉得很轻松，她也对他有些好感，但是她一直把他当作长辈一样尊敬和喜欢。他年届不惑，已经离婚好几年了，事业有成，有自己的公司，有个儿子，在朋友眼中，他是个正直善良的人。

　　后来，老男人说想和仪琳"更进一步"，仪琳甚为惊讶，但见面后一切都顺其自然地发生了。此前，老男人曾明确表态只想和仪琳发生关系，但不能负责也没有承诺。所以两人就一直这样交往了一段时间。仪琳和老男人在一起时，能感受到他的广博、关爱、温馨和轻松，她感觉安心、踏实与平静。因为彼此没有承诺，在这段交往中，仪琳早有心理准备，她知道这段感情很快将结束，故此他们见面的次数并不多，有各自的生活，在心理上当然对他也有所保留。

　　半年后，老男人提出结束这段关系，让仪琳去寻找属于自己的幸福。虽然心里难受，但仪琳平静地接受了，因为她知道，事先大家都已说好在一起只是为了性，彼此没有任何责任和义务。结束的那一刻，她的心空荡荡的，持续了几天后，她像以前那样继续过她的生活，只不过一个人静下来的时候会想他，想念他的好。其实很多时候她是在感慨，觉得老天在和她开玩笑，既然让她遇见了这样的好男人，为什么又让他们生活在两个不同的年代？如老男人所说，虽然她让他心动，但是他们之间有许多无法改变的事实，只有浅浅的缘分。

分手后，他们很少联系，仪琳知道她不该再想他，可还是控制不了自己，有时也会有想去找他的冲动，只是想听他说说话，但又担心这样做不妥。回顾这段交往，有时她自己也感到奇怪，自己竟然接受了一个比她大 20 岁的男人。但是她可以确定，他们之间的感情是真挚的，没有任何欺骗的成分。

平时，仪琳不会刻意去想他，只是有时莫名其妙地就想了，想他说过的话。她觉得她不该再和他有过多的联系。如今，他们已经有半个多月没有发过一条信息了，即使在她非常想念他时，她也不会给他发信息，因为她不想给他造成困扰。她决定要一个人承受所有的思念，甚至不能让他知道，因为她不能让他知道"他让她困扰了"。她觉得，他现在对她的狠心是为了不伤害她，因为他给不了她未来，就该让她去寻找自己的人生。她觉得他是一个善良的人，她不忍也不愿意看到老男人自责。

在《写给单身的你》中，这位仪琳的情况，就属于"情感被动者的遗憾"。如果没有这位"仪琳"的陈述，我很可能与大多数人一样，认为绿色仅仅是没有勇气去争取幸福，事实是在她"不敢争取"的背后，有着一副柔软心肠。凡事都从别人角度考虑是绿色的优势，能帮助她们赢得和谐的人际关系，有时却又阻碍了她们说出自己最真的想法，甚至眼睁睁看着爱人走远，但，绿色却很难有后悔的情绪。

柔弱

世上所有的竞争，
都是强者赢；而绿色，一生都赢在他们的弱。

柔弱：弱女如何不战而屈人之兵

　　一年没见安东尼，他突然告诉我，他已经结了婚并有了孩子。我端详着这个被群芳追杀的王老五，问他："她很厉害吗？""她赢就赢在她的弱。"

　　当安东尼讲完他老婆的故事，我突然醒悟过来，原来这个香港女子早已深谙《道德经》。"曲则全，枉则直，洼则盈，敝则新，少则得，多则惑……夫唯不争，故天下莫能与之争。"所谓的"不争就是争"恰如其分地描述了安夫人雯雯是如何搞定安东尼的。这里，为了说明竞争之残酷，首先交代下安东尼是谁。

　　安东尼，42岁，比来自星星里的都教授更体贴、更细腻、更男神。

　　安东尼生于香港，在英格兰念的书，在一次闪婚又离婚后，回到台湾混了几年，又到大陆开始自己的事业。安东尼的帅弥漫在他的每个毛孔中。他更大的本事在于，他能用为数不多的银两随时打造出令人欣赏又不给人距离感的时尚气息。我向来缺乏绅士风度，也从未对此有过丝毫向往，可安东尼的出现，让我开始重新审视自己过往认定绅士做派有点儿故弄玄虚的概念是否正确。

安东尼被各类女人广泛追杀，绝非单因他的外表，还有一些重要的理由如下：

其一，安东尼从不张扬，不会张牙舞爪和唯恐天下不知。他的内敛不让人讨厌也不易树敌，他的谦虚和努力让他的事业在耕耘多年后突然爆发。

其二，安东尼做事之细腻让男人也为之感动。和他吃饭，你会被他真诚到位的服务所打动，他会从你的举手投足、眼神流转中准确捕捉到你的需求。

其三，安东尼深谙风花雪月之道。上知骨牌下晓酒令，博一帘幽梦通兰博基尼，谈资之丰厚，令那些动辄开口就是移动互联网和上市的工作狂自卑，这小子在工作和生活平衡方面算得上一等一的高手。

其四，安东尼是典型蓝色性格。譬如，红色的我与他约见，常是临时行动，故突然约他时，他回复短信如下："大哥，我不是不赏脸，也怕你下次不找我，但我真的有安排，下次你早一天告诉我好吗？非常抱歉，下次大概会在什么时候？"在我短信回复"明白"两字以后，他紧跟了一条调侃："请你也原谅我的蓝色，我必须做好心理和生理的准备，才能出场。"

安东尼从香港到上海扎根时，惹得为数不少的港产尤物伤心落泪，但大多数人落泪，只是止于落泪。在这群数量庞大的小蜜蜂中，唯独有一只原来保持六年暧昧关系的编外候补——体形弱小且极其文静的雯雯。在安东尼扎根上海后，她没跟他打过任何招呼，孤身背起行囊到上海来自寻生计。

这种来上海前没要求任何名分也未有任何索求的做法，与先逼迫安东尼给个说法，然后再采取行动有本质的差别！

　　她来上海的唯一目的，只是因为在这里可能会经常见到安东尼，这小丫头什么都不会，打从认识安东尼开始，就只有绿色性格的一样法宝——"等"。譬如安东尼夜里晚归，小丫头从不会电话跟踪"在哪儿，什么时候回来啊"，与其他频繁跟进、精力无比充沛、半夜里仍旧用电话围剿的对手相比，就这一样法宝，已经足够了。而她从香港千里走单骑到上海的做法，正是安东尼彻底告别风花雪月，决定改邪归正的重要原因。

　　起决定性作用的那件事来了。话说，安东尼先生在书房内，想请雯雯倒杯水，大呼其名却无人回应；五秒后，再叫，仍无回音，心下大怒；十五秒后，三声大叫后雯雯还是沉默，安东尼怒气冲天地走出房间。他看到厨房里走出来的自己亲娘的僵硬和尴尬的神情，猛然悔悟，原来刚才鬼使神差，前面三声叫的都是前妻的名字。安东尼自知捅了天大的篓子，挪步走到雯雯面前，准备接受批斗，没想到此女正在镜前抹粉底，好像什么都没发生，平静地淡淡地说了句"可别再有下次了啊"，这让安东尼先生热泪盈眶。

　　你今晚回家后试试看，把现在的女友错叫成前妻的名字，看看她会有何反应。人生难免出错，我们需要的是宽容而非批判。

　　我猜雯雯这种类型的女子，血液中早已流淌着"夫幽人韵士者，处于不争之地，而以一切让天下之人者也"。她们似乎不需要很多恋爱伤痛的洗礼就明白"不自见，故明；不自是，故彰，不自伐，故有功"的道理，这点并不稀奇。让我震惊的是，先前我总以为对于她们来讲，也许天上可以掉下馅饼，但你要吃到馅饼，至少也要做的事情是——走出房门去接住馅饼。如果雯雯不来上海，也许一切都不会发生。对于你而言，去接纳一个未来可能什么都没有的虚幻的结局，你愿意为此去采取行动吗？

　　所以"无为而治"的前提是，你必须先"为"点儿什么。即使你手无缚鸡之力，人生也必须至少主动一次。不要像仪琳小尼姑那样，最终暗自落泪。

无欲

绿色不需要去消解欲望，是因为他根本就没
有做英雄的欲望与念头．

无欲：小太监的艳福总是很浅

一位读者在来信中这样写道，"由于绿色是四种性格中看起来最不起眼的一种，所以容易被忽略。就像一提《红楼梦》，人们一下子就想起来的是宝黛钗，甚至是刘姥姥，但不容易记起的是迎春、李纨之类。为此，我特地又找了一下《色眼识人》中对绿色性格的描述，看过之后仍不明了，望乐老师指教"。

由此，引出了如下几个问题。

问题之一：绿色在大多数情况下是消极被动、没有强烈欲望的，但不管怎样，作为人，欲望不可能完全消除。得道之人也不过是通过修炼，把欲望深深地隐藏。但即便是绿色，大部分是普通人，怎可能把欲望自行消解呢？

既然提到了《红楼梦》中的迎春和李纨，那么先从这两个人说起。这两人中，迎春才是货真价实的真绿色性格，而李纨则是外表温和的假绿色。在性格色彩认证演讲师方晓老师的专著《色裁红楼——红楼梦人物性格色彩解读》里，对这两位人物是这么分析的。

　　李纨年轻守寡，按照社会规范，必须表现出绿色无欲无求的态度，养养儿子，陪陪姐妹，不宜插手家务。待人接物，也只有赏赐，从不处罚，诨名"大菩萨"，俗称"老好人"。有一件事，可以立即说明她本人并不是真正的绿色性格。要知道真正的绿色天性中的确没有什么主动的欲望。在探春出点子结诗社时，李纨进门第一句："要起诗社，我自荐当社长。"这句话，就可以看出，她不是没有欲望，只是缺少机会。机会一来，本性就跳了出来。然后，她帮大家取了名号、立了规矩、自选副社长、出题海棠、评论仲裁，一概把持，没有商量，哪里还有一点儿"大菩萨"的影子？

　　而迎春不同，她的欲望低到尘埃里。同样是结社，随便别人给她取了"菱洲"的雅号，也安心地做只是有名无实、负责出题押韵的副社长。可连这点儿工作，她既没有做决定的欲望，也不愿承担责任，于是，就搞了个抽签翻牌：她走到书架前，抽出一本诗，随手一翻，翻到七言律，递给众人，就决定作七言律；让丫头拿韵牌匣子，随手拿了四块，决定用什么字当韵脚。整个过程，她没一个主意。这就是迎春——随顺天意，不做决定。后来，迎春的乳母偷拿了她的首饰当赌本，她也不在乎："省些事吧，宁可没有了，又何必生事。""私自拿去的东西，送来我收下，不送来我也不要了。太太们要问，我可以隐瞒遮饰过去，是他的造化，若瞒不住，我也没法。"

　　看看迎春，你就明白，这就是绿色性格的欲望和需求了。

　　须知，要让一个男人对身边的美好事物都无动于衷，除非让他做太监，因为在对女人的欲望控制方面，大圣人也比不过小太监。绿色性格的欲望，就有点儿像这个小太监一样。如果你听过性格色彩基础课上讲的不同性格如何用送巧克力来追求情人的桥段，当可明白此中真谛。的确，绿色性格的"无欲"是相对于其他三种性格而言，他们的欲望和人生索求极低，当欲望达不到时，他们会自我安慰，这大概就是你所讲的"自行消解"。

另外，自我安慰，还有这样一种手法——"我为没有鞋穿而哭泣，直到看到另外一个人没有双脚"。在我看来，这句话一定不是绿色发明的，因为绿色连哭泣都不会哭泣，绿色会认为没有鞋，赤脚走也很好呀。他们会安慰自己说，与大自然亲密接触的感觉真不错啊。在我的《本色》欲望篇中，按照我对好友胖胖的理解，他这一生，根本不认识"强求"两个字怎么写，如果有个女孩他觉得不能搞定，他会马上告诉自己，没有就算了呗；这与性格中有黄色的人大大不同，因为举凡有黄色，便总想达成目标，达不成便会痛苦。

可绿色的这种性格，也得到很多好处。看看《天龙八部》中的虚竹，少林寺一待多年，扫地洗碗，别说进入达摩堂，就连成为知事僧的想法也没有。最后，终于得到一个"送信工"的差事。虚竹小和尚老老实实去送信，没想到遭遇人生奇遇——珍珑棋局。多少高手因为对权力的痴迷，深陷其中。而虚竹却因毫无争斗之心，免受其害。类似郭靖、张无忌这样天性中成功欲不强，并非一门心思要做武林第一的，相对显得淳朴的性格中都有很多绿色。

绿色不需要去消解欲望，是因为他们根本就没有做英雄的欲望与念头。他觉得，让自己轻松快乐就好。绿色也没有追求完美的打算。因为他们明白，天地尚有残缺，何况人乎？不完美的事物才是最自然、最亲切可爱的。你可以理解为这是他们不追求完美的托词，但这的确是他们内心深处的真正想法。

问题之二：绿色怕麻烦，怕改变，但当绿色目前的对象并不确定，又有红杏来勾引他，他也不会拒绝，不会奋起反抗，因为这又累又麻烦。如果红杏不止一个，绿色又来者不拒，那岂不是艳福不浅了？

先来和你说一个关于绿色性格是如何面对艳福的故事。

公司里一个小伙子和我讲起件往事，觉得不太明白，为何以前一个关系很好的女同事，后来和他越来越疏远，离职了也事先不和他说一声，就人间蒸发了？我才发现他在艳遇扑面来临时，居然毫无感觉！

小伙子阿杜初入职场，常常加班，但住家偏僻，每日费时上下班，也毫无怨言。有一日，阿杜与美女同事 E 一同加班至半夜，E 请阿杜去她家小住，说家在公司旁边，省得来回奔走。阿杜觉得方便，欣然前往。

到 E 家，阿杜才反应过来洗漱用品悉数未带，略显尴尬。E 大方地说："你去洗澡吧，浴巾用我的就好。"阿杜说了声"不好意思"，便按照 E 的交代洗浴。（这小子难道不知浴巾乃女性贴身用品，隐私至极？！）

阿杜洗罢，E 进去，洗毕，穿件性感睡裙，和阿杜说"你随意，我先睡了"，便回房间卧床看书，未关房门。（他不知道房门大开是个信号？）

阿杜正待回房，瞥见 E 还在看书，心想睡前得和主人打个招呼，便走到 E 床前，礼貌地说："晚安啦。"E 愣了一下，回了声"晚安"。阿杜便缓缓回到隔壁房间，呼呼睡去。

第二天早上，两人按时起床上班。不久，E 离职，两人再无联系。

听阿杜说完这些，我问他："你难道不知道她从头到尾一直在暗示你？"

阿杜莫名问我："暗示什么？难道她不是看我下班太晚回家辛苦，招待我一下吗？"

　　我无语凝噎。这里的重点是：阿杜直到问我的时候，仍旧没有感觉到发生了什么。所以，如果艳福的发起者本身不挑明，遇到绿色性格的艳福对象，发起者真是要死的心都有了。

　　第一个问题，我解释了绿色是否有欲望去追求别人；第二个问题，我回答了当别人来追求绿色时，他们的回应。

　　问到他们的"艳福"多不多，则带出另一个问题：

问题之三：其他性格是否喜欢追求绿色？

　　坦白说，典型的绿色实在很闷，无趣乏味，和他们在一起，既没有刺激新奇的体验，也不会有惊心动魄的经历，所以，在情感体验中并不诱人。

　　民国时，郁达夫从浙江赶往青岛，又从青岛赶往北平去的理由，就只是为了品一下故都的秋味；而这位红色性格的文人，为了追求这种浪漫，不选香山的红叶，又对陶然亭的芦花没兴趣。为了体会秋天的味道，他沏了杯清茶，坐在破旧的院子里，从喇叭花的蓝朵，从槐树的落蕊，从扫帚留下的丝纹，从无因的秋雨，从半红的枣子，去感受十分的秋意，郁的浪漫可见一斑。这与梁朝伟有得一拼，他"有时闲着闷了，会临时中午去机场，随便赶上哪班就搭上哪班飞机，比如飞到伦敦，独自蹲在广场上喂一下午鸽子，不发一语，当晚再飞回香港，当没事发生过，突然觉得这才叫生活"。

　　按照性格色彩的规律，最有兴趣随心而欲、随性去做这种事的是红色性格；如果经过精心策划才去的，那有可能是蓝色性格；对黄色性格而言，怎么可能有那么多闲心去做这样浪费时间的事情（但如果是为了达成某个目标，为了把自己喜欢的人追到手，也会去做）。唯独绿色不会去做，因为实在太麻烦，绿色对于体验和经历没有任何兴趣，他们只愿意做习惯已久的事情，习惯在不同的环境中维持既定的习惯，他们没有特定的兴趣，也不耽溺于特定的娱乐，欠缺生活的情趣。

　　另外一点，绿色性格自己不会没事就到处放电，为自己制造情感碰撞的机会，因为他们怕麻烦。

　　喜欢绿色性格的人有两种：其一，性格中有掌控欲的黄色性格，绿色的这种温顺听话是很对路的；还有一种，情感中已经有了很多挫折和伤痛的人，一旦不想再折腾了，作为生活的抚慰剂，会喜欢这种宽容、平静、豁达的绿色。

绿
色
性
格

退让

跟绿色恋爱，貌似你不需给他任何承诺，随时可来，随时可走。这是为何？

退让: 情人争夺战

在性格色彩认证咨询师课堂，我提出过这样一个观点：无论是婚姻还是恋爱，遇到情敌短期火拼时，温顺柔性的绿色在通常情况下容易败下阵来，可如果时间拉长，最终人们吃回头草，却最喜欢绿色这样的草。

绿色性格之所以容易在争夺战中失败，严格说来，绿色并非是败下阵来，而是遇到战斗时，他们根本不愿参与你来我往的竞争，他们最可能做的是默默做好自己认为能做的，把决定的权利和时限让给对方。

绿色，在爱情中似乎不争，似乎没有强烈的爱。其实不然。 每个人都会因爱而受伤，对常人而言，只要付出，就意味着期望"得到"。区别在于：当你付出以后却未得到时，不同性格的做法完全不同。

红色，开始任性，不停地要，越是要不到，越是强烈地表达"我要，我要，我就是要"。 就像退回到孩童时期，吵着要吃一块放在高处的糖。

蓝色，会压抑自己，既然得不到，就把他放在心里，埋得深深的，永远

不要提起。可惜，有些痛苦越压抑，杀伤力就越大。与其这样，还不如像红色那样"疯一把傻一把"，也就过去了。

黄色，信奉的是，不是你抛弃别人，就是别人抛弃你，与其被人抛弃，不如自己自断一臂，先抛弃别人再说。这样，和别人比起来，自己受伤较轻，还是赢了。

说到绿色，跟绿色恋爱，貌似你不需要给他任何承诺，随时可来，随时可走。这是为何？**因为绿色的一生都在被人支配和要求，她最不愿意的就是控制和要求别人。**

这并非不敢，而是：一来她觉得自己从未想控制对方；二来她有种感觉，她觉得即使你的离开给她带来了痛苦，她也可自我平复；相反，如果她强迫你留下，带给你的痛苦她却无法承受。绿色的情绪不因外界刺激而产生大波动，他们没有强烈的欲求，从红色的立场看会觉得奇怪，绿色怎么那么能忍呢？而事实上，对绿色本身而言，并没有怎么忍，只是一种天生的适应性而已。

J 聊及其姐夫时，愤怒地回忆这个姐夫的恶形恶状。他姐姐和姐夫属于家长包办婚姻，J 妈是个强势母亲，因为军区医生的身份，所以对同样背景的孩子会情有独钟，随机帮 J 姐挑选了军区大院的姐夫。据说姐夫和姐姐结婚前并未深交，而对于妈妈安排的结婚对象，姐姐一点儿怨言也没有。婚后姐夫从不顾家，有了儿子以后，每月回家次数也是屈指可数，更别提管教孩子的任何事情。这样的情况持续到儿子 5 岁时，J 在某次聚会时，不小心让他得知姐夫外遇一事，据说持续了两三年之久。J 得知此消息后，非常气愤地告诉姐姐，没想到姐姐却默默流着泪说自己早已知道，并让 J 不要告诉父亲。J 细想这几年来，家中丝毫没有察觉姐姐夫妇俩已近乎分居的情况，姐姐一直以姐夫调到远岗回家不便做各种托词。问及姐姐为何宁可忍着也不离婚，姐姐擦干泪只说："其实和谁结婚可能都会这样，真离婚了，对孩子也不好，还要让老父亲担心。再说离了婚再找别人，可能还会有这样的情况发生，所以也就忍了，说不定哪天他累了，还是会回来的。"

这样一来，你就很清楚为何绿色在遇到情敌时往往会失败了。因为她既不想伤害情人，也不想伤害情敌，她认为时间可以解决一切问题。而假如她的情人是红色，三人一起痛苦的情形就发生了。

如果对方是红色性格，首先红色的爱情冲动而不确定，可能会在不同的情境、时间、地点去爱不同的人，而且都无比炽热。而红色的对象给绿色的感觉是，他和自己或和那个情敌在一起，都可得到快乐。此时，如果那个情敌表现出非要不可＋痛不欲生＋不离不弃，绿色十有八九会自行退让，理由依旧是这样对大家伤害较小，而绿色可以自我疗伤。

在隐忍自己的真实情绪上，绿色比蓝色更甚。绿色不肯轻易地表露太多的感情，他们宁可静静地坐着倾听别人，他们非常难以打开自己，除非他们确认你是完全可靠的。绿色似乎也并不知道该如何表达自己的需求和情感，会想："别人是不是真的想了解我呢，别人不会关心吧，那我又何必说，再说了，我好像也没什么特别的想法要说。"如果说蓝色是难以琢磨的，那只不过是蓝色故意把脉搏藏着掖着，他内心期待有人能够捕捉到并且读懂他；而绿色干脆把脉搏完全闭合，让想读的人也无从下手，他们不愿意让自己的情感对他人造成任何负面的干扰。

绿
色
性
格

就本质而言，绿色性格的内心是拒绝改变的。绿色的欲望之低，使他没有动力主动行事和做出改变。

每天早上吃白粥，不想换一换吗？

不用换啊，就这样挺好的。

不变

不变: 死猪不怕开水烫，天天给你喝白粥

多年来，当我日复一日地教授性格色彩时，都会思考关于学员的持续度问题。我期待人们应用这个工具，能更好地理解自我和他人，通过个性的自我修炼得到更加圆融的人际关系。我曾经问过自己，最喜欢给什么性格做培训？

初始，我刚出茅庐，场面的轰轰烈烈是何等让我这样的红色性格受用，因此容易激动的红色性格自然在所有听众中最受我青睐。待到繁华褪尽，发现红色听众犹如萤火之光，稍纵即逝，典型的红色少有坚忍不拔之人，他们容易看热闹不看门道，他们更愿意看一场山呼海啸、人山人海的演出，而不愿坐下来耐心地静静地看书、学习。与此同时，大多数的红色也太容易原谅自己的过失，而不愿深刻地自我检视，他们学完以后，如果没有足够的学习交流环境，永远就像票友一样，只不过是一场游戏一场梦。

蓝色和黄色，两者的内心硬度远超过红色和绿色。

刚接受性格色彩的概念时，蓝色暗藏敌意，充满怀疑和抗拒，以审慎和不屑为常态。蓝色性格之所以也会有抗拒，那是因为他们对谈论者或者性格

色彩的真实准确性的怀疑。另外，他们也不太允许一个和他们不密切的人进入他们的内心世界。

而黄色摆明了是抗拒和排斥，这玩意儿是什么东西？像我这等功力高深之士岂能分析得出来？何况学习分析内心有何用处？不如实干！他们认为如果自己能够抵抗你这种对人以"色"划分的"色毒"侵袭，比起培训课上其他容易被影响的同学，已经可以算是他们有异于常人的伟大之处。黄色的一言一行会直截了当地告诉别人，自己希望得到什么。他们时刻关注外部世界，寻找攻击对象，是因为害怕审视内心，担心发现自己和他人一样卑怯脆弱。他们认为自我质疑、探寻自己真正的愿望是一种妥协，所以从不对自己提出怀疑。

为了验证自己的钢筋铁骨，蓝色和黄色两种性格，从头到尾一直板着他们高傲和严峻的面孔。然而，若你一旦触动了他们的内心，蓝色内心的松动，将引发其后一系列排山倒海般的自我认知，他们在自我反省上天生就有强烈诉求。而黄色也不像红色那样"雷声大，雨点小"，他们不需要发布任何信誓旦旦的对外声明，就已经暗中自我改造起来，在要求自己修炼一途上，黄色性格比谁都舍得向自己下狠手。

只有绿色，那种软功却让你吃得一惊。

绿色从不批判他人，因为他们认为培训者没有辛劳也有苦劳，从他们面带微笑的表情上，你看到的是赞许和支持，然而背过身去，一切照旧，什么都不会改变。不用说蓝色和黄色的思想和行动了，就连红色那样当场立志要自我改变的表态，在绿色身上也永远不会出现，似乎这一切都是你们在那里说，与他自己毫无瓜葛。有时，绿色偶尔也会有自己的想法，但当觉察到自己的想法不能成为主流想法时，绿色会本能地退缩，将原有的刚冒出点儿尖尖角的那点儿话，重新掩藏在乌龟壳中，以回避任何可能的冲突。即使他们知道他们是对的，要么在对方的强势下，开始怀疑自己是否正确；要么觉得没必要挑这个头，同主流去对抗，反正说和不说，也没有什么差别。

　　这就揭示了一个在培训行业中的真理，举凡绿色性格参加培训，多是单位内部组织安排抑或被亲友一起拖到课堂，让绿色自己主动参加课程去学习如何自我改变，那几乎是不可能的事。我刚做性格培训时，很想拿非常凶狠或刻薄的词眼来激怒绿色，遗憾的是此生我从未得逞。鉴于绿色种种死猪不怕开水烫的架势，赋打油诗一首赠送："任尔东西南北风，咬定青山不放松。随便你们怎么样，我该怎样还怎样。"

　　绿色在内心里的顽固，绝对是四种颜色之最。顽固与固执完全不同，"固执"更加集中于对自己观点的坚持，譬如蓝色和黄色，皆属此辈中人，只不过，蓝色是那种"认死理"，而黄色是属于"要权威爱面子"。而绿色的顽固，尽管他们不与你冲突，旁人却谁也奈何不了他。越是向他们施加压力，他们越不表态，这是他们对别人不理解自己的一种抗议。在必须决断又不愿决断时，绿色会做出表面迎合的决断，而实际上他心里的想法完全没有改变。

　　就本质而言，绿色性格的内心是拒绝改变的。比如说我绿色的外婆从来不主动问他人关于早饭吃什么的问题，每天早晨一定不会变，几十年如一日，一律煮白粥给家人吃。只要你不提意见，绝对不变。可是只要你提出意见，第二天马上就改，改了最多一天，第三天又会变成之前的早餐——白粥！这种一成不变的特点，让绿色很容易成为所有人中缺乏激情、生活平淡的那类。

　　小西曾一个人在美国留学，父母给他带上锅铲菜刀，嘱咐他独自远游，务必学着独立生活。但据小西讲，崭新的菜刀，除了偶尔切切水果，几乎没用过。到了美国，他发现附近有一家便宜的快餐店，一算价钱，比买菜做饭贵不了多少，这下他可开心坏了，天天在快餐店就餐，每天虾仁花菜，花菜虾仁，不厌其烦。偶尔同学开车带他去唐人街，他便打包买一堆饺子、汤圆，塞满冰箱，接下来一周，连快餐店也不用去，省事儿。就那么在美利坚生活一年，竟也节约下不少钱来。

多数人有机会在国外住上一年半载，总会想方设法四处游玩。小西在美国留学，永远是住处学校两点一线。唯一的例外是，暑假其女友到美国找他玩，小西"跟着"女友旅游了一趟。说来他也不惭愧，住在美国的人，让在国内的女友遍查信息、订酒店、查机票，他只负责在女友指挥下打打杂、付个款。女友到了美国，小西除了接送，只是陪女友按照既定计划游玩。红色女友受不了男友的毫不作为，在美国对着小西发了一顿脾气。回国后，女友提出分手，小西也不挽留，两人就此分道扬镳。

我后来问小西："你在美国不想去哪里玩吗？为何把一切都丢给女友准备？"

小西挠挠头，回答道："从小看书，知道圣迭戈，有点儿兴趣，女友没提，也无所谓。"

我又问："作为男人，不想主动帮女友承担些什么吗？"

他慢悠悠地说："本来就懒得做那些麻烦事儿，既然她主动，那么就交由她决定好了。"

看到了吧，绿色欲望之低，使他没有动力主动行事和做出改变。绿色内心深处认为，我没什么要求，把选择权尽数交给你，顺着你意就好，自己无须多言，也无须多做。殊不知，只要对方没有黄色性格，控制欲不够强，便会觉得绿色毫不承担，深受其累；即使黄色性格，看到绿色性格一副烂泥扶不上墙的样子，也是咬牙切齿，恨其成事不足败事有余。

也许有人会说，我是红色性格，我也不爱出去玩。嘿嘿，切记，绿色性格是真的不愿动，而红色性格犯懒，多是因为对这事儿不感兴趣，若是真心喜爱，巴不得天天乐此不疲，迸发无比热情。君不见，段誉遇到王语嫣前只是随处游荡，遇见之后，日思夜想，恨不得天天为她做点儿什么。

　　而绿色的缺乏动力，源自内心深处的安于现状，觉得天下之事没什么大不了。就算背后有人拿着鞭子狠抽，也是一副"他强任他强，清风拂山岗"的面孔。范围之广，遍及所有事情。如同小西，赔了夫人，他也无动于衷，实在让人无可奈何。

安逸

绿色最响应和谐，
因为绿色的梦想就是人人相安无事。

安逸：他们到底有人生的动力吗？

对一个习惯干脆利落直达目标的人而言，安逸是很难做到的。说出安逸的种种好处，并非难事；难在人们似乎都明白道理，但不见得会去做。如果你是一个快食主义者，我并不奢求当你看完本章就能顿悟人生缓慢的好处，但至少让你可以面对并且接纳一个客观的事实，那就是在你的周围，有与你完全不同性格的群体存在，而你们的性格差异很容易在工作中让你不满。

如何用正确的心态来理解追求安逸的家伙，是让急脾气减少痛苦的首要途径。

之前小卷用她高超的马屁功夫向我提意见："乐老师，虽然您老人家聪明绝顶、敏感善良，但您的速度太快，我总是担心，以您的快手，只能捕捉到80%的真理，与剩下的20%擦肩而过。我不敢说您会遗憾，因为您所知的已经超过他人很多，但如果您可以逆着自己的天性来行走，定会有不同寻常的发现……正如倒转真气，只有极少数武功奇高的人才能为之，虽极为凶险，九死一生，但倘若闯过这一关，武功立增10倍……"与此同时，她提出四个问题考验我对绿色性格的理解。这些问题招招歹毒，个个凶狠，直指命门，我尝试回答。

1. 为什么绿色讨厌在非工作时间工作？
2. 为什么一个讨厌加班的绿色会去加班？
3. 为什么绿色的领导宁愿自己加班也不叫下属来加班？
4. 最能驱动绿色做他不愿做的事情的动力是什么？

以上四个问题的答案全部指向绿色的核心动机，当你开始真正进入 FPA 性格色彩的奥秘而非浅尝辄止时，也许你将惊叹于性格色彩的奇妙。

● 1. 为什么绿色讨厌在非工作时间工作？

因为绿色真的讨厌在休息日工作。这种讨厌与人际关系间的好恶无关，即使他再喜欢你，愿意为你工作，他内心深处依然是抵触这一点的。这种讨厌与他喜不喜欢这份工作无关，即便他再喜欢这份工作，他内心深处仍然是想最好不用加班的。

对绿色来说，他们接受无为无欲无求的观念是最不费力的。但要灌输给他们宁死不屈的价值观，就相当难。绿色的天性是和谐，人和人的关系要和谐，生活和工作要和谐，休息和工作的时间要和谐。一个大绿色接到一个工作电话，从他没什么力气的回答中，你能体察到他的不开心。一问才知道，原来是别人委托他干私活儿。当你很奇怪有钱赚为何不高兴？他说觉得累。

绿色并不能充分认识自己能力的误区，是由于他们的懒惰。他们潜意识里拒绝内心出现矛盾和痛苦，很少有进取心，因为新东西会给人带来内心的不平静。此外，由于一切顺其自然，为了化解做决定的不安，最后绿色就养成了始终如一的生活习惯。什么也不想也不操心，按照惯性来做事就可以。

这对黄色来说，完全无法理解。黄色认为如果有利益，工作是生命的必需，早上床睡觉是浪费生命，这些都没错；但假如有一天黄色性格能发现，其他性格并不像他那样视工作为生命的必需，相反视休息为生命的必然，视侵害他人的休息时间为犯罪，也请不要惊讶！不同性格的人有不同的理解，你是对的，不代表别人就是错的。

● *2. 为什么一个讨厌加班的绿色会去加班？*

绿色加班，要么因为别人的直接要求，这是为了人际关系的和谐；要么是因为如果他不加班，别人就要受到影响。

举个例子，一个绿色朋友有次不情愿地说，回家还得加班赶活儿。我说，这么晚了，明天再说吧。绿色说不行，如果他不按时交图，在他后面负责打图的人就没足够的时间来完成了。每当绿色想到他的慢，可能会连累在自己后面工作的人，就觉得不行，一定要快一点儿。

"和谐"的意思，就是我不要影响别人连累别人耽误了别人，这里再一次证明上帝是公平的，如你所说，绿色是最不容易受到影响和改变的人群，同时绿色也是最不愿意去影响和改变别人的人群。绿色最响应和谐，因为绿色的梦想就是人人相安无事。

● *3. 为什么绿色的领导宁愿自己加班也不叫下属来加班？*

你可能会说，因为绿色怕得罪人，其实，不是的。

因为绿色内心深处是抵触加班的，因为他觉得休息日对于人来说是重要的，生活平衡的重要性大于在工作上取得成就，除非有自己无法完成又必须完成的事情，否则他想不出有任何理由让下属来加班，破坏下属生活的平衡。

他们宁可影响自己，绝不愿麻烦到别人。

想起我在中专时，有个超绿色的同学，与世无争，独来独往。他与任何人都没有矛盾，以至于毕业多年后，在很多人记忆中只有个模糊的印象，连他的名字很多人都记不起来。当年有次班庆活动，让他去买些气球，他买了同一颜色的，班长让他回去换些彩色的，过了一会儿他又买来些彩色的，但后来我发现，他书包里还有很多原先买的颜色的气球，他根本就没去退，而是自掏腰包了断了他认为的换气球的不必要麻烦。所以，下班后，他怎么可能麻烦别人去加班呢？

这与黄色的动机完全不同，在黄色看来，休息日不干活儿，对于自己是时间的浪费，是生命的亵渎。这样看来，如果"人生得意须尽欢"是红色性格发明的，那么，"人生苦短"就是黄色性格创造的。

● 4. 最能驱动绿色做他不愿做的事情的动力是什么？

最能打动绿色的不是单纯的后果恐吓，而是让绿色明白，他所做的事会给别人带来不幸和痛苦，这对绿色是最有效的。

如果你对绿色说："你这样下去，你这一辈子就完了，没有成就……"绿色一定会说："我无所谓，我这样下去没什么不好。"但假如你对绿色说："你这样下去，你爸妈会痛心而死，你哥哥会跳楼……"绿色才会重视这件事。当然，这个说法要有可信度。深圳的黄色性格的讲师朱佳生曾经说过，他对绿色的领导说："如果你不批准，我明年一年的计划都要受影响。"结果老板同意了他的做法，其实也是用的这一招。所以，请你一定要明白，绿色不在乎别人对自己的恐吓，但是很在乎因为他自己的问题而影响到别人。

糨糊

> 快分手!

> 什么时候结婚?

绿色因惧怕引发冲突，很少拒绝他人，往往给自己带来麻烦，也间接影响到他和别人的关系。

糨糊：不懂拒绝的老好人

绿色性格的人际关系之和谐，冠绝四种性格。黄色为达目的，经常忽略他人感受；蓝色只维持几个至亲之人的紧密关系，工作上更是原则优先，人情居后；红色的确希望受到大家的认可，也竭力表现，但红色性格太过在意自己的感受，再加上情绪化、口无遮拦等过当，和他人难免交恶。只有绿色，永远温驯，不争不抢，也从不表现自己，和周围人大多相处得不错。

但你要认为绿色人际关系无敌，那就大错特错。注重和谐和不懂拒绝是一枚硬币的正反面，绿色因惧怕引发冲突，很少拒绝他人，往往给自己带来麻烦，也间接影响到他和别人的关系。

志强完全无法理解，为什么绿色儿子连面对像自己那么亲的人，都不会表达内心的想法。有一次，志强让儿子带一些礼物送给老师，绿色的孩子犹豫了一会儿，遵父命带了两盒小核桃过去。

过了几个月，儿子生病，志强去学校看他，一眼看到小核桃还放在角落，很生气，说你怎么没送？儿子唯唯诺诺，被问了好一会儿终于告诉志强，老师是个保守派，从不收学生半点儿礼品，但他看父亲如此积极，又不好意思拒绝，只好先带过来，一直放在角落，也不知道该怎么处理。

志强听了更加生气：如果没法送，你就拿回家，放在这里等着坏掉？！绿色的孩子静静地听着父亲的责骂，也不还嘴。等骂完一通，志强把小核桃带回家，打开发现已经受潮了。

红＋黄性格的父亲根本想不通，为何儿子如此难以说出拒绝二字。对绿色而言，直接拒绝比挨骂更难受，在他们的逻辑里，直接拒绝有可能当场引起冲突；暂且答应，至少可以拖延时日，就算之后挨骂，只要低头认错，也不会有什么大波澜。

四种性格里，红色和绿色两种性格相对不懂如何拒绝他人。红色性格的不懂拒绝，归根结底是由于红色太在意自己在他人眼里的形象，如果压根儿不在意的人（例如讨厌的人向自己表白），红色不吝冷漠相对。但绿色性格的不懂拒绝，上至领导、父母，下至三岁孩童，简直来者不拒。即使是不喜欢的人（绿色很少有讨厌的人）追求表白，绿色为了不破坏和谐，也会温和应答，从而时常给对方一种"难道他（她）对我有意思"的错觉。

生活中绿色的老好人作风，给他们招来很多麻烦，工作中更难免碰到分歧、冲突、对抗，他们本有机会告诉对方自己内心的想法和观点，从而改变事情进程，但他们本能地放弃了这一权利，宁可捣糨糊，拖延等待。他们不明白，当事情因捣糨糊而难以收拾时，才是他们倒霉的时候。

某维修公司投诉部，绿色接线员小绿接到一个客户的投诉：

客户："我的电视机坏了，马上派人来维修！"

小绿色："呃，可是师傅今天的预约已经满了，我帮您安排明天的维修可以吗？"

客户："明天？！开什么玩笑！我今晚不用看电视啊？叫师傅现在马上来！"

小绿："呃……哦……哦……"

收到客户的"命令"，小绿开始给工程部负责人打电话："××地区有人来电说电视机坏了，要求马上维修……"

还没说完，工程部负责人就吼了回来："什么马上？！说了多少次了，不能马上，你们怎么工作的？每个客户都要马上维修，我们忙得过来吗？"

小绿："哦哦……可是……"

工程部："可是什么？！就告诉他，要维修最快明天，后天也行，然后预约个时间！"

小绿："哦……"

嘟……

小绿还想说点儿啥，可是对方已经挂上了电话，小绿茫然地握着听筒，心中很是忐忑，她知道师傅今天的维修预约已经完全满了，不可能再多做一单，按照公司规定，只能给新客户安排后续的预约，最快也要明天，可是面对强势的客户，她实在不知道该如何去拒绝，于是，她开始施展绿色的大招：拖。

她没有打电话给客户告知今天不能安排师傅上门，也没有告知工程部这位客户还等着今天的维修，就这样，一直到了晚上8点，这位怒气冲冲的客户一个电话打到了老板那里，谴责公司明明答应了他今晚安排师傅上门，却一直等到8点还未见到师傅的影子。老板问起工程部的相关负责人员，才知道根本没有师傅接到过这张维修预约单，查来查去，最终查到了小绿的身上，面对老板的责骂，小绿一声不吭，只是默默地承受着。

　　绿色习惯于让别人做决定，按部就班，听从指令。但善于倾听安抚他人情绪的绿色，却缺乏解决冲突的能力，也缺少目标感，不知如何解决问题。当两个强势方同时发出相悖的指令时，绿色不知听谁的好，摇摆不定，最终只能选择逃避，都不拒绝，也都不答应，一直等到他人出来应对。

　　如果有人能帮绿色擦屁股、解决麻烦，那绿色还算幸运，顶多被领导责骂，只要绿色发挥打不还手、骂不还口的精神，大多情况下都可以糊弄过去。但没人帮忙时，绿色只好顺其自然，听天由命。

　　有时，绿色因为不善于拒绝别人的要求，一而再、再而三地答应帮别人加班，干的都是琐碎小事。在老板眼里，起不了什么作用不说，自己还因劳累过度生了病。面对公司的解雇信、医院的高价费用单和同事们毫无留恋的眼神，绿色难道真的觉得不拒绝才能换来和谐的关系吗？

　　当没有人能帮助绿色性格解决困扰，面对可能的冲突只能一味拖延，这对绿色来说才是最糟糕的。

　　绿色的艳艳8年前交了个男朋友，但是艳艳的母亲却嫌他太矮而希望他们分手，一边是关系很好不肯放手的男友，一边是强势要求分手的母亲，艳艳疲于应付。她对上阳奉阴违，瞒着母亲自己和男友依然交往的事实，哄母亲说尽快找新对象；对下温柔体贴，在男友整日要求见家长谈婚论嫁的时候，用"再等等，再看看"来搪塞。这场爱情长跑，跑了整整8年，到目前仍未解决，艳艳就那么一直周旋着，既不能分手，也无法结婚，像一块夹心饼干似的，每天忍受着来自母亲和男友双方的压力，不知道这场持久战还要打多久。

艳艳的感情纠结现状，是无数绿色性格为迎合他人，不拒绝、不冲突、不执行的清晰写照。

在此不厌其烦地向其他三种性格的人特别强调：绿色的"嗯""好的""哦"只是语气词，万不能当作他的承诺。想要搞定绿色，切记，切记，要有耐心，不可大吼大叫，请营造安全氛围，循循诱导，细致推动，才有可能让不愿与人为难的绿色吐露心声，让停滞不前的绿色缓缓前进。

绿色的等待，常常换来身边其他人的忙碌，因此他们继续等待着别人来推动，别人来做决定。

被动

被动: 你就是鼠标

如果你不与绿色在一起工作，只是作为朋友的话，你自然可以充分享受绿色性格的耐心倾听、千般温柔及化解压力的陪伴服务；然而当你有幸与典型的绿色性格共事时，会让你有机会深刻体验到"恨铁不成钢"和"皇帝不急太监急"的痛苦。

2008 年，性格色彩培训中心出了套乐嘉性格色彩教学 DVD，前期经过周密策划，锁死了上市时间，可最终依旧比原定时间足足晚了大半个月。当中过程苦不堪言。这与制作方的技术人员是绿色性格有千丝万缕的联系。下文是我的一位同事在最后和他们督战时，与两位制作方典型的绿色性格工作人员的对话笔记，你可从中窥见绿色性格一旦性格弱点尽显时，是如何拖拉、不负责任、没有主见、不动脑子的。

有幸与一位绿色一同工作。刚见面时，他四平八稳地坐在那儿，慢慢地拖动着编辑软件的进度条，看见我过来，露出腼腆的微笑。

> 其时，距离视频约定交货时间已过半月之久。

我问："你就是负责这个制作的？"他点头。

我："你知道怎么做吗？"他点开屏幕上另一个窗口，是我之前发给他们的修改意见文本，慢悠悠地说："就是照这个……改呗……"

我："还要增加一些片段你知道吗？"他："我……"

> 绿色擅长说一个字，然后停顿，等你说出你的意见，这在朋友相处时可谓一大优点，但在工作中是要把主动权交给别人，自己不想动任何脑子。

旁边一位红色同事快速地递过来一个U盘："我帮你把文本打印出来，拿在手上看，这样快！"

> 绿色的等待，常常换来身边其他人的忙碌，因此他们继续等待。

文本很快打印好了。他拿着纸，慢慢地看着，说："就是在原来那个片子上改是吧？"

我："不光是这样，还要从素材带中导入一些内容……"

后来我们分工，我选素材，他先改别的。

当我选好后，走到他身边，发现他茫然地把进度条拖来拖去。

我："你在做什么？"

他："……"

我："你是不是已经把其他部分都改完了？"

他摇头。

我："你是不是有什么地方不明白？"

他："这个片段有问题，我单独点这段是可以看的，但放在整个广告片中就没法看。"

我："那有什么办法解决？"

他："我对这个软件不熟，要问李老师。"

我："那你快去问啊。"

他："李老师……好像很忙……"

> 绿色的内心，永远预设一些让自己可以不用行动的条件，如"他很忙，我不该打搅他""他一定知道怎么回事，不用我告诉他""事情已成定局，我去说也没有用"……

我："那你不问怎么解决？"

他："我再看看……"

旁边另一位红色女同事啪地站起来，马上跑到另一个房间去问李老师了。

李老师骂骂咧咧地走进来，一边点鼠标一边说："连这个都不懂？怎么搞的？就是这个……你看……真是没用……就是这里点一下……没见过这么笨的！"

绿色自始至终的表情都是一副逆来顺受的温柔样子。

> 绿色的面无表情足以让人在工作时被气得心脏病发，如果不是亲眼所见，谁又能想到呢？

后来另外一个制作人员在另一台电脑上做个15秒的广告。没想到这位也是绿色。暂且称第一位为大绿，第二位为二绿。

二绿拿着一堆素材照片，犹豫了很久没有开始做。

二绿："这些照片一共有多少张啊？"

旁边的人："16张。"

二绿："16张，做15秒的广告，不好做啊。"

旁边的人："你不需要把它们全部用上的。"

二绿："那用几张啊？"

> 绿色像算盘珠子，拨一下动一下，并非是他们不会，而是不愿自己做决定。

旁边急了："你就用15张，一秒一张好了。"

二绿开始摆弄。

我看着他摆弄了很久，实在忍不住开始打起盹来。忽然一下惊醒，发现他已经做好了，但并没有叫我看，而是自己在那儿来回播放。

我："好了吗，还有问题吗？"

二绿："应该没有什么了吧。"

我："这个字体的颜色太淡，不突出，能否改一下？"

二绿："你想怎么改呢？"

我："用黑色吧。"

二绿："那个……所有颜色里面红色和黑色是最显眼的了。"

我："所以我让你用黑色啊！"

二绿："那个……"

旁边的人又急了："他的意思是说，红色字体用在黑色画面上是最显眼的，所以就用这个红色，不要用黑色字体。"

> 绿色最难说出口的字是"不"，实在要说时，他们会用其他的词语代替。

我这才明白。我："你不可以用黑色字体加光晕的效果吗？"

二绿："那个……还是红色和黑色比较显眼……我可以试试……"

试过一番，还是原来的颜色较好。

我："这个画面比较乱，能不能变一下？"

二绿："乱……什么意思……"

我："就是说这个画面上的东西太多，而且又有画中画，花花绿绿的，太杂乱了，能否调整一下？"

二绿："怎么调呢……"

旁边："不要用画中画了，用过场来穿插，字不要放在包装盒上，放在空白的地方。"

二绿："哦。"

> 拜托！！你才是专业设计师，一点儿自己的想法都没有吗？

经过一番群策群力，15秒的广告终于完成了。这时，二绿拿U盘拷了广告，要导入大绿的电脑上合成。

我去了趟洗手间，回来发现大绿坐在电脑前慢慢地拖动着软件进度条，二绿悠闲地坐在一边看着。

我："广告导入好了吗？"

大绿指了指二绿："等他拿过来……还在他的电脑里面呢。"

二绿指了指大绿的电脑桌："在这里。"

大绿拿起自己桌上的 U 盘，问："在这里面？"

二绿："是啊。"

我只能鲜血狂喷。

以上的郁闷之处在于，合作方的这两人都是绿色性格，只要其中有一人是其他性格，也不会落得如此下场。当然，还有另外一个奥秘，不知你是否看出来了，那就是我这个同事的性格，虽然不是明显的绿色（事实上，同事的性格是红＋绿），但也不是那种以目标和结果为导向的黄色，也不擅长推动，故而和两个绿色打交道时，显得自己笨手拙脚，只能跟着对方亦步亦趋，被动地跟随。若是同事的性格能够高举皮鞭推动着对方前进，不至于落魄至此。

根据以上我同事的惨痛教训，当你有幸和绿色缺点比较明显的人一起共事时，你须知他们做事的定律如下：

1. 绿色愿意听从任何人的意见。

2. 当两人同时对他提出相反意见时，他会两个都尝试一下，不发表自己的看法，等这两人争论出一个结果后，再按照结果执行。

3. 绿色从不催促别人做事，而是静静地等待别人发现自己该做的事。

4. 绿色不愿给别人添麻烦，当别人忙的时候，绿色宁可让自己的工作停滞，也不去问问题。

5. 绿色最不喜欢被问"你想怎么做"，而是"请你直接告诉我，我该怎么做"。

6. 如果绿色听了你的要求而没采取行动，很可能不是他不做，而是他没搞懂该怎么做，又不想提问给你添麻烦，所以静静地等着你告诉他到底要怎么做。

　　这种"鼠标性格"，你必须拉他拽他，才会干活儿，他们实在太懒了；理论上，绿色你需要拉他拽他才会干活儿，但至少有一大半的绿色，照我看来，无论你怎么施展招数就是不动，我更愿意称绿色为"死机性格"。

拖拉

门还能关上，
不着急修。

绿色性格的拖拉，当属他们的一绝。只要跟绿
色相处过的人，多会惊讶于绿色的坦然，即便
面对要命的事情，仍然不疾不徐。

拖拉：温水里的青蛙

　　绿色性格觉得，温水只能煮死青蛙，应该是煮不死人的，所以，一切事情都可以慢慢来，先拖着，当悲剧已经来临时，他们压根儿还没反应过来。绿色性格的拖拉，当属他们的一绝。只要跟绿色相处过的人，多会惊讶于绿色的坦然，即便面对要命的事情，仍然不疾不徐。我和妮妮的对话，刚好彰显了绿色在大敌当前时依然悠悠漫步、优哉游哉的"不俗"气质。

　　我知道妮妮正在申请海外硕士，好久没联系了，于是发个短信问一下：

　　"妮妮，你的申请怎么样了？"
　　妮妮："我也不知道。"
　　我："不知道？"
　　妮妮："是啊，材料寄出去了，但是那边好像没收到。"
　　我："没收到？好像？"
　　妮妮："我也不清楚，不过我听说收到的话网上会有标志显示，但我现在没看到什么标志，不知道是不是寄丢了，不清楚。"

我："什么时候截止？"

妮妮："12号。"

我："1月12号？？"（本次谈话发生在1月5日）

妮妮："是啊。"

我："你有没有去问？去查一下你的材料送到没有啊！还有几天就截止了你还没搞清楚寄到哪里去了？"

妮妮："是想问啊，不知道问谁。"

我："先打电话问学校收到没有，如果没有就问快递公司，赶快去查！"

妮妮："哦……"

（半小时后，我再给她短信）

我："怎么样？他们怎么说？"

妮妮："呃……呃……"

我："什么情况？难道你还没打啊？"

妮妮："我担心我说英语他们听不懂。"

我："没事的，能听懂的！你还要去美国生活呢！你托福考试的口语考得也不错啊，这肯定比托福考试简单，没事的，快去打电话，赶快去查，不然错过截止日期你的论文就白写了，托福也白考了！"

妮妮："哦……"

我以为她去打电话了，但是后来，我才发现：绿色的人说哦，不代表她会去做——她根本没打，也没去查，最后截止那天发现那个收到的标志出现了，于是告诉我："问题（自动）解决了。"

莫非妮妮压根儿不想去留学？不然如何解释网申截止日即将临近，她却毫不着急？原因很简单，对于绿色的妮妮来说，她的欲望如此之弱，以至于一旦电话联系确认材料情况的麻烦程度高于出国的欲望时，她便选择安心等待，并安慰自己说：该到的，总会到的。

绿色性格是这么害怕麻烦！喜欢打篮球的绿色，若训练太麻烦，不打了；喜欢玩游戏的绿色，若游戏升级麻烦，不玩了；想晋升的绿色，若考职称麻烦，不升了。于是一个期待留学海外的绿色，发现申请流程麻烦，自然懒得弄了。一旦遇到问题，他们最希望的就是问题可以自动解决。如果这件事情他非做不可，那么拖到最后一天是最好的解决方案。

　　绿色的宇琦，将拖延发扬成一种生活的艺术。他衣服不多，每天回家，便把今天穿的衣服挂起来，第二天穿另一件出门，轮换一圈后，又把当初晾挂的第一件衣服拿下来，嗅嗅看看，发现没什么汗味，也不太脏，穿第二轮。三轮过后，才慢悠悠地集中清洗，能用洗衣机的绝不手洗，必须手洗的绝不多洗，只要下个礼拜够穿就行。至于鞋子，专挑冲刷方便不需要系鞋带的运动鞋，走路舒服，穿着方便。

　　对绿色性格来说，只要还能生活，简单便好，少买衣服就可以少洗，搬家也省力；洗十次衣服不如攒到一起洗一次，够穿就行；能在附近吃饭，又何必花力气另觅他处，反正满足了基本生理需求。绿色的骨子里认为，大家最后都是要进棺材的，那么有追求干什么，搞得那么辛苦，最后都是一堆烂灰。基本的温饱需求，到了绿色这里，竟成为最高标准。

　　如果拖拉只是体现在生活上，顶多被亲人和朋友所不齿。威胁绿色找不到老婆，绿色只呵呵一笑，老婆迟早总会有的嘛，就算没有，也不是个事儿。但工作上的拖沓，往往会让绿色在静悄悄中迎接灭亡，这印证了《荒野生存》里的一句话："有些人会问：为什么现在行动？为什么不等等呢？回答很明了，世界不会等你。"

　　宇琦莫名其妙地混成了博士生（读到博士并非其多么积极向上，因懒得找工作，又被老师推动便半推半就），前两年拜红＋黄导师所赐，忙得不亦乐乎。回国后导师已调任别处，无暇管他，宇琦突然丧失了目标感，不知干什么好，天天宅在家里。想起写论文的浩大工程，从查阅文献到搜集数据，再到数据分析和数万字的长篇大论，想想就头疼，既然没人催，不如先放着。于是一拖再拖，四年后，身边的同学大多毕业工作，宇琦还在学校待着。

绿色的拖延，因其觉得定计划麻烦，按计划行事更麻烦，最好有人指点，按图索骥，无须费脑；没人指点的时候，无从下手，只好自欺欺人，假装事情不存在。然而，世界不会为一个人而等待，身边的人勤奋向前，只留绿色一人，可谓是"不为最先，甘做最后"。

即使因为效率低下丢了工作——譬如宇琦最后被学校扫地出门，因绿色的痛苦感和危机感不强，他既不会像红色那样以泪洗面，也不会像黄色那样力图东山再起。绿色会认命，接受他人安排。因此绿色的惰性，极难改变，是发自内心的"不动如山"。可想而知，中国历朝历代农民义军首领，无一例外没有绿色：即使日子再苦，别人和我一样，我又何必出头呢？连吃不到饭都懒得造反，绿色可谓懒汉中的极品。

根据宇琦的事迹，及对绿色核心动机的体察，我们可以将绿色的拖拉做如下剖解：

1. 能拖拉就拖拉，一切为了省事；
2. 如果非叫我干，那就跟着你干；
3. 到了生死攸关，我才勉强干干；
4. 人生难免一死，我又何苦多干。

读到此处，你可以抓胸挠肺，仰天长啸。如今宇琦还在学校耗着，没心没肺，不知人间疾苦。他不知长此以往，必将万劫不复。

再来看看，另一个绿色性格的老先生因绿到家了，赔了夫人又住院的故事：

老李是车间员工，本应心灵手巧，但却事与愿违。他懒得洗衣服，觉得毛衣不显脏，经常穿一整个冬天也不洗，把毛衣往角落一扔，竟生出蛀虫来。老婆一怒之下再不肯给他织任何毛衣，从此老李开启了买地摊货的时代。家中厨房门因门轴处螺丝松动，朝下倾斜，门底部摩擦地面"吱吱"作响，开关不便。老李觉得门能用就好，一直拖着没修，直到老婆按捺不住，再三催促，他嫌麻烦，直接把门底削去一块，此后门底不磨地，但老鼠也进出无碍，家里厨房深陷鼠灾。

老李的父亲过世，涉及遗产分配，他应该去法院办理手续，但他觉得整理材料、来回奔波太麻烦，就一直把这事儿搁着，从3月拖到5月，才在老婆的骂声中去办理。到法院后，老李被告知需要所有直系亲属签名，得联系一个同父异母、身在外地的姐姐，他就把这事情又拖了一个月。本来能速战速决的事儿，因拖得久，老李的妹妹反悔当初的约定，全家上下闹得不可开交。因为这来回折腾，遗产也没分到，老李的老婆和他大吵一架，想起往日种种，忍无可忍，提出离婚。

恢复单身生活后，老李的拖功依旧，他一个人生活，饮食没有以前规律，引发胃病。起初只是偶尔疼痛，老李以为只是吃坏肚子，希望自行好转，不去医院诊治。过了俩月，疼痛加剧后，老李才被迫去拍了胃镜，诊断结果是十二指肠溃疡，直接住院动手术。

因请假时间太久，工作效率本就垫底，公司裁员名单上老李榜上有名。40多岁年纪，也无更多技艺傍身，老李从此过起了孤苦艰辛的下半辈子。

如果不做改变，老李的现在，就是绿色性格博士宇琦的明天。绿色天性不争，但若将拖泥带水发扬光大，懒得动脑子，也懒得动手，事事用"还好吧"来安慰自己，总有一天，会把自己慢慢耗死。到时候他感叹一句"命也"，也再无下文。正应验了"可怜之人必有可恨之处"。■

跋：给你的建议

若认真读到此处，接下来你会关心，我若想继续了解更多，还可往哪儿去。

FPA 性格色彩学发展至今，以深度而言，已经发展并奠定出"洞见""洞察""影响"和"修炼"这四大专业领域。这四大领域，起于 2008 年 12 月的性格色彩讲师培训，发展至今，每个领域逐渐都有其各自的专业体系。

四大专业领域分别的主题是：

"**洞见**"是指如何发现真正的自我以及自己的软肋，搞清"我是谁"这个困扰了无数人千百年的问题。

"**洞察**"是指如何读懂他人的内心，理解我们无法理解的人在想些什么。

"**影响**"是指怎样用不同的方式去搞定不同性格的人，如何与任何人和谐地相处，又称为"钻石法则"。

"**修炼**"是指如何做更美好的自己，包括怎样改掉自己的缺点，拓展自己缺少的优点，做到四色平衡。

特别介绍这四个领域给你，是因为你看完本书后想问我的所有问题，几

乎都被这四大领域涵盖了。

假设"性格色彩学"是门武功，可以把这四大领域比喻为四门不同的武功。

在这四门武功中：

洞见 是最基本的。因为所有人学习和了解性格色彩，首先思考的问题就是——我的性格到底是什么，搞清楚自己，永远是每个人一生最重要的功课。

洞察 是最常用的。但凡色友聚会，总是第一句话劈头就问："你什么颜色啊？"这已成为了众人的一种共同语言，人们总期望很快读懂并理解别人。

影响 是最实用的。因为太多人最有兴趣的不是怎么理解自己，而是怎样搞定那些很麻烦或自己在意的人，那些人可能囊括了从自己的老板、下属、客户、伴侣到孩子的所有人。

修炼 是最困难的，当然也是最痛苦的。但是如果我们不改变自己的缺点，我们的人生就会不断付出代价，直到我们无力再付出为止，所以，坊间才有那么多的书教你该如何做，应该这样，应该那样。

这四大领域既独立，又相互联结，密不可分。有趣的是，刚好与《老子》

三十三章所述相对应："洞察"="知人者智"，"洞见"="自知者明"，"影响"="胜人者力"，"修炼"="自胜者强"。连在一起，**性格色彩可以看成是教人如何"知人者智，自知者明，胜人者力，自胜者强"的一门大学问，并且每个领域都单独分开，另起炉灶，衍生出来四门不同的学问，并且门门都可做到极致中的极致！**

按照我们培训课程的分类，不同课程的功能不同。基础课专攻"洞见+洞察"的功夫，大多人可以通过这个课程看清自己、理解他人；而进阶课主要承担"修炼+影响"的目标，同时兼顾了"高级洞见+高级洞察"的功能，因为，对那些后天受到强大影响的人来说，要迅速判别真正的性格并不容易。《色眼识人》与这本《色眼再识人》，前者更全面扎实，后者更刁钻深刻，但从严格学术意义而言，共同起到的都只是基础课的辅助读物功能。

古人历来强调知行合一，"洞见+洞察"都属于"知"，而"修炼+影响"都属于"行"。武林高手都讲究内外兼修，"洞见+修炼"都面向自己，走内功；"洞察+影响"都面向别人，走外功。以知行合一而言，当您看完这两本书，您已有了"知"但还没"行"；以内外兼修而言，您的"内""外"功都已各刚刚开始。

上面这些，也许你现在看得有些绕，但日后便知，以上就是性格色彩核心中的核心、本质中的本质。

如果你是个实用主义者，可能会更关心工作上该怎么运用性格色彩，怎么用它做销售来搞定不同客户，怎么用它来领导和管理不同下属，怎么用它来塑造自己的演讲风格，怎么用它来招聘到合适的人，怎么用它服务好不同性格的顾客……还可能更关心生活中可以怎么结合性格色彩，怎么用它来处理婚恋中的两性关系，怎么用它来教育不同性格的孩子等等。假设你对这些应用领域有急迫的兴趣，赶紧去看《色界》书系。迄今，《色界》书系里甄选了一批性格色彩传道者在各个领域运用性格色彩的经验结晶，无比珍贵。而即便你看完了那些实用的方法，也只不过是四大领域的皮毛而已。

多数人在翻开本篇跋，见到术语的那一刻，就立刻回避，觉得和自己没啥关系，转头去找其他更有趣的乐子。也许，他们错过了可能影响他们一生幸福的重要信息。说多无益，在本书和你告别前，提的建议就是——如果你真的希望掌握性格色彩并为你这一生所用，除了看书和看网上视频，最重要的是，参加性格色彩的培训课程。

你需要首先了解，看书和参加课程的核心差别到底是什么？

在武侠世界里，所有门派的武功，都有自己的秘籍。同样，性格色彩也有它自己的入门秘籍——《色眼识人》和《色眼再识人》。这两本秘籍在十年里流传得越来越广，以至于很多海内外读者都把它当成修炼性格色彩的终南捷径。他们以为，只要看了这本书，就能彻底掌握性格色彩分析的方法。

其实，不是！**相比看书，课程可以实现的功能是：**

1. 性格色彩是一个工具，而工具需要人们不断反复地使用。

《色眼识人》和《色眼再识人》是工具说明书，练习工具，需要找到一个安全并且适合的对象和场地，课程充分提供了那个场地。

2. 看书的限制在于，由于教育和文化背景的差异，每个人理解文字的角度不同，"一万个人心中会有一万个哈姆雷特"。

当红色和蓝色同时看到"完美"这个词，脑海里想的绝不是同一件事情。靠《色眼识人》和《色眼再识人》打遍天下，自以为理解天下众人，无异于痴人说梦。人与人之间的巨大差别,只有面对面地体验,才能真正领略一二。

3. 熟读菜谱,以为自己已是半个大厨,待真的做菜,你才会知道"盐少许,适量白糖"的恰当数量,知道食料互相搭配的不同味道,知道如何掌控油温变化。

脑补书中故事里的人的模样,远不如现场看到他(她)来得有冲击力。色书就是菜谱,将文字镌刻在书上,以平面的方式呈现;研讨会以立体的方式,将人活灵活现地展现在你面前,让你亲手做一席菜。《色眼识人》和《色眼再识人》是一万只鸡的鸡精,你可以摄取它来获得一些快速的营养,但如果你想尝到最地道的鸡的鲜味,还是要不辞辛苦,亲手去烹煮一锅新鲜的鸡汤。

4. 更重要的是,对很多人来说,课程的最大收获,未必尽数来自导师的教学,更多是来自同学之间的相互启迪。

当你和他人深刻碰撞,发现本以为傲人或凄惨的经历,竟与一个素未谋面之人如此相似,发现他的答案正好是开启你潘多拉魔盒的钥匙,你才会发现阅读无法给予你的好处。研讨会给人提供了一个绝好的体验机会!来自不同地方、有着不同的习惯和性格的人坐在一起,在一种放松的气氛下真实交流,这种感觉是书上的文字永远无法给予的!技巧可以训练,感受无法替代。如果只是看书,闭门造车,没法体验一群人中的对比。对于人的理解,最重要的是认知感受,而不是单纯想象。

5. 参加课程之前,每个人都认为自己是独一无二的,是无法被归类、无法被透彻看懂的。但参加之后,你会发现,人这种生物,有规律可循。

也许此前,你觉得无法了解自己身边的某个人,而在参加了研讨会后,你才发现这个世界上有很多奇怪的人,所以你不再为某个人而感到奇怪了。

6. 在武侠小说中，最高境界的武功，都写在无字天书上，禅宗说不立文字，其实武功的至高心法也是师傅言传身教的。

FPA 性格色彩的精髓，你只能通过个人研讨会来了解。很多人在看了书之后，还是不理解，动机和行为怎么区分，怎样找到自己真正的性格。而我只能说，对于动机和行为两个词语的理解和真正吸纳只有通过研讨会，别无他法。我曾学过长笛，所有的长笛教程都说要气沉丹田，老师也那么教。可当我真的试图"气沉丹田"，除了气闷难堪，憋红脸颊，连丹田在哪里都寻不到，直到老师一语指出我的口型错误，我才知道自己的最大问题。

不少读者刚看完书，兴高采烈地给身边人贴上颜色标签，等兴趣下降，不知如何深入运用，便搁置不前。殊不知色书用故事教你红蓝黄绿，实为告诉你理论框架。若拿着色书给身边人一个个盖上性格色彩的图章，犹如按图索骥，虽不见得会把驴当成千里马，但也难免因功力尚浅而失误。它的潜在风险是：

贴标签容易上瘾沉溺，但仅限于此，你永远无法知道这套工具的真正分量。性格色彩的真正能量，并非整日给他人贴上颜色的符号，而是真切认识到"我是谁"，从而成为更真实美好的自己；发自内心理解他人看似匪夷所思的行为，从而和谐相处。所谓修己安人，在助人中自助，自助后更好地助人！

《色眼识人》和《色眼再识人》只是寻道结缘的开始，但也还仅仅只是皮毛的运用。生命中许多珍贵的事物，我们必须愿意主动追寻，方能进门寻宝，而只有奋力者才能得道！

我诚挚邀请各位读者进入神奇的人与人面对面交流，体验性格碰撞的系列课程！也只有在培训课堂上，当你通过观察和对比，把自己剖析得深可见底，真正看清自己、读懂别人的时候，你才能够获得前所未有的属于你自己的全新的力量！你将能够更有力地实际运用所学在你自己的人生战场！

　　有缘之人，行在道上，愿你我很快能在课堂相见，在更高处相拥。

中国性格色彩培训中心课程介绍

中国性格色彩培训中心，在乐嘉老师的带领下，一直致力于研究、培训和推广"FPA性格色彩学"这一风靡国内的实用心理学工具。中心开展两类课程：一类是专业课程，包括基础和进阶；一类是认证课程，包括认证演讲师和认证咨询师。

性格色彩基础研讨会 ——看谁看懂，想谁想通 （2天）

这门在企业和个人中已经流行了15年的课程，是性格色彩课程的基础，让你便捷地读懂自己、看懂他人。

认清自我——通过洞见，使你更能看清自己是谁，深知自己的长处和短处，做自己的镜子。

读懂他人——通过洞察，学会读心术，不仅分辨出他人性格，更可知道行为背后的动机。

性格色彩进阶研讨会 ——修炼自我，影响他人 （3天）

区分其他性格分析系统与性格色彩最大差别的奥秘全部在这门课程中。

洞见和洞察——当几种性格色彩混淆时，如何分析和判断真实的性格和伪装的性格、个性的成因，以及最重要的，学习读懂任何行为背后真正的内心动机。

做最好的自己——真实的自己未必美好，在真实的前提下，如何修炼达到个性平衡。

影响和搞定——学会用适合别人性格的方式对待别人，搞定一切难搞的人。

跟乐嘉学演讲（性格色彩认证演讲师）（5 天 5 夜）

无论你是演讲菜鸟，还是演讲达人，这门课程都可以化腐朽为神奇，让你在舞台上有超凡魅力，走上超级演说家之路，成为即兴说话的高手。这也是目前乐嘉老师唯一亲自传授的课程。

突破自身演讲局限——你所有演讲的优势和局限都与你自身的性格有关，洞悉性格奥秘，可以帮助你成为更好的演讲者。

塑造你的演讲风格——不同性格的演讲者适合的演讲方式及套路不同，唯有这门课程，可以根据你的性格为你量身打造属于你的演讲风格。

性格色彩认证咨询师 ——助你成为最懂性格的助人者 （4 天 4 夜）

这是一门培训那些愿意成为"FPA 性格色彩"咨询师的人的课程——你将拥有与所有人内心对话的奇妙能力。你将成为熟练运用性格色彩工具解答他人困惑的指引者和助人者，通过一对一的咨询，走入对方内心，消除其痛苦。

官方网站：http://www.fpaworld.com
咨询电话：400-085-8686

乐嘉

性格色彩传道者
创始人／培训者／演讲者／写作者／图书人／主持人
1975 年生人，12 岁前长在陕西富平庄里，13 岁后迁至宁波北仑，19
岁起居于上海。

创始人

自 2001 年创立"FPA 性格色彩"，将此课程从工作延展到生活各领域，为
不同类型的组织和个人提供培训咨询。致力于帮助组织提高绩效，帮助个人
知己知彼，寻找相处之道，获得幸福与平衡。

2003 年，正式用"动机论"代替了"行为论"和"类型论"，这一改动标志
着"FPA 性格色彩"与其他四种类型分类体系的正式区分。

2008 年，带领团队在多年摸索后，发展并奠定"洞见""洞察""修炼""影响"
四大专业研究领域。这四个革命性的创造，使研究方向既相互独立，又有机
结合，共同构成"FPA 性格色彩"这门实用心理学工具中最重要的四大体系。

如今，已成功将"FPA 性格色彩"的应用，逐渐延伸到企业和个人应用的各
个层面，包括领导力、销售、客服、招聘、两性关系、子女教育、学校教育、
心理咨询，致力于引领大众对于性格分析的理解从阳春白雪向实用工具转变，
并使用"FPA 性格色彩"影响、改变每个人一生的人际关系和幸福指数。

培训者

创办中国性格色彩培训中心，专精于培训两个领域：性格色彩和演讲，已培养出数百名活跃在各地各行业的性格色彩认证演讲师和认证咨询师。与此同时，作为训练专家和私人教练，可化腐朽为神奇，帮助任何人短时间内迅速提升公众演说能力，强化舞台上的个人影响力。

早年，以企业内训起家。曾经服务过的客户遍布国企、外企、民企、政府及非营利性机构。目前，还担任上海大学悉尼工商学院、西北大学经管学院和河海大学的客座教授，也是清华、复旦、交大、同济、华师大、武汉大学、中山大学的特聘导师，定期为 EMBA、MBA、MPA、MFA 及各类总裁班举办讲座。

演讲者

二十年演讲经验，国内外大小演讲过 2000 场，直接受众 200 万。从国家行政学院面向政府官员的"运用性格知人识己"，到各大商学院面对企业家和高管的"性格领导力"；从剑桥大学的"如何用性格塑造演讲风格"到国内各知名大学的"嘉讲堂校园巡回演讲"；从面对海外华人的"性格与婚恋亲子"到面对国内教育机构的"因人而异，因色施教"。演讲主题围绕性格应用的各个领域，覆盖面广泛。

演讲风格极富现场穿透力和舞台感染力，加之天生的激情和高超的舞台表演技巧，塑造出国内讲台上前所未有的风格。他能将复杂的心理学理论以戏剧化且震撼心灵的手法呈现给观众，被大众誉为"思想性与表现力共存的天才演讲家"。

写作者

国内实用心理学领域最有大众影响力，性格分析研究和应用领域销量最大的作家。在当当网图书－社科分类－心理学分类中，开创了"性格色彩学"分类。迄今，个人已出版著作 10 本，总销量逾 450 万册。

2006 年 《色眼识人》（超级畅销书）
性格色彩最重要的基础必读书，全面地阐述了四种性格的优势和弱势，是所有性格色彩著作的奠基石。

2010 年 《色眼再识人》（超级畅销书）
在《色眼识人》的基础上，继续深度分析四种性格的弱势和每种性格潜藏的内心动机。与前者合二为一，可以基本完成对四种性格色彩的初步了解，堪称性格色彩的经典套装。

2010 年《人之初，性本色》
性格色彩专业随笔。包括文化、世相、职场、情感四章 35 篇，未看过入门书的，会觉得读起来门道神奇，不明觉厉；懂点性格色彩的，读起来如饮甘饴，玄妙无穷。

2010 年《让你的爱非诚勿扰》
风靡全球华人的电视相亲节目《非诚勿扰》纪实和情感分析。

2011 年《跟乐嘉学性格色彩》（超级畅销书）
性格色彩最简易的漫画版入门读物。

2012 年《微勃症》
乐嘉生命感悟小随笔，有思想、有故事、有趣味，且阅读轻松的马桶读物 I。

2013 年《谈笑间》
乐嘉生命感悟小随笔，有思想、有故事、有趣味，且阅读轻松的马桶读物 II。

2013 年《爱难猜》
性格色彩 16 篇情感随笔，读者对象是所有正在恋爱和婚姻中的人。

2013 年《本色》（超级畅销书）

前无古人的自剖录，通过 20 个不同角度的凶狠凌厉、刀刀入骨的自我剖析，向读者展现并且示范了如何通过洞见自我来获得内心真正的力量。剖的是写书的那个人，说的是看书的每个人。

2015 年《写给单身的你》（超级畅销书）

想恋爱的人用这本书脱单，找到合适的人；正恋爱的人用这本书学习两性相处；不想结婚的人用这本书化解外界压力，享受自己的生活；已婚者用此书读懂彼此。表面上，这本书是性格色彩的恋爱应用宝典，其实，这本书是从情感角度谈如何认清自己，通往自己想要的幸福。

图书人

创立性格色彩图书中心，致力于通过各个角度普及和传播各方人士性格色彩的研究成果和运用心得。

其中，《色界》是乐嘉亲自主编的第一套大型性格色彩应用书系。书中每篇文章的作者都是来自于全球各地的性格色彩传道者，他们都是各行各业的精英或各个阶层的不同代表。通过长期运用性格色彩这一工具，都在事业和生活上取得了卓越的成效和巨大的改变。每本《色界》都包括 6 个部分：行业篇（不同行业的性格色彩应用）、职场篇（每个企业和组织都需要用到的性格色彩工作应用）、情感篇（性格色彩在婚姻关系、恋爱关系、婆媳关系、父母关系中的运用）、亲子篇（性格色彩在子女教育和学校教育中的运用）、文艺篇（性格色彩分析影视等文艺作品）、世界篇（性格色彩看世界上不同的国家和文化）。

已经出版：
2014 年《色界——活得舒坦并不难》
2015 年《色界——说话说到点子上》

主持人

2010-2013 年	江苏卫视	相亲交友节目《非诚勿扰》嘉宾主持
2010 年	深圳卫视	心理探究真人秀《别对我说谎》主持人
2011 年	江苏卫视	夫妻默契博弈挑战秀《老公看你的》主持人
2011 年	江苏卫视	恋爱纪实节目《不见不散》主持人兼心理专家
2013 年	深圳卫视	性格色彩谈话节目《夜问》主持人
2013 年	央视一套	名人访谈节目《首席夜话》主持人
2013-2015 年	安徽卫视	演说竞技节目《超级演说家》第 I/II/III 季导师
2014 年	北京卫视	亲子节目《妈妈听我说》主持人
2014 年	安徽卫视	男性魅力真人秀《超级先生》主持人
2014-2015 年	北京卫视	演说竞技节目《我是演说家》第 I/II 季导师
2015 年	优酷视频	性格色彩脱口秀《独嘉秘籍》
2015 年	央视一套	明星户外体验励志真人秀《了不起的挑战》

官网：http://www.fpaworld.com
微博：http://weibo.com/lejia

乐嘉微信
lejiafpa

色友会 APP
（性格色彩交友及交流平台）

FPA®性格色彩

图书在版编目（CIP）数据

色眼再识人 / 乐嘉著 . — 长沙：湖南文艺出版社，2015.11
ISBN 978-7-5404-7305-1

Ⅰ. ①色… Ⅱ. ①乐… Ⅲ. ①性格 – 通俗读物 Ⅳ. ① B848.6-49

中国版本图书馆 CIP 数据核字（2015）第 205835 号

上架建议：畅销·性格色彩

色眼再识人

作　　者：乐　嘉
出 版 人：曾赛丰
责任编辑：薛　健　刘诗哲
监　　制：毛闽峰　李　娜
特约策划：刘　霁　李　颖
特约编辑：吕　晴
营销编辑：张　璐
封面设计：仙　境
版式设计：张丽娜　李　洁
内文插画：由　宾

出版发行：湖南文艺出版社
　　　　　（长沙市雨花区东二环一段 508 号　邮编：410014）
网　　址：www.hnwy.net
印　　刷：北京中科印刷有限公司
经　　销：新华书店
开　　本：700mm×995mm　1/16
字　　数：336 千字
印　　张：23.5
版　　次：2015 年 11 月第 1 版
印　　次：2018 年 2 月第 4 次印刷
书　　号：ISBN 978-7-5404-7305-1
定　　价：48.00 元

若有质量问题，请致电质量监督电话：010-59096394
团购电话：010-59320018